LE PARLEMENT

DE FRANCHE-COMTÉ

DU MÊME AUTEUR

Millot et ses œuvres. Besançon, 1857.

La mainmorte. Besançon, 1865.

Parlementaires au XVIIIe *siècle*. Besançon, 1866.

Le Parlement Maupeou. Besançon, 1867.

La Faculté de droit, 1 vol. in-8º. Paris, Dumoulin, 1867.

Le devoir. Limoges, Chatras, 1871.

République et guerre, 1 vol. in-12. Besançon, Jacquin, 1872.

Discours parlementaires. Besançon, Dodivers, 1879.

Essais et notices, 1 vol. in-12. Besançon, Dodivers, 1879.

Portraits franc-comtois, 1re série, 2 vol. in-8º. Paris, Champion, 1888.

Portraits franc-comtois, 2e série, 1 vol. in-8º. Paris, Champion, 1890.

Réflexions d'un indépendant. Besançon, Jacquin, 1890.

LE
PARLEMENT
DE FRANCHE-COMTÉ

DE SON INSTALLATION A BESANÇON A SA SUPPRESSION

1674-1790

PAR

A. ESTIGNARD

CONSEILLER HONORAIRE A LA COUR D'APPEL DE BESANÇON

ANCIEN DÉPUTÉ

———◆———

TOME SECOND

———◆———

PARIS | BESANÇON

A. PICARD, LIBRAIRE-ÉDITEUR | PAUL JACQUIN, IMPRIMEUR
82, rue Bonaparte | 14, Grande-Rue

1892

LE PARLEMENT

DE FRANCHE-COMTÉ

CHAPITRE VII

L'EXIL DE 1788

Sollicitude du Parlement pour les lettres et les arts. — Période féconde pour les œuvres littéraires. — Historiens et lettrés franc-comtois. — Collections d'objets d'art. — Bibliothèques précieuses. — Démission de M. de Grosbois. — Suppression de la mainmorte. — Résistance du Parlement. — Naissance du Dauphin. — Fêtes populaires. — Accroissement de la dette publique. — Etablissement d'un troisième vingtième. — Protestations du Parlement. — Lit de justice. — Le Parlement demande la convocation des Etats. — Abolition de la corvée. — Création d'une cour plénière. — Assemblée des notables. — Le Palais envahi par les soldats. — Exil des magistrats. — Exaspération du peuple. — Démission de M. de Brienne. — Les Etats généraux solennellement annoncés. — Réinstallation des Parlements. — Enthousiasme populaire.

Aux luttes ardentes, passionnées, provoquées par le chancelier Maupeou, devait succéder une trève de quelques années entre le pouvoir royal et la magistrature.

Réinstallé en avril 1775, le Parlement entendait bien n'abdiquer aucune de ses prérogatives, et sa pensée

dominante était tout d'abord de saisir la première occasion favorable pour affirmer son autorité et revendiquer tous ses droits; mais comment ne pas éprouver
de la gratitude et se montrer reconnaissant pour le
pouvoir royal qui l'avait spontanément rappelé, pour
un prince qui voulait avant tout le bonheur et l'affection
de son peuple? La monarchie, malgré ses erreurs, était
entourée de tout son prestige et exerçait encore un rôle
qui attestait sa force et sa vitalité. Les ministres étaient
parfois méprisés, chansonnés, violemment attaqués; le
roi restait entouré des sympathies, du respectueux
attachement des populations. Puis, comment ne pas
rendre hommage à ses généreuses intentions? Ne s'ef-
forçait-il pas de réaliser des économies, d'opérer des
réformes efficaces, de ne pas aggraver les impôts? Le
Parlement résolut de se consacrer surtout à ses fonctions
judiciaires, à l'administration de la justice, tout en veil-
lant aux intérêts de la province, en édictant les règlements de police nécessaires, en secondant le mieux possible les efforts de l'industrie et du commerce, en protégeant les arts avec autant de zèle que d'intelligence;
de tout temps il s'était composé non seulement de jurisconsultes, mais de lettrés actifs et laborieux, de collectionneurs de livres rares, tableaux et objets précieux.
En 1752, il avait puissamment contribué à la fondation
de l'Académie, secondé dans cette œuvre utile par le
duc de Tallard, gouverneur de la province; il s'associa
à l'intendant, M. de Lacoré, pour favoriser les productions artistiques, encourager l'amour du beau et établir
à Besançon une école de sculpture et de peinture.

Depuis de longues années, la Franche-Comté avait produit des artistes éminents; sous la domination espagnole, sous la protection des Granvelle, des la Chaux et des Carondelet, elle avait été la terre des arts autant que la terre du droit. Au xviie siècle, elle avait donné le jour à Jacques Courtois, connu sous le nom de Bourguignon, qui, doué d'une imagination brillante, peignait des batailles avec une couleur chaude et une touche admirable. Au xviiie siècle, elle possédait deux artistes d'un vrai talent, le peintre Melchior Wirch, d'Untervalden en Suisse, et Luc Breton qui, en 1757, avait remporté le premier prix d'émulation créé par Benoît XIV, dont Natoire et de Marigny reconnaissaient les hautes qualités, dont les papiers publics d'Italie vantaient le mérite et qui n'était pas moins apprécié dans notre pays. Wirch florissait dans le monde aristocratique et parlementaire, et obtenait dans le portrait les plus éclatants succès; toutes les familles riches avaient des tableaux de sa main. Autour d'eux se distinguaient avec moins de notoriété des peintres et des sculpteurs de mérite, les Perrin, Prevot, Frère Attiret, Duvigeon, Monnot, Nonotte, Vispré, et surtout Gresly et Jean-Baptiste Fraichot, ainsi que le sculpteur Philippe Boiston, de Morteau, pour lequel la municipalité de Besançon avait, en 1756, fait approprier deux salles au palais Granvelle afin qu'il pût y recevoir ses élèves [1]. Parlementaires et intendant comprirent combien il était utile d'encourager toute cette pépinière d'artistes :

---

[1] Archives municipales, BB. 169, casier 1, rayon 11, reg. in-folio.

de concert avec les représentants de la cité, ils s'adres-
sèrent au pouvoir royal, qui accorda pour l'école nouvelle 2,000 livres; on organisa, dans une maison appartenant à la ville, de vastes ateliers destinés aux leçons,
et l'Ecole se trouva fondée.

Le Parlement ne cessa de manifester en toute circonstance, pour cette institution, le plus grand intérêt. Il
contribua à la nomination des deux professeurs principaux, Wirch et Breton, et du professeur adjoint, Jean-
Baptiste Fraichot; il applaudit aux succès d'une école
destinée à rendre non seulement dans notre province,
mais dans les pays voisins, de véritables services, et
qui attira à Besançon, d'Alsace, de Lorraine et de
Suisse, de nombreux artistes; il encouragea les efforts
de ses maîtres et de ses élèves, il s'associa à ses deuils;
c'est ainsi qu'en 1782, à la séance publique de l'Académie, le présidènt de Vezet retraçait la vie laborieuse
de Breton, montrait ses rares aptitudes, son intelligence,
son activité et ajoutait : « Sans guide et sans maître,
Breton, conduit par le génie, a vu sa tête couronnée de
lauriers au Capitole. Citoyen modeste et vertueux, il
est venu enrichir sa patrie de l'art de Praxitèle. » L'éloge
était emphatique, mais mérité. Breton était doué d'une
vive imagination, il savait donner aux figures l'âme
et la vie, l'élégance et la correction.

Deux années après la fondation de l'Ecole de peinture, en 1777, le Parlement eut à défendre le collège
de Besançon contre l'arbitraire gouvernemental qui,
dans deux lettres patentes, manifestait hautement la
volonté de supprimer cette maison d'éducation et d'en

attribuer les revenus à un monastère de Dole et à une école militaire tout spécialement destinée à la noblesse. Le Parlement protesta ; il fit remarquer « que le collège anciennement fondé par les trois Etats de la Franche-Comté pour leur utilité commune, dans la ville où siégeait la magistrature, paraissait devoir être maintenu de préférence dans la capitale de la province, au centre du pays, dans la ville où étaient établis tous les services administratifs, où la jeunesse pouvait, grâce aux professeurs de l'Université, trouver un enseignement plus complet. » Il ajoute qu'il était nécessaire de donner satisfaction au tiers état ; que la noblesse ne pouvait se plaindre, puisqu'elle trouvait dans une ville de guerre toutes les facilités pour une éducation militaire ; qu'à la différence du collège de Dole, dont les fonds avaient été dissipés, le collège de Besançon avait toujours été bien dirigé, sous les yeux de l'archevêque, du Parlement et de l'Université. » Ces considérations étaient fort sages, et malgré les actives démarches de la ville de Dole et des religieux Bénédictins qui devaient être chargés de l'enseignement, le gouvernement n'insista pas [1].

Dans toute cette grave question, le Parlement fut appuyé par l'intendant. Cette époque fut une époque de conciliation et de paix entre le Parlement et le représentant du pouvoir royal. Les magistrats appréciaient les éminentes qualités de M. de Lacoré, son dévouement, sa sollicitude pour les intérêts de la Franche-

____

[1] Remontr., vol. III, fol. 175.

Comté, et il faut reconnaître que pas un intendant n'a
donné autant de preuves de son amour pour le bien
public, de sa bienveillance pour la ville de Besançon.
Ce fut de plus une période féconde pour les œuvres
littéraires, pour les travaux de l'esprit. L'abbé Millot
venait, dans cette même année de 1777, d'entrer à l'Académie à la place de Gresset et s'était créé des amis dans
tous les camps; ses livres, presque devenus classiques,
avaient un grand succès. Talbert se faisait, lui aussi,
une réputation méritée de littérateur aimable et spirituel; Courchetet d'Esnans, après avoir occupé une place
honorable au barreau, devenait censeur royal, intendant de la maison de la reine, agent des villes hanséati-
ques à la cour de France, composait une histoire du
traité de Westphalie et une biographie détaillée du
cardinal de Granvelle. Billerey, professeur de médecine
à l'Université, se distinguait comme écrivain autant
que comme mathématicien et savant astronome. Mairot
de Mutigney composait des hymnes et des odes, tout un
poème sur les preuves de la vérité de la religion chrétienne. L'abbé de Camus versifiait avec moins de facilité que Talbert; Nonotte étudiait à fond l'histoire
ecclésiastique et la théologie, osait attaquer Voltaire et
continuait ses travaux sans se préoccuper outre mesure
des injures de son irascible adversaire. Leurs discussions duraient vingt années. Fenouillot de Falbert, dont
l'Honnête criminel et *les Deux Avares* sont restés au
répertoire, s'inspirait de Rousseau et de Thomas dans
des poésies auxquelles on pourrait reprocher de la fa-
deur et un sentimentalisme exagéré, et faisait jouer à la

Comédie française, en 1776, *l'Ecole des mœurs*. Ambroise Renard publiait des observations critiques sur les *Lettres péruviennes* et sur l'ouvrage intitulé *les Mœurs*; Desmeuniers écrivait sur la littérature, l'économie politique, le commerce, l'administration; il y a de tout un peu dans le bagage littéraire du censeur royal et secrétaire de Monsieur. Le marquis de Lezay Marnesia exerçait son talent dans des poèmes semés de traits fins, délicats et profonds, et faisait preuve d'un goût littéraire épuré. Bizot chantait avec une inaltérable gaieté les triomphes du Parlement sur les ministres, et publiait la *Jacquemardade*, poème épi-comique, devenu rare.

Des érudits réunissaient dans de savantes recherches les matériaux épars de l'histoire. Perreciot se faisait couronner à l'Académie pour ses savantes dissertations. M. de Saint-Germain, membre du magistrat, composait un abrégé de l'histoire du comté de Bourgogne, ouvrage anonyme qui se confond quelquefois avec celui de dom Grappin. Bobilier, jurisconsulte profond, enrichissait de notes utiles la table du nouveau recueil des Edits. Il y avait toute une phalange de prêtres laborieux et savants. Bullet, professeur de théologie à l'Université, aussi profond que modeste, faisait paraître de nombreux ouvrages fort goûtés à l'étranger, et s'efforçait de donner à la Genèse une démonstration par la découverte d'une langue primitive. L'abbé Jacques se faisait remarquer dans les ouvrages de théologie et de sciences. Nicolas Bergier, principal du collège de Besançon, lauréat de l'Académie, combattait la philosophie moderne, consacrait son talent à la défense de la religion dans

de nombreux volumes écrits avec une puissance d'ex-
position de principes et de faits vraiment remarquable.
L'abbé Jantet excellait dans les sciences exactes; ses
œuvres attestaient ses aptitudes. Pierre-Hubert Hum-
bert, supérieur des missionnaires de Beaupré, publiait
un volume sur les vérités de la religion chrétienne, volume qui avait bien vite neuf éditions. Coypel, que l'on
avait surnommé le Père Elysée et qui était né à Besançon. écrivait quelques curieuses notices, mais se con-
quérait, surtout comme prédicateur, une célébrité. Dom
Berthod se livrait à d'actives recherches sur l'histoire
de la Franche-Comté; il était jugé digne, par le gouvernement, d'extraire des archives de Bruxelles les pièces
qui pourraient contribuer à répandre plus de jour sur
les points contestés de l'histoire de France, étude pleine
d'attraits qui le séduisait à ce point qu'il écrivait au
P. Dunand ces lignes datées d'Anvers, 5 octobre 1774 :
« Me voici enfoncé dans les chartes et les manuscrits du
moyen âge et au milieu de la bibliothèque de nos anciens ducs : que de riches collections à faire! J'ai déjà
la notice de plus de deux cents magistrats, des anciens
ducs de Bourgogne.... Je travaille et je me tue; cependant je suis gai, bien portant, parce que personne ne
m'inquiète et qu'au contraire Messieurs de l'Académie de
Bruxelles me comblent d'amitié [1]. » Dom Grappin travaillait avec dom Berthod, son premier maître et son
ami, à dresser l'inventaire des archives publiques et

____

(1) Correspondance du P. Dunand, p. 71. Manuscrits. Biblioth. de Besançon.

particulières de la province, et à copier les documents les plus importants, pour les envoyer au dépôt général des chartes, dont le ministre Bertin avait eu l'heureuse idée. Membre d'un grand nombre d'académies et de sociétés littéraires, il comptait parmi ses amis des hommes distingués, comme dom Clément, le savant auteur de *l'Art de vérifier les dates*, le baron de Zurlanben, l'abbé Grandidier, le P. Dunand, le président de Courbouzon ; il était avec la plupart d'entre eux en correspondance suivie [1]. Le capucin Dunand, l'un des hommes les plus érudits de son temps, dont les manuscrits nous ont souvent guidé dans notre récit, passait sa vie à fureter dans les livres, à s'enquérir du passé, à recueillir des notes sur l'histoire de la Franche-Comté et de la Bourgogne, tout en prenant le temps de composer des généalogies, parfois trop fantaisistes, sous condition qu'elles lui seraient grassement payées par ceux dont il flattait la vanité. C'est ainsi que sur la demande de Fauche-Borel, il établissait que l'infatigable et malheureux agent des Bourbons comptait dans sa famille l'archevêque Fauche de Morteau ; seulement, lorsqu'il s'agissait de payer, Fauche-Borel, qui ne se piquait pas de générosité, se contentait de lui envoyer quatre louis, ce qui irritait vivement le savant capucin, dont la colère se traduisit dans une lettre déposée aux Archives du Doubs [2]. Il était comme dom Berthod, dom Grappin, Perreciot, Droz et de Courbouzon. en relations avec beaucoup

---

(1) Dom Grappin, Correspond. 2 vol. Biblioth. de Besançon. Manuscrits.
(2) Archives départem. Non classé.

de savants, dont il a conservé une partie de la correspondance (1).

Des écrivains se montraient animés du généreux désir de venir en aide à l'humanité. Girod de Nozeroy, homme d'esprit et littérateur, s'efforçait de perfectionner la méthode de l'inoculation contre la variole, se rendait dans ce but en Angleterre et contribuait, par son activité et ses écrits, à faire adopter l'inoculation dans les campagnes. Philipon de la Madeleine, intendant des finances du comte d'Artois, très connu à Besançon comme partisan des jésuites, comme avocat et comme poète de société, lié avec l'abbé Talbert et Mme de Lacoré, étudiait les moyens de supprimer la peine capitale, publiait en 1781, dans les premiers volumes des suppléments de l'Encyclopédie, des articles de jurisprudence criminelle, recherchait la possibilité d'indemniser l'innocence injustement accusée, ce que nous n'avons pas encore trouvé aujourd'hui; M. de Marnesia, qui fut plus tard député de la noblesse aux Etats généraux, faisait imprimer plusieurs ouvrages d'économie politique. Trincano, professeur à l'école d'artillerie, ingénieur de talent, lauréat de l'Académie, composait un livre sur l'attaque et la défense des places. Parisau, un enfant de Besançon, quittait ses études juridiques pour composer à Paris des opéras, y créer un journal, *la Feuille du jour*, où il avait pour collaborateurs le vicomte de Ségur et l'abbé de Dillon. Assez énergique pour résister aux menaces et aux promesses des jacobins, il voyait son impri-

_____

(1) Correspondance du P. Dunand. Manuscrits. Biblioth. de Besançon.

merie dévastée, ses presses brisées, et était condamné à mourir sur l'échafaud comme conspirateur et comme capitaine dans la garde de Louis XVI, bien qu'il n'eût jamais fait partie de la garde du roi.

Les femmes exerçaient déjà une haute influence, et contribuaient à développer le goût des lettres. La duchesse de Tallard s'intéressait autant que le duc de Tallard aux succès de l'Académie. « Son âme généreuse, nous dit M. Defrasne, comprenait que l'Académie n'avait pour objet que le bien public, l'avancement et le progrès des sciences [1]. » Quelques années plus tard, l'intendante, Mme de Lacoré, se piquait d'avoir de l'esprit et en avait établi un bureau; elle composait des vers qui ne manquaient ni de naturel ni de finesse; elle avait pour émule Mme Bran, qu'on appelait la Deshoulières franc-comtoise. L'intendant de Lacoré avait dans toute la province une haute situation, y était estimé à juste titre; c'est à lui que l'on doit des voies de communication nombreuses et importantes, de grands travaux d'utilité publique; on lui était reconnaissant de son dévouement. En 1783, sur le bruit qu'il deviendrait conseiller d'Etat, la municipalité s'empressa d'écrire aux divers ministres « pour que cette promotion ne l'enlevât pas au poste qu'il occupait si dignement dans le pays [2]. » Homme aimable, de bonne compagnie, généreux, il accueillait avec une urbanité parfaite quiconque se recommandait par son mérite ou l'honorabilité de sa famille. Il en était

(1) Discours de M. Defrasne à l'Académie, année 1754.

(2) Archives municipales, BB. 198, casier 1, rayon 12.

de même de M. de Grosbois, que les sympathies du
peuple, le respect public entouraient, non seulement en
raison de ses hautes fonctions, mais à cause de son immense fortune, d'une grande alliance dans le Parlement
de Paris, des souvenirs que son père avait laissés dans
la magistrature. Le salon du premier président et de
l'intendant s'ouvrait presque chaque jour. Les lieute-
nants généraux, les magistrats, suivaient l'exemple qui
leur était donné ; les réceptions se succédaient brillantes ;
on y jouait, le jeu était la passion dominante de cette
époque ; on menait une vie facile au milieu d'idées con-
fuses et peu définies ; la noblesse avait repris depuis la
conquête beaucoup d'éclat et d'élégance, elle habitait
souvent Paris, allait à la cour, offrait des modèles de
bonne éducation et de distinction qui n'avaient rien à
envier aux types français les plus accomplis.

Grâce à ce mouvement littéraire, à cet élan intellectuel, des collections de livres, d'objets d'art, se formaient, s'enrichissaient chaque jour. Dès le XVIIe siècle,
un Franc-Comtois, connaissant le grec, l'italien et l'espagnol, s'était créé une bibliothèque des plus curieuses.
Après avoir parcouru l'Italie, traversé l'Allemagne,
l'abbé J.-B. Boisot était revenu, lors de la paix de Nimègue, vivre dans son pays natal, où Louis XIV lui avait
donné, en 1681, l'abbaye de Saint-Vincent [1]. Comprenant combien la correspondance, les notes, et les mémoires laissés par le cardinal de Granvelle pourraient
être précieux pour l'histoire de son temps, il avait

____

[1] Archives du Doubs, actes importants, vol. XI, BB. 161.

acheté au comte de la Baume Saint-Amour ce qui restait encore de la bibliothèque du cardinal, et avait consacré sa vie à rechercher et à collectionner les papiers de Granvelle, et à faire relier en quatre-vingts volumes in-folio les riches monuments de la politique du xvie siècle. Il aimait non seulement les livres, mais les bronzes, les médailles, les tableaux, les pierres gravées et les marbres. Quelques jours avant sa mort, le 29 novembre 1694, il instituait pour héritier son frère Claude Boisot, président au Parlement, et laissait aux Bénédictins de son abbaye une partie de ses richesses artistiques, la plupart de ses manuscrits et sa bibliothèque tout entière, sous condition qu'elle serait ouverte au public deux fois par semaine. Lors de la Révolution, ces livres devenaient le premier et le plus précieux fonds de la bibliothèque de la ville. Boisot était un homme de cœur, d'une grande générosité, et qui, en présence de la disette de cette même année 1684, consacra 12,500 livres à secourir les pauvres.

Au xviiie siècle, un gouverneur de la province, le duc de Tallard, qui était venu prendre possession de ses fonctions en 1728, répandit en Franche-Comté le sentiment du beau, l'amour de la collection. Intelligent et érudit, le duc, qui aimait les arts, peinture, sculpture, cristaux, avait rassemblé les pièces les plus rares : « Son cabinet était admiré, dit M. de Courbouzon, par les savants et les étrangers ; ils y allaient étudier les traits de la nature et du génie qui caractérisent les grands maîtres. » La famille de Tinseau recueillait à Saint-Ylie les livres les plus curieux, livres d'heures imprimés et manuscrits ayant appartenu à Grolier, au cardinal de Granvelle, aux rois et aux reines de France, romans de chevalerie, anciennes poésies françaises, ouvrages sur l'histoire de France, sur l'histoire de la Franche-Comté. Un ami de M. de Caylus, M. d'Esnans, avait comme lui la passion de récolter tout ce qui pouvait éclairer l'histoire du passé ; son cabinet se garnissait d'antiquités grecques, étrusques ou égyptiennes : « Tandis qu'il recueillait d'un côté tous ces monuments de l'enfance des sciences et des arts, M. d'Esnans, nous dit M. Droz dans un discours à l'Académie du 2 décembre 1767, formait d'autres collections où l'on voyait leur accroissement et leur perfection. Sa bibliothèque était nombreuse et choisie ; des groupes de statues fort recherchées, de la porcelaine la plus précieuse, formaient un contraste frappant avec les bronzes informes ou défigurés par le temps ; des machines de physique variaient encore le coup d'œil d'un appartement arrangé avec goût. » Des prêtres se composaient aussi une bibliothèque choisie et nombreuse ; citons le professeur Bullet et le chanoine du Tartre, qui comptait parmi ses ancêtres un chevalier de Saint-Georges ; l'abbé Pellier de Billy, l'un des derniers chanoines du chapitre de Saint-Jean, grand vicaire du cardinal de la Luzerne, rapportait d'Italie dans sa maison, n° 9 de la rue du Clos, d'anciennes éditions et des manuscrits.

Parmi tous les amateurs de choses d'art se distinguaient les magistrats.

Le conseiller Chiflet possédait dans son hôtel de la rue des Granges un merveilleux cabinet de médailles qui se composait de 3,800 pièces, de la collection à peu près complète des médailles de l'empire romain en argent et en grand bronze, d'une quarantaine de médailles puniques ou d'Espagne, de médailles consulaires en argent au nombre de deux cent quarante, de trois cents médailles grecques, parmi lesquelles deux cents médaillons que l'heureux possesseur de ces trésors considérait « comme la plus grande richesse de son médaillier [1]. » Il était à juste titre très fier de sa collection : « J'ai aussi, écrivait-il à un ami, quelques talismans anciens, quelques pierres curieuses comme lapis stellaris, un ambre où il y a une mouche enfermée, une pierre de bézoard oriental deux pierres d'aigle, plusieurs calsonises.... Je n'ai qu'une statue, mais curieuse quoique moderne, et en même temps riche : c'est la Fortune de feu M. le Prince, qu'il donna à Jean-Jacques Chiflet, mon aïeul, en sa grande maladie de Valenciennes ; elle est d'argent pesant treize marcs.

» J'ai un cor de chasse de Ferdinand le Catholique d'une seule dent d'éléphant ; il peut être long de deux pieds et demi.

» Mes manuscrits et quelques bons tableaux font le reste de mes bagatelles ; vous savez ce que c'est de mes manuscrits, à l'exception de quelques-uns qui regardent notre pays.

» Quant aux tableaux, j'ai une Descente de croix du temps de Philippe le Bon ; nous l'avons eu après la mort de l'infante Isabelle, il était le tableau de l'autel

<hr>

[1] Manuscrits Chiflet, vol. 140. Familles de Besançon, p. 181.

de sa chapelle domestique ; un original d'Albert Dürer, qui s'est peint lui-même, deux Van Dick, l'infante Isabelle et le comte Jean de Nassau, véritables originaux tels qu'ils sont gravés dans la galerie de Van Dick, un grand paysage de Rubens, la Mortalité du jeune Breugel, Charles de Bourbon du Titien, mais en petit, un Poussin, plusieurs Venderost, Venaise, Ambroise, Breugel le Vieux, et enfin neuf miniatures très bien faites et très curieuses, les six premières faites du temps de Philippe II, et les quatre dernières faites sur des originaux par un fameux peintre en miniature de ce pays. Ce sont les dix chefs de l'ordre du Toison. »

Combien nos collections d'amateurs sont de peu de prix en comparaison de cet ensemble de médailles, de tableaux, de pierres et de marbres ! Et à tous ces trésors que Chiflet qualifie de bagatelles, s'ajoutaient un grand nombre de manuscrits dont il nous a conservé la liste [1], dont nous voudrions donner les titres, et ces collectionneurs d'autrefois étaient des érudits, des savants d'un haut mérite. Nous sommes, il faut le reconnaître, inférieurs à nos pères.

Le président de Vezet avait recueilli de ses ancêtres le goût des lettres et des arts, et amassait, avec le discernement d'un homme d'esprit, non seulement des livres, des manuscrits, mais une galerie de tableaux composée de peintures des écoles française, flamande et italienne, galerie de haut prix dont le conventionnel Lejeune s'emparait, et qu'il faisait brûler sur la place

____

[1] Manuscrits Chiflet, vol. 140. Familles de Besançon, p. 191.

Labourée avec tous les portraits de rois, de papes et de saints que l'on put ramasser dans la province.

Puis venaient les collectionneurs de livres, le président d'Olivet, les conseillers Droz, Bouhelier de Sermange qui, au jour de son décès, en 1754, faisait don de ses trésors à l'abbaye Saint-Vincent [1]. Jean-Ferdinand Lampinet augmentait la bibliothèque que lui avaient laissée plusieurs générations de savants, qui devenait à sa mort la propriété de M. Lebas de Clevans, bien digne d'ur tel héritage. M. de Clevans aimait les lettres et les cultivait avec succès. Nommé par le roi l'un des premiers membres de l'Académie de Besançon, il y remplissait pendant quelques années les fonctions de secrétaire perpétuel ; il aimait les bronzes et en possédait un assez grand nombre qui appartinrent plus tard au baron de Saint-Juan, son arrière-petit-fils. Ses livres, dont plusieurs portaient le nom de Ferdinand Lampinet, furent vendus aux enchères vers 1806. Le conseiller Talbert, le descendant du célèbre professeur à l'Université de Dole, rivalisait avec M. de Clevans ; sa collection se composait surtout de classiques grecs et latins et d'ouvrages sur les langues ; elle était estimée de tous les érudits et passait pour une des plus belles de la ville. La Révolution la déclara nationale, en s'emparant des biens de ce magistrat, qui avait dû fuir à l'étranger. Enfin, l'Université possédait une collection digne d'une cité qui comptait parmi ses professeurs Courvoisier et Seguin ; l'ordre des avocats avait aussi sa bibliothèque

______

[1] Archives municipales, BB. 167, casier 1, rayon 11.

particulière, qui devint la propriété de la ville en 1786 ;
il en était de même pour la plupart des couvents.

Vivant en bonne harmonie avec le pouvoir royal, la
magistrature put mieux qu'à aucune autre époque se
consacrer à la culture des lettres, donner une heureuse
et féconde impulsion à l'essor intellectuel que nous
venons de signaler. Le Parlement continua à défendre
ses prérogatives, à s'élever contre les édits onéreux,
mais sans soulever de graves incidents. La liberté du
commerce des grains fut alors une de ses principales
préoccupations. En novembre 1775, la municipalité publiait un mémoire pour démontrer l'utilité du grenier
public de la ville, menacé dans son existence par le contrôleur général Turgot, qui considérait cet établissement
comme une entrave nuisible à la population [1]. Le Parlement s'empressa de s'associer à la municipalité. En
1776, il se refusa à supprimer la corvée sur les routes
et à abolir les jurandes et communautés de commerce,
arts et métiers. La disgrâce de Turgot, qui était l'ins-
tigateur de ces réformes, empêcha tout conflit sérieux.

A la fin de l'année 1778, M. de Grosbois, se sentant
vieillir, céda ses hautes fonctions à son fils, qui prit
possession de son siège en janvier 1779, en sollicitant
des magistrats des sympathies qui lui étaient acquises :
« Ma jeunesse et mon inexpérience, écrivait-il le 15 janvier, ne m'empêchent point de sentir toute mon insuffisance pour une place dont les fonctions sont aussi
délicates qu'honorables. Le désir d'apprendre à vous

____

[1] Archives municipales, reg. in-folio, BB. 192, casier 1, reg. 12.

plaire, à vous servir, à mériter que vous m'honoriez de vos bontés, fait mon seul mérite ; ce sera ma seule occupation, et je croirai avoir bien employé la meilleure partie de ma vie si je l'emploie utilement à me rendre digne de la grâce dont le roi m'honore [1].»

En 1779, Necker, désireux d'introduire quelques innovations dictées par les idées du jour, voulut donner au pays le droit de se gouverner lui-même et instituer les premières assemblées provinciales. Leurs attributions devaient consister à répartir l'impôt, entretenir les routes, prendre quelques mesures d'intérêt public. Les magistrats de Franche-Comté s'associèrent avec zèle aux intentions du ministre ; mais plusieurs se demandèrent, sous l'inspiration du président de Vezet, s'il ne serait pas préférable de convoquer les Etats, toujours subsistant en droit, mais que l'on s'était refusé à réunir depuis plus d'un siècle. Mise en délibéré, la proposition fut approuvée par 26 voix contre 20, le 13 juillet 1779. La noblesse, le barreau, appuyèrent le Parlement ; une députation fut envoyée à Versailles, mais froidement accueillie par les ministres ; le chancelier déclara aux magistrats que « l'intention de Sa Majesté était de refuser les Etats, et qu'elle se prêterait volontiers au désir du Parlement et à ceux des différents ordres de la province pour l'établissement d'une assemblée provinciale semblable à celles du Berry, du Dauphiné et du Quercy. » Dix années devaient s'écouler avant la réalisation de cette promesse.

---

[1] Minutes des délibérations. Archives du Doubs.

En 1780, le Parlement eut à statuer sur une question d'une haute importance, le maintien de la mainmorte, servitude qui était, en principe, des plus dures. La Coutume de Franche-Comté déclare « que l'homme de mainmorte ne peut ni prescrire ni acquérir franchise contre son seigneur; et laps de temps ne peut lui profiter quelque part qu'il voise demeurer [1]; » mais l'homme de fief conservait, vis-à-vis de son seigneur, la liberté de cesser d'être son vassal en délaissant la terre et en abandonnant une partie de son mobilier; c'est ce qu'exprimaient les anciennes coutumes par ces mots : « Nul n'est serf en Bourgogne que quand il lui plaît. » C'est seulement dans le territoire de Saint-Claude que la servitude conserva jusqu'en 1789 le caractère primitif et les effets les plus rigoureux du servage du corps; le seigneur y avait encore le droit de suivre la personne du serf, de saisir ses biens, sans jamais que la liberté de la personne ou la propriété de la chose pût être prescrite contre le seigneur et maître.

En dehors du territoire de Saint-Claude, et même sur ce territoire, on ne se plaignait pas trop. Dunod écrivait en 1733 : « L'expérience nous apprend que, dans le comté de Bourgogne, les paysans des lieux mainmortables ont un bien-être que n'ont pas ceux qui habitent la franchise; plus leurs familles sont nombreuses, plus elles s'enrichissent [2] : appréciation souvent exacte pour les mainmortables réunis sur des meix du

<hr>

(1) Cout. de Comté, livre XIV.
(2) DUNOD, *Prescript.*, p. 387. *Mainmorte*, p. 4 et 11.

seigneur, vivant et travaillant ensemble en vue d'un
profit commun, comme dans un petit phalanstère ;
mais il leur manquait la liberté, qui est d'un prix ines-
timable ; cette communauté d'existence était d'ailleurs
fort lourde : « C'est, dit Dunod, une grande contrainte
de vivre dans une même maison avec des personnes
de tout âge, de tout sexe et d'humeurs différentes, dont
les unes sont faibles et valétudinaires, les autres saines
et robustes, les unes laborieuses et industrieuses, les
autres fainéantes et sans industrie. Ceux qui ont le
plus de biens, d'esprit, de force, de santé, trouvent
qu'ils perdent beaucoup en n'acquérant que par por-
tions égales avec les autres [1]. » Heureusement chacun
pouvait faire cesser cette vie commune en quittant le
meix, ou se consolait de sa servitude à la pensée que
l'on pouvait être libre au premier acte de volonté.

En présence de l'édit royal, le Parlement fut unanime pour consentir aux adoucissements de la mainmorte personnelle, pour faciliter les affranchissements,
mais il crut devoir ménager les propriétés réelles et
féodales fondées sur la coutume et la possession. Le
12 janvier 1780, il commença par expliquer ce qu'était
cette servitude : « Les effets les plus rigoureux de la
mainmorte n'affectent que les biens, dit-il dans ses
remontrances ; elle compromet si peu la liberté de la
personne, que c'est le seul contrat qui laisse au débiteur
la liberté même de le rompre quand il veut. » Il examina
la nature, les effets, les inconvénients de la mainmorte ;

____

[1] Dunod, *Mainmorte*, ch. iii, section 6, p. 124.

il termina par une critique du gaspillage gouvernemental, en demandant « une perception plus douce,
une répartition plus égale, une administration plus
pure, un ordre plus grand dans la comptabilité, de
manière à permettre à chacun de juger de la fidélité, de
l'exactitude, de l'emploi des finances de l'Etat [1]. »

Quelques jours plus tard, le 26 janvier, désirant justifier de nouveau son refus d'abolir les vestiges d'une
féodalité rigoureuse, il s'exprima ainsi : « Un seigneur
accorde à un malheureux, qui n'a rien, un domaine avec
le bétail et les meubles nécessaires au labourage, à
charge de le cultiver et pour tout le temps que lui et
les siens voudront le cultiver. Cela ne présente pas une
idée qui révolte l'humanité. Cette convention peut être
expresse ou tacite : expresse, si le fonds sort immédiatement de la main du seigneur ; tacite, si la mainmorte
se contracte par prise de meix ou par le domicile dans
le lieu de mainmorte. Un homme seul ne pouvant suffire à desservir le meix, on lui a associé ses enfants,
parmi lesquels la mainmorte forme une société et dont
le père est l'arbitre. Les associés se succèdent les uns
aux autres. Cette société n'exige pas que l'homme de
mainmorte ne puisse faire résidence partout où ses
talents et son industrie l'appellent ; il peut faire valoir
un domicile écarté, s'absenter pour voyage, négoce,
pour exercer un art ou profession quelconque, pourvu
qu'il paraisse toujours tenir au domicile commun, qu'il
reste en communication de travail, de profit et d'in-

(1) Archives départ., minutes des délibérations, B. 2847.

dustrie. » Et après avoir énuméré les principales dis-positions de la coutume, le Parlement conclut ainsi : « La mainmorte n'a aucun rapport avec l'esclavage ; c'est une convention dont les effets les plus rigoureux n'affectent que les biens et qui ne compromet point la liberté de la personne, puisqu'elle laisse au débiteur le droit de rompre le contrat quand il veut. » Droz fit valoir à peu près les mêmes arguments : « Quelque compassion que méritent les personnes que le destin a placées dans les classes inférieures, la cour, chargée de maintenir les droits de tous les ordres, ne peut disposer des propriétés des riches en faveur des pauvres.... Aux yeux de la justice, les droits du roi et des seigneurs, ceux des sujets et des vassaux ne méritent d'égards qu'autant qu'ils sont légitimes. Le Parlement a cru devoir ménager les propriétés réelles et féodales fondées sur la coutume et la possession [1]. » L'argument n'était pas sans valeur ; beaucoup de nobles n'avaient nulle fortune, et peut-être eût-il été équitable, au lieu de sacrifier complètement les droits féodaux, d'offrir au paysan de s'en racheter à des conditions modérées et peu onéreuses ; c'était respecter des droits acquis de temps immémorial et donner en même temps satisfaction à la grande partie des cultivateurs, qui n'auraient pas exigé d'autres concessions.

En 1781, le Parlement prit part à la joie éclatante que causa la naissance du Dauphin ; ce fut dans toute la France une allégresse générale qui se traduisit par

______

[1] DROZ, *Mémoires*, p. 156 à 160.

des fêtes et des spectacles. La Franche-Comté voulut,
selon l'expression d'un journal du temps, « célébrer la
jeunesse et la beauté assises sur un trône couvert de
trophées, et se glorifier de la naissance d'un enfant
issu d'une famille de héros, héritier de leurs vertus et
de leurs grâces, l'objet des vœux de tous les Français. »
A Besançon, « une magnificence plus éclairée, dit ce
même journal [1], chercha à conserver le souvenir de ces
fêtes et à rendre encore plus intéressants ces grands
événements, en versant ses bienfaits sur la classe laborieuse et indigente de la population. Trois fontaines
en différents quartiers versèrent du vin en abondance.
Le chapitre distribua des mesures de blé. L'archevêque
fit élargir des conciergeries des prisonniers détenus
pour dettes civiles. L'intendant de la province, M. de
Lacoré, répandit dans toutes les prisons, et en particulier dans l'hôpital royal des mendiants, les secours les
plus abondants, et fit choisir dans chacune des sept paroisses de la ville une fille qu'il dota libéralement et
dont il voulut assurer le mariage ; les futurs époux
furent assemblés à dix heures du matin à l'hôtel de
l'Intendance, conduits à la cathédrale et présentés par
M. et Mme de Lacoré à l'évêque de Rhodes, qui bénit lui-
même ces unions ; un repas somptueux, où prirent part
un grand nombre de personnes des plus distinguées,
leur fut offert à l'Intendance. » Les magistrats devaient
nécessairement s'associer à ces actes de générosité. Ils
se chargèrent des frais de nourrice de quarante en-

(1) *Affiches de la Franche-Comté* du 26 novembre 1781.

fants, donnèrent du pain à trois mille cinq cents personnes et offrirent à la population, dans les salles de
l'hôtel de ville, un bal « qui fut embelli par le concours
immense d'un peuple sensible, reconnaissant, et toujours signalé par son dévouement à ses rois. »

Rien de plus touchant que ces fêtes populaires où
toutes les classes de la nation s'unissaient dans un
même sentiment de respectueux et profond attachement pour la monarchie, et célébraient dans un complet
accord un événement favorable à toute la nation. Le
peuple oubliait pour un instant sa misère; le Parlement ne songeait qu'à manifester ses vœux pour la
famille royale, pour le bonheur et la gloire de la
France.

Quelques jours auparavant, le 12 novembre, avait
eu lieu la rentrée du Parlement ; après une harangue
de M. l'avocat général, Marquis de Tallenay, sur l'*amour
de la vérité*, M. le président de Courbouzon « avait
mis sous les yeux de la compagnie les distinctions particulières qui font le lustre et la gloire du Parlement,
et qui lui sont acquises par le zèle que cette cour
a montré dans tous les temps pour le maintien de la
police et de l'autorité des souverains, pour représenter
à ses souverains la situation et les besoins des peuples,
pour affermir la tranquillité de ces peuples et coopérer
à leur bonheur. » Un journal du temps apprécie cette
harangue en ces termes : « Les sentiments que la
naissance de Mgr le dauphin , la bienfaisance et la
vertu du roi, ont fait naître dans tous les cœurs, ont
été développés avec autant d'éloquence que de vé

rité [1]. Ajoutons que dans toutes les villes de Franche-
Comté, à Dole, à Ornans, à Vesoul, à Gray, à Pontarlier et dans toutes les campagnes « éclatèrent les transports les plus vifs d'un tendre saisissement ; ce ne fut
que fêtes, illuminations, aumônes, vœux au ciel pour
la conservation du jeune prince et pour celle de ses
augustes parents. »

L'accroissement de la dette publique, la nécessité de
se créer de nouvelles ressources, vinrent troubler la
longue période d'harmonie entre le pouvoir royal et les
magistrats.

Depuis de longues années, la Franche-Comté était
assez maltraitée. Epuisée d'hommes et d'argent, livrée
à toute l'avidité des traitants, elle payait avec peine les
charges courantes qui s'étaient aggravées chaque année. Chiflet nous donne l'état général fort détaillé des
impôts tant ordinaires qu'extraordinaires, établis dans
la province en 1738. L'impôt s'élevait en totalité à
2 millions 300,337 livres [2], mais, en moins de trente
années, ces charges s'étaient presque doublées. En
1766, cette province devait acquitter :

Pour les tailles, environ.	3,000,000 fr.
Pour les contrôles et insinuations. .	500,000
Pour les droits des fermes	300,000
Pour les postes aux lettres	50,000
A reporter . . .	3,850,000 fr.

(1) *Affiches de la Franche-Comté* du 16 novembre 1781.
(2) Manuscrits Chiflet, vol. 61, p. 285.

Report . . . 3,850,000 fr.

Pour les charges patrimoniales et oc-
trois   500,000
                                                     —————————
                                                     4,350,000

Les produits du sol, du commerce et de l'industrie ne pouvaient suffire pour une pareille somme. La Franche-Comté avait la vente facile du superflu de ses blés dans le Lyonnais et dans les provinces du Midi ; elle expédiait ses fers en Allemagne, en Suisse, dans la Bresse, le Dauphiné, le Languedoc et la Provence ; ses bois de sapins embarqués sur la Saône ou le Doubs se vendaient pour la marine ; ses vins, ses eaux-de-vie, ses chevaux, son bétail, ses fromages, étaient une source de bénéfices ; mais elle était tributaire des provinces voisines ou de l'étranger pour la draperie, les toiles, les sucres, l'épicerie, la droguerie, les cuivres, les aciers, la soierie. Un *Mémoire sur le commerce, l'agriculture et l'industrie*, publié en 1766, nous fournit le détail suivant :

EXPORTATIONS

Les grains auraient produit. . .	1,800,000 livres.
Les fontes et fers	1,152,500
Les bois	500,000
Les vins et eaux-de-vie	480,000
Les chevaux, bœufs, etc. . . .	400,000
La banque et commission . . .	300,000
Les fromages, sels, beurres, etc.	400,000
Les cuirs	300,000
	5,332,500

IMPORTATIONS

La draperie, les toiles	2,000,000 livres.
L'épicerie, la droguerie	1,500,000
La bijouterie, matières d'or et d'argent	900,000
La soierie, la chapellerie . . .	400,000
La bonneterie	250,000
Les cuivres, laitons, etc. . . .	200,000
	5,250,000

Les exportations dépassaient ainsi les importations de 82,500 livres.

Comment trouver, dans l'industrie des habitants, des ressources suffisantes pour acquitter les quatre ou cinq millions d'impôts? Aussi l'auteur du *Mémoire* ajoute : « Faut-il s'étonner si l'argent est si rare? Le défaut de numéraire prend sa source dans le peu de commerce du pays, dans la privation des manufactures qui pourraient s'y établir avec succès, dans le découragement de l'agriculture. »

Depuis 1766, les impôts se multipliaient. La prorogation des vingtièmes ne procurait point les amortissements annoncés ; il fallait faire face aux dépenses nécessitées par la guerre d'Amérique. La guerre maritime entre la France et l'Angleterre, les déprédations qui se commettaient depuis de nombreuses années avaient sensiblement atteint les finances ; le gouvernement essayait de donner le change à l'opinion. Le 13 février 1780, il publiait une déclaration où il annonçait son in-

tention de dégrever les populations, dans le préambule
de laquelle il affirmait que, malgré la guerre, les impôts étaient les mêmes que l'année précédente; l'allé-
gation n'était pas exacte : les impôts de Franche-Comté
étaient, en 1781, augmentés de quatre à cinq cent
mille livres. Partout la dette publique n'avait fait que
s'accroître.

Vainement Necker avait tenté de rétablir l'ordre dans
la comptabilité; il n'avait relevé que pour quelques
mois le crédit public; la ressource des emprunts s'épui-
sait et les embarras financiers s'aggravaient chaque
jour. Un instant la confiance publique s'était ranimée
en janvier 1781, à l'apparition du fameux compte rendu
des finances, et la nation avait applaudi aux vues morales
et philanthropiques exposées par l'auteur, acceptant
d'une foi entière tous les chiffres, tous les résultats, et
croyant à toutes les améliorations promises; mais en
mai 1781, Necker, attaqué par le Parlement et par
Maurepas, abandonné par le roi, qui s'était lassé de lui,
quittait le ministère; sa chute était ressentie comme
une calamité publique. Joly de Fleury, son successeur,
inaugurait son administration par la création de nouveaux impôts. Dans un édit d'avril 1781, le roi déclarait
qu'il était nécessaire d'opposer aux ennemis de la France
les plus puissants efforts; il avait, disait-il, réfléchi sur
les nombreuses propositions qui lui avaient été faites et
il avait préféré l'augmentation des droits sur les con-
sommations à un impôt direct sur les personnes et sur
les propriétés. En conséquence, il décidait qu'il serait
perçu, à compter du jour de l'enregistrement de l'édit

jusqu'au 31 décembre 1790, et indépendamment des huit sous par livre prescrits en 1780, deux autres sous par livre.

Ces considérations ne pouvaient impressionner le Parlement. L'édit de 1781 fut mal accueilli par les magistrats, qui ne consentirent à l'enregistrement que sous certaines conditions : ils demandèrent que les deux sous par livre ne vinssent grever que la matière assujettie à l'impôt des huit sous ; que certains objets, tels que les huiles, les sucres, fussent complètement exempts. La magistrature voyait les abus et ne craignait point de les signaler. Elle venait de publier un long mémoire sur les contributions de la province, sur le mode et les frais de recouvrement, mémoire curieux où elle montrait l'origine, l'accroissement, l'utilité, l'illégalité et l'exagération de chaque espèce d'impôt, la partialité avec laquelle le pays avait été grevé de charges militaires excessives. La Franche-Comté payait en effet 250,000 livres pour la milice, et la Bourgogne, qui avait le même nombre de bataillons que la Franche-Comté, ne payait que 136,000 livres [1]. Les magistrats argumentaient en outre des charges locales ; ils se plaignaient de la construction ruineuse de casernes, de tribunaux et d'une intendance. Ils rappelaient que le commissaire Départi, dont le loyer annuel coûtait quatre à cinq mille livres à la ville de Besançon, avait levé par impôt sur la province cinq cent mille livres pour la construction de cette intendance magnifique, mais trop coûteuse ; que la ville

____

[1] P. 57 du compte de 1788.

payait en outre trois mille livres pour l'entretien de cet édifice; ils faisaient appel à l'opinion, et après avoir porté leurs investigations sur tous les points de l'administration, sur tous les gaspillages grands et petits, sur tous les actes arbitraires, ils n'hésitaient pas à en faire retomber toute la responsabilité sur le pouvoir royal.

Malgré toutes ces plaintes, la conciliation était encore facile; malheureusement, l'année 1782 devait amener une aggravation de charges. Le 3 septembre, le pouvoir royal annonçait aux populations qu'en présence des dépenses extraordinaires nécessitées par la durée de la guerre, il était forcé d'exiger de nouveaux sacrifices, qu'il établirait un troisième vingtième à compter du 1er janvier 1783 et pendant les trois années qui suivraient la signature de la paix.

Il ordonnait que le troisième vingtième frapperait sur tous les objets assujettis aux deux premiers vingtièmes, et qu'il serait perçu dans les mêmes termes et d'une manière identique.

Ce fut dans le pays un sentiment de consternation dès que cet édit fut connu. Le mécontentement du Parlement fut extrême, d'autant plus violent, que les deux premiers vingtièmes avaient été prorogés au mépris des plus solennels engagements. Le 2 mars 1782, les Chambres s'assemblèrent, et les gens du roi apportèrent à la cour le brevet général des impositions pour l'année 1782, dont ils requéraient le dépôt au greffe; des commissaires furent désignés pour procéder à l'examen de ce document. Le 13 mars, le Parlement fit remarquer « qu'il avait été surpris de voir la qualification du brevet invariablement fixée aux mêmes sommes qui avaient été imposées en 1780, tandis que, dans les lettres des 12 juillet 1781 et 17 janvier 1782, le ministre annonçait que la cessation des dépenses occasionnées par la construction de l'intendance opérerait une diminution sensible dans les impositions, et qu'au retour de la paix Sa Majesté se proposait de procurer à la province tous les soulagements que les circonstances lui permettraient. » Le Parlement ajouta que le ministre avait annoncé la diminution de 80,000 livres sur le petit équipement de la milice et de 29,400 livres sur la construction de l'auditoire de Baume. Il protesta contre le chiffre de la capitation porté de 700,000 à 998,863 livres, contesta la plupart des taxations et demanda que le pouvoir royal eût pitié d'une province beaucoup plus maltraitée que les autres pays de France.

En même temps, le Parlement fit une étude approfondie et une critique raisonnée du brevet général qui lui était soumis.

Les impôts étaient de diverses natures. Il y avait les impôts réguliers, connus sous les noms d'imposition ordinaire, capitation et vingtième.

Il y avait les impôts qui, selon l'expression adoptée par le Parlement, formaient en d'autres provinces le brevet militaire, excédent des fourrages, habillement, entretènement et petit équipement des soldats provinciaux, voitures et convois militaires, logement des troupes, états-majors, marchandises, etc.

Il y avait les impôts accessoires à l'imposition ordinaire pour dépenses générales ou particulières à la province, telles que les ponts et chaussées, corvées, pépinières, haras, fortifications, édifices publics, destruction de la mendicité.

Enfin, à ces charges s'ajoutaient les charges générales du royaume, telles que l'amortissement des nouveaux acquêts d'usage, droits des inspecteurs des huiles et savons, canaux de Picardie, etc. [1].

L'imposition ordinaire était, en 1781, de 814,000 livres. La capitation et les vingtièmes s'élevaient à 1,023,124 livres.

Les impositions accessoires atteignaient 1,380,392 livres, se composant de :

3 deniers pour l'imposition ordinaire réservée aux hôpitaux . . .	10,175 livres.
Entretènement et habillement de la milice	334,050
Ponts et chaussées, 60,000.	
Appointements et voyages des inspecteurs généraux et autres, 3,662.	63,662
Pépinières royales	3,000
Chapitre de Besançon	10,000
Amortissements, nouveaux acquêts et anciens	5,439
3e et 4e sols pour livre du principal dudit droit	494
A reporter. . .	426,820 livres.

<hr>

(1) Mémoire manuscrit sur les impositions, p. 14. Bibl. de Besançon, et Mémoire manuscrit sur la formation du brevet des impositions pour l'année 1783, déposé aux Archives du Doubs, B. 2184, p. 45.

Report. . .	426,820 livres.
5ᵉ et 6ᵉ sols pour livre du principal dudit droit	494
Huiles et savons	8,347
5ᵉ et 6ᵉ sols pour livre du principal dudit droit	695
7ᵉ et 8ᵉ sols pour livre du principal dudit droit	695
Fourrages du commissaire principal des guerres et logement du contrôleur provincial de l'artillerie.	880
Indemnité des huissiers du conseil.	780
Canal de Picardie, de Bourgogne, navigation de la Charente. . . .	18,189
Excédent des fourrages	489,149
Convois militaires	78,892
Trois deniers pour livre destinés à la mendicité	23,429
Sols pour livres desdites impositions.	52,441
Construction des casernes de Gray.	33,225
Sols pour livre pour frais de recouvrement de cet impôt	1,662
Quartiers d'hiver du logement des troupes en quartier à Vesoul . . .	11,720
Logement des officiers employés au château de Blamont.	855
Construction de l'auditoire et des prisons du bailliage de Baume . .	28,000
A reporter. . . .	1,176,273 livres.

Report. . . 1,176,273 livres.

Sols pour livre de taxations . .   1,400
Construction de l'hôtel de l'In-
tendance   20,000
Supplément pour les augmenta-
tions dudit hôtel.   40,000
Logement de la maréchaussée. .   27,001
Petit équipement des troupes pro-
vinciales   100,718
Haras.   15,000
                                        —————————
                                  1,380,392 livres.

Dans ce chiffre ne figurent pas les impôts indirects
de consommation [1].

Ce qui exaspérait le Parlement, c'est que l'impôt
était requis contre toute équité. C'est ainsi que l'impôt
de la milice était de 334,050 fr.; mais si la milice n'était
pas rassemblée, il se réduisait à 107,821 fr. Or, l'Etat
réclamait les 334,050 fr., bien que les soldats provinciaux fussent restés dans leurs foyers. Les abus étaient
les mêmes pour l'impôt de navigation; depuis plusieurs
années on ne travaillait plus au canal de Picardie, on
n'avait pas commencé le canal de l'Yonne à la
Saône, mais on exigeait la taxation chaque année.

Le Parlement n'était pas d'humeur à se taire; il ne
se contenta pas d'argumenter de la misère du peuple,
il s'éleva à des considérations plus hautes. « La France,
dit-il, n'est pas, comme en 1710, menacée d'une chute

____

(1) Mémoire manuscrit sur les impositions. Biblioth. de Besançon.

prochaine, elle ne combat pas contre une partie de l'Europe comme en 1733 et en 1741. Les Anglais ne lui enlèvent plus, comme dans les dernières guerres, ses possessions et ses flottes; abandonnés de leurs anciens alliés, ils sont accablés à leur tour par la défection de leurs colonies, par les armes de France et d'Espagne; un échec essuyé aux Indes occidentales a balancé nos avantages, il est vrai ; mais le revers, réparé par le zèle et par les dons de vos sujets, Sire, va accroître le nombre de vos vaisseaux.

» Dans les désastres du royaume, pendant les guerres les plus difficiles, le dixième cessa toujours avec elles. En 1760, au milieu des pertes que nous éprouvions, le troisième vingtième se perçut pendant quatre ans comme un secours extraordinaire, et aujourd'hui, Sire, que votre maison, réunie pour le bonheur du monde, couvre ses mers de ses vaisseaux, y rétablit la tranquillité, protège contre les Anglais seuls la liberté et le commerce, vos peuples seraient opprimés par le même impôt devenu plus alarmant encore par sa durée [1]! » Puis le Parlement rappela que la province avait supporté plusieurs impôts extraordinaires, que son état d'épuisement ne lui permettait pas d'acquitter des charges nouvelles et finit par déclarer, le 6 septembre 1782, que l'édit sur le vingtième serait transcrit sur ses registres, mais qu'il n'aurait force de loi que pour 1783, qu'il devrait être prorogé en cas de continuation de la guerre d'Amérique.

---

(1) Archives départementales. Minutes des délibérations, B. 2847.

Le roi se sentit blessé dans son autorité souveraine, et voulut briser cet esprit de révolte dont il s'irritait d'autant plus que le Parlement de Paris, dans la satisfaction que lui faisait éprouver le renvoi de Necker, se soumettait sans mot dire; il eut recours aux grands moyens. Le gouverneur se rendit au palais et fit d'autorité enregistrer les deux édits.

Le Parlement ne voulait pas se tenir pour battu. Le 6 novembre il protesta, dans deux arrêts, contre l'illégalité commise et fit défense à tous de percevoir aucun impôt non enregistré, sous peine de poursuites. Il ajouta que son devoir était de faire parvenir au trône la vérité et de persister dans ses résolutions premières, sans tenir compte des ordres du roi.

En même temps, il prenait à partie le contrôleur général, Joly de Fleury, s'inscrivait en faux contre la signature du roi apposée sur l'arrêt du conseil, qui était daté de Fontainebleau, et affirmait que le roi n'avait pu prendre part dans cette ville à la délibération et rédaction de l'arrêt, et qu'il n'avait pas quitté Compiègne ; sa délibération était un outrage pour Joly de Fleury, qu'elle accusait de faux, et pour le roi lui-même. « Considérant, disait le Parlement, que l'intrigue a étouffé la voix des magistrats, qu'elle usurpe l'autorité souveraine, que l'infidélité commise dans l'expédition des lettres patentes du 3 septembre dernier n'est pas même contestée, qu'il est physiquement impossible que les remontrances de ladite cour, parties le 30 août, arrivées à Versailles le 2 septembre, aient été mises sous les yeux du seigneur roi et examinées le 3 à Compiègne, en son conseil resté à Versailles, et que lesdites lettres patentes aient été expédiées dans la même journée du 3 et soient parvenues à Besançon le lendemain 4 [1]. »

C'était la guerre comme aux jours du grand exil, comme sous le Parlement Maupeou.

Le 9 janvier arriva à Versailles une députation du Parlement. Le roi l'accueillit au milieu de l'appareil le plus imposant, fit ordonner le silence aux magistrats et ne dissimula point son mécontentement. Une lettre du premier président de Grosbois raconte ainsi l'entrevue [2] : « J'ai l'honneur de vous informer que le roi a reçu aujourd'hui la députation entre midi et une heure ; nous avions l'ordre de nous rendre à la salle des ambassadeurs, où M. le comte de Vergenne est venu nous chercher avec M. le maitre des cérémonies. Il ne m'a pas été permis, malgré toutes mes instances, d'adresser la parole au roi, qui a reçu la députation assis dans son fauteuil, et a fait écrire sur le registre les lettres patentes qui annulent les deux arrêts du 26 novembre dernier; après quoi il a prononcé de mémoire un discours contenant ses ordres et l'a fait pareillement écrire sur le registre; le roi a fini en nous disant de partir demain et de nous rendre directement à Besançon, où il ferait connaitre à son Parlement ses volontés ultérieures, aux Chambres assemblées du mardi 21 du présent mois.

» Je ne sais si MM. les députés ont été tous aussi frap-

(1) Archives départementales. Minutes des délibérations.
(2) Archives départementales. Parlement.

pés que moi de l'air de dignité accompagné de bonté
et de l'aisance avec laquelle le roi a ordonné et suivi
toutes les opérations.

» Lui seul a parlé; c'est en présence de tous Messieurs
du conseil de dépêche, convoqués spécialement à cet
effet, que le tout s'est passé.

» J'ai l'honneur d'être, Messieurs.... »

A cette lettre était joint le discours du roi. « Je vous
» ai mandés pour que vous n'affectiez plus d'ignorer
» que tout ce qui se fait en mon nom se fait par mes or-
» dres : j'ai fait biffer vos arrêts pour ne plus laisser
» aucune trace d'actes aussi contraires à la soumission
» dont vous devez donner l'exemple aux sujets de notre
» ressort.

» J'écouterai toujours ce que le Parlement me repré-
» sentera pour le bien de mes sujets de Franche-Comté,
» mais il doit mieux s'assurer de l'exactitude des faits
» qu'il m'expose.

» Ses arrêts et ses arrêtés ne doivent jamais lui faire
» des titres pour défendre ce que j'ai ordonné et pour
» ordonner rien de contraire à mes volontés.

» Mon peuple ne fait qu'un avec moi; ses droits et
» ses intérêts sont les miens; c'est dans ma main qu'ils
» reposent, et j'en suis le gardien suprême.

» Si cette maxime, qui doit être gravée dans le cœur
» de tout sujet fidèle, venait à s'effacer, je compte que
» les officiers de mon Parlement les rappelleraient à
» mes peuples.

» Retournez à vos fonctions, rendez bonne justice à
» mes sujets : c'est le droit que je vous ai confié et dont

» vous ne sauriez vous acquitter avec trop d'attention
» et de zèle. »

Jamais magistrats n'avaient reçu un plus froid, un
plus sévère accueil.

Le même jour, 9 janvier, des lettres patentes déclarèrent les deux arrêts du 25 novembre 1782 contraires
aux ordonnances les plus solennelles du roi ; elles furent
transcrites à Versailles sur le registre par le greffier en
chef Seguin, et les deux arrêts furent raturés avec cette
mention en marge : « Lesdits arrêts rayés et biffés en
présence et du très exprès commandement du roi par
son greffier du Parlement de Besançon. »

Le premier président de Grosbois avait eu dans tout
le conflit l'attitude la plus correcte, et avait soutenu
son Parlement avec la résolution et l'énergie qu'il
mettait en toute circonstance au service des populations. Son dévouement à ses collègues ne l'empêcha
point d'être en butte à des soupçons blessants pour sa
dignité, pour l'honorabilité de son caractère. Le bruit
se répandit que c'était sinon sur sa demande, du moins
à son instigation, que l'enregistrement des édits avait
été ordonné. M. de Grosbois s'émut et crut devoir protester dans la déclaration suivante en date du 19 février
1783 : « Il me revient de toutes parts qu'on me fait
l'injure de me soupçonner d'être l'auteur, le conseil, le
rédacteur des ordres que le roi a fait exécuter le 6 septembre dernier. Je déclare que je n'ai d'autre part que
d'avoir fait tout ce qui dépendait de moi pour l'empêcher, en représentant fortement qu'il ne fallait ni prorogation ni enregistrement, avant la levée des séances

du Parlement, pour un impôt qui ne devait avoir lieu qu'à commencer du 1ᵉʳ janvier suivant.

» Jaloux comme je dois l'être de conserver votre estime, que je crois avoir méritée dans tous les temps, c'est à vous-mêmes que je me plains de ces injurieux soupçons, et je dépose au greffe ma présente déclaration à Besançon aux Chambres assemblées. »

Si le pouvoir, en appelant le Parlement à Versailles, crut l'intimider ou l'éblouir par le spectacle de la majesté royale, son illusion fut de courte durée. Peu après sa rentrée à Besançon, les magistrats se montraient plus obstinés que jamais dans leurs résistances. Le jour même où M. de Grosbois déposait au greffe sa déclaration, le Parlement rendait un arrêt rédigé par le président de Vezet, atténué par la majorité des conseillers, et cependant plus hardi encore que les autres, où il accusait le gouvernement « d'anéantir le droit d'enregistrement, de livrer la France aux volontés du contrôleur général, de l'intendant, aux caprices même des commis, qui seuls dans l'avenir seraient chargés désormais d'établir les impôts. » Le même arrêt signalait les abus les plus révoltants, et concluait en sollicitant les Etats provinciaux et même les Etats généraux du royaume. « Considérant, disait l'arrêté, que l'assemblée des Etats de la province, confirmée par les capitulations demandées en plusieurs occasions par le Parlement et la convocation des Etats généraux du royaume, lui paraissent aussi avantageuses qu'indispensables pour le maintien des droits du trône et de ceux de la nation. »

Beaucoup de magistrats voulaient que l'arrêté fût envoyé aux princes, aux pairs, à tous les Parlements : la proposition fut mise aux voix et fut sur le point d'être adoptée ; il lui manqua cinq suffrages. « La peur, dit le président de Vezet, et la basse jalousie firent échouer ce projet. »

Il était difficile de montrer une plus indomptable énergie, mais une imprévoyance plus grande.

C'était la première fois qu'une compagnie judiciaire sollicitait la convocation des Etats, mais cette idée d'Etats généraux n'était pas nouvelle ; lors du coup d'Etat de Maupeou, en 1771 et 1772, des écrivains l'avaient déjà émise, insistant sur la nécessité d'assembler la nation, de la consulter sur les progrès du despotisme, sur les atteintes portées à la propriété des biens, à la liberté des personnes, « sur le gouvernement arbitraire dont elle était la victime et qu'elle supportait par prudence [1] ; » cette même demande avait été reproduite par certains Parlements, mais avec une sincérité contestable, et surtout dans le but de se créer une popularité et aussi pour susciter des embarras au gouvernement, qui redoutait cette convocation comme pouvant entraîner les plus grandes difficultés, les plus grands embarras. Comment les Parlements auraient-ils pu souhaiter les Etats généraux ? N'était-il pas évident pour tout le monde que la première pensée des Etats serait de détruire tous les abus que les magistrats persistaient à maintenir, et qu'une

____

[1] *Maximes du droit public français*, 2ᵉ édition, 1775, vol. I, 376, 377.

fois à l'œuvre, ils ne s'en tiendraient pas à ces réformes, qu'ils amenderaient, supprimeraient tout, même les cours souveraines qui les appelaient ? C'est si vrai que, lorsqu'en juillet 1789, d'Eprémesnil proféra devant le Parlement de Paris ce mot d'Etats généraux que venait de prononcer le Parlement de Besançon, le président d'Ormesson, se levant indigné, s'écria : « Dieu punira vos funestes conseils en les exauçant. » Mais le mot d'Etats généraux électrisa la nation, et augmenta l'ardente fermentation des esprits. L'arrêté fit grand bruit. Les *Mémoires de Bachaumont* le déclarèrent « superbe, plein d'une excellente logique et d'une éloquence sensible et vigoureuse. »

Le 4 juillet de cette même année 1783 intervinrent des remontrances plus vives, demandant les Etats d'une manière encore plus précise. Après un exposé des abus dont la province était victime, les parlementaires concluaient ainsi : « Nous vous supplions, Sire, de rendre à la monarchie sa forme antique. Ce grand acte de justice est digne de vos vertus ; nous vous supplions d'assembler les Etats généraux, de consulter la nation sur la vérité, sur l'importance de nos très humbles représentations, sur les motifs de notre conduite, sur la pureté de notre zèle, et d'accorder à votre province le rétablissement de ses Etats particuliers, demandés tant de fois, confirmés par les capitulations qui l'ont réunie à votre couronne. » Ces plaintes, qui n'étaient que trop légitimes, furent en partie écoutées, et le Parlement obtint gain de cause sur certains points. Le pouvoir royal consentit à réduire une partie des charges qui accablaient le pays, et multiplia les promesses de dégrèvement, affirma son dévouement aux intérêts de la province, son désir de venir en aide aux habitants. Le Parlement se résigna au silence; deux années s'écoulèrent sans incident notable, puis l'abolition de la corvée devint une nouvelle cause de conflit.

Les routes étaient alors généralement entretenues par le travail gratuit de la population qui, sous le nom de corvée, devait en outre aux seigneurs de paroisses plusieurs jours par an de services corporels. En 1776, le Parlement s'était prononcé pour le maintien de la corvée, mais, sans se soucier de ses délibérations, un arrêt du conseil avait décidé, le 6 novembre 1786, que la corvée serait convertie en une prestation pécuniaire. Le trésor public devait pourvoir à l'entretien des chemins, au moyen d'un impôt réparti sur les propriétaires de biens-fonds, à proportion des vingtièmes qu'ils payaient déjà. Les idées d'égalité, d'humanité, se faisaient jour, la corvée était considérée par l'école philosophique, notamment par Voltaire, comme un signe de servitude, puis le pouvoir royal saisissait l'occasion d'encaisser de l'argent. Le Parlement fut à peu près unanime à protester; ne le blâmons pas trop de sa résistance. Les corvées étaient sans doute pénibles pour les populations, mais le paysan préférait encore un travail en nature à un impôt pécuniaire; avec la corvée, il était sûr d'avoir des routes, des chemins praticables, son travail lui profitait, et il n'était point certain que l'impôt en argent serait utilisé dans son pays et améliorerait sa situation. Dans toute contrée où il y a plus

de bras que d'argent, il faut laisser aux classes inférieures la liberté de s'acquitter de la manière la plus
commode. Comment trouver l'argent nécessaire pour
acquitter l'impôt? Cette conversion de la corvée en
argent était un accroissement de pouvoirs pour
l'intendant. L'article 6 allait jusqu'à permettre au
commis des chemins et au subdélégué, dans les communes récalcitrantes, d'ordonner l'emprisonnement des
quatre principaux habitants, emprisonnement qui
devait être maintenu jusqu'à l'entière confection des
travaux à exécuter ; c'était l'atteinte la plus grave que
l'on pût porter à la liberté individuelle. L'intendant
lui-même n'avait pas le droit de disposer aussi arbitrairement de la liberté des sujets du roi, comment con-
férer une pareille prérogative à un simple commis?
Ajoutons que des exactions étaient souvent commises
par les collecteurs subdélégués de l'intendant, et provoquaient des plaintes légitimes. Le Parlement n'hésita
pas ; sa résistance était prête, d'autant plus énergique
qu'il se sentait soutenu par le peuple. Le président
Terrier étudia un à un les quarante-sept articles de
l'ordonnance, et en fit devant le Parlement une critique
aussi savante que fondée [1]. Par un arrêt du 27 décembre 1786, la compagnie décida que « de très
humbles et très respectueuses remontrances seraient
faites au roi sur la forme, sur le fond et sur les conséquences de l'arrêt du conseil, et qu'il serait sursis à

____

[1] Voir **Correspondance et papiers du président Terrier**, déposés chez
M. le marquis Terrier de Loray.

l'exécution dudit arrêt, à toute perception de deniers au sujet de la corvée, jusqu'à ce que, conformément aux lois du royaume, et notamment à la déclaration du 13 février 1780, il eût plu au roi de faire connaître ses volontés en la forme ordinaire. L'arrêt expose la situation et renferme les meilleurs arguments que l'on puisse émettre. Par une singulière coïncidence, aujourd'hui la suppression des prestations en nature (nom actuel de ce qu'on appelait la corvée) est demandée par des politiciens et repoussée par les campagnes, et les motifs invoqués en faveur du maintien des prestations sont précisément, à plus de cent ans d'intervalle, ceux qu'invoquait déjà avec une grande sagesse le Parlement de Besançon pour la conservation de la corvée.

Mais cet arrêt du 13 février devait avoir le même sort que ceux de 1782. Le pouvoir royal n'était disposé à accueillir aucune réclamation. Dans les premiers jours de 1787, une grande députation fut de nouveau mandée à Versailles. Elle était composée du premier président, des quatre plus anciens conseillers de la grand'chambre, des deux plus anciens présidents, des deux plus anciens conseillers de la tournelle et des eaux et forêts, et enfin du procureur général [1]; après de longues conférences avec les ministres, qui enjoignirent au premier président de ne pas adresser la parole à Sa Majesté, elle fut reçue le 12 janvier, à six heures du soir, dans la salle des ambassadeurs; le roi était assis, tenait son chapeau, dont il se couvrit après

[1] Archives du Doubs. Parlement. Correspondance.

que tous les députés furent entrés en faisant les trois
salutations d'usage ; il ouvrit la séance en ces termes :
« Mon Parlement aurait dù ne pas oublier ce que je lui
ai dit en 1783, que j'écouterai toujours ce qu'il me
représenterait pour le bien de mes sujets, mais que je
ne souffrirai jamais qu'il se permette des actes contraires à la soumission qu'il me doit. Je vous ai mandés
afin d'anéantir jusqu'à la moindre trace de ceux que
vous avez encore faits contre ma volonté. Que le greffier
remette les registres et pièces que j'ai ordonné de
m'apporter. » Dans trois allocutions, le roi signala ce
qu'il y avait de répréhensible dans les décisions du
Parlement, puis il termina la séance à dix heures du
soir, par ces mots : « Vous venez d'entendre mes volontés, je compte que vous vous y conformerez. Retournez à Besançon ; je vous défends de passer par Paris ;
je vous ordonne d'être tous réunis à Besançon le 18 de
ce mois. Vous rendrez compte à mon Parlement de ce
que je viens de vous ordonner, dès le 19, et je compte
qu'il me donnera des preuves de sa soumission et du
désir qu'il a de mériter ma protection. Je veux qu'il
s'assemble à cet effet, même les jours fériés. »

Ces paroles sévères devaient être suivies d'actes de
vigueur destinés à détruire la puissance des Parlements.
De nombreux édits parurent, qui n'étaient rien moins
que le bouleversement de l'ancien ordre de choses ;
non seulement tous les droits de servitude personnelle
et de mainmorte devaient être abolis, mais plusieurs
déclarations royales augmentaient le nombre des présidiaux, supprimaient les tribunaux d'exception, bu-

reaux des finances, élections et juridictions des traites (des douanes), maîtrises des eaux et forêts, greniers à sel, chambres des domaines et du trésor. Un autre édit réduisait les offices et déclarait que le Parlement de Paris et les Parlements de province ne se composeraient plus que de la grand'chambre, de la tournelle et d'une chambre des enquêtes ; c'était porter atteinte à l'importance de ces compagnies, à leur éclat, à leur considération. C'était réduire le Parlement à quelques membres et ruiner beaucoup de magistrats. Comment leur rembourser le prix de leurs charges ? le trésor était insolvable, ou du moins sur le point de suspendre ses paiements.

La cour regardait les parlementaires comme des ennemis et était décidée à ne plus leur concéder le rôle politique qu'ils avaient toujours revendiqué ; de leur côté, les magistrats, se considérant comme devant remplacer dans la monarchie française les Chambres représentatives d'Angleterre, se refusaient à poser les armes. Irrités, ils ne voulaient voir dans les ministres que des ennemis acharnés. Le garde des sceaux Lamoignon avait dit : « Avant deux années il n'y aura plus ni Parlement, ni noblesse, ni clergé, » menace qui devait être accomplie jour pour jour, mais par d'autres mains que les siennes, menace que connaissait le Parlement. L'entente n'était plus possible ; une guerre à mort était déclarée.

Calonne crut devoir convoquer les notables ; c'était la seule manière d'écarter le contrôle des Parlements, d'obtenir les subsides et les réformes nécessaires. Il espérait se passer ainsi de l'enregistrement des cours souveraines, abaisser et neutraliser leur autorité. La magistrature devait être représentée par les premiers présidents et les procureurs généraux, en tout trente-six magistrats. On discuta la question de l'impôt territorial; mais la majorité estima que l'assemblée des notables n'était pas compétente, que l'impôt ne pouvait être établi et adopté que par les Etats généraux; l'assemblée se borna à déclamer contre les abus, à se lamenter sur l'épuisement des peuples, à exagérer le mal sans y apporter de remède. Le cardinal de Brienne succéda à Calonne; il se disait disciple de Turgot et avait fait preuve d'intelligence comme administrateur dans son archevêché de Toulouse; il fit adopter par les notables les décisions proposées par ce dernier, ils votèrent l'impôt territorial, l'impôt du timbre, la suppression des corvées, les assemblées provinciales.

Comprenant une fois de plus que le gouvernement voulait s'affranchir de leur tutelle, les faire rentrer dans leurs dossiers et leurs procès, les Parlements se rejetèrent dans une opposition violente. Cette opposition s'accentua plus ardente en présence de deux édits, les édits du timbre et de la subvention territoriale.

Forcé de combler le gouffre béant du déficit, le gouvernement avait cru devoir assujettir au timbre nombre d'actes exempts de ce droit, mais le nouvel impôt, bien qu'il fût peu onéreux, surtout si on le compare à ce qu'il est devenu de nos jours, n'en souleva pas moins une perturbation générale et fut qualifié par les magistrats

de Paris de « désastreux, plus funeste que la gabelle. »
Il en fut de même de l'édit sur la *subvention territoriale*, qui cependant n'avait d'autre but que de soumettre à l'impôt toute terre, quel qu'en fût le maître, but équitable, car avec l'imposition des vingtièmes, beaucoup de privilégiés ne payaient rien, grâce aux abonnements et aux exceptions sans nombre. Les Parlements s'indignèrent, demandèrent que le gouvernement leur remît les « états de recettes et de dépenses. » On signala ces deux édits comme une calamité publique.

Le 30 juillet 1787, le Parlement de Paris, s'adjoignant les pairs, demanda la convocation des « Etats généraux, » comme ayant seuls le droit de consentir les impôts ; ce furent les jeunes magistrats qui firent les premiers cette motion, combattue par les anciens, que l'âge rendait craintifs et prévoyants. L'intention des parlementaires était surtout de menacer le gouvernement, de le contraindre à s'entendre avec eux ; mais le mot magique d'Etats généraux souleva l'enthousiasme du peuple ; un immense concert s'établit sur le mot : les Etats. Partout on déclara que les Etats étaient seuls compétents pour établir l'impôt. De nombreux pamphlets furent imprimés, violents, passionnés, contre les deux édits du timbre et de la subvention territoriale, contre la cour, contre Calonne et en faveur des Etats.

La magistrature s'associa à ce mouvement des esprits.

Le Parlement de Franche-Comté suivit l'exemple des magistrats de Paris ; comme eux il prononça le mot solennel et décisif, et demanda le grand remède, l'appel des Etats. Les parlementaires furent presque unanimes, tout en obéissant à des mobiles différents. Les uns espéraient rétablir la monarchie sur des bases nouvelles; d'autres comptaient lui conserver ses prérogatives d'autrefois avec les privilèges et droits conférés sous Louis XV à la magistrature; un certain nombre sollicitaient les Etats par esprit d'opposition. En même temps, une protestation énergique, foudroyante, appel éloquent à la loi, à l'honneur, aux sentiments de pitié pour la misère, fut rédigée contre l'avidité des courtisans, la rapacité des traitants, les déprédations, les prodigalités, le gaspillage des deniers publics. Le 30 août 1787, le Parlement s'exprima ainsi :

« Considérant que dans un désordre aussi alarmant pour l'Etat, où les lois languissent sans autorité, où le vice et l'infidélité restent impunis, où la nation opprimée ne peut plus fournir de nouveaux subsides et se trouve réduite au nom et au simulacre de la liberté et de la propriété, l'assemblée des Etats généraux, demandée en 1783 par la cour, est nécessaire et instante pour remédier aux maux qui existent, pour présenter la situation exacte et les vraies ressources du royaume, régler l'emploi des revenus, faire renaître le bon ordre et la confiance, et affermir l'autorité royale en assurant les droits de la nation et la tranquillité publique. En terminant, le Parlement se montrait de plus en plus hardi, et dans un langage plein d'amertume et de véhémence, qui rappelle l'époque de la Fronde, ajoutait : « Les coups d'autorité sans cesse renouvelés, les enregistrements forcés, les exils, la contrainte et les rigueurs mises à la place de la justice, étonnent dans un siècle éclairé, blessent une nation idolâtre de ses rois, mais libre et fière, et pourraient rompre les liens qui attachaient le souverain aux sujets et les sujets au souverain. » Les autres compagnies judiciaires furent plus réservées.

Cette situation ne pouvait se prolonger. Le 19 novembre 1787, dans une séance du Parlement de Paris, le roi ordonna l'enregistrement des édits relatifs aux emprunts. Un de nos compatriotes, Joseph Droz, raconte ainsi l'incident fort grave qui se produisit : « Un murmure de surprise circula dans l'assemblée. Au milieu de l'agitation qui se manifestait, le duc d'Orléans se leva, hésita quelques instants, et dit, en mots entrecoupés : « Sire, cet enregistrement me paraît illégal.... il faudrait exprimer que cet enregistrement est fait par l'exprès commandement de Votre Majesté. » Le prince était troublé, Louis XVI l'était aussi et dit ces propres mots : « Cela m'est égal.... vous êtes bien le maître.... si, c'est légal, parce que je le veux. » Dès que l'édit relatif aux non catholiques eut été lu, le roi se retira. »

L'agitation devint très vive. Le Parlement termina la séance par une délibération portant qu'il ne prenait aucune part à l'enregistrement de l'édit relatif aux emprunts.

L'arrêt fut biffé, le duc d'Orléans exilé et deux conseillers conduits dans des prisons d'Etat.

Persuadé qu'au palais on ne se préoccupait que de ses souffrances, le peuple prit parti pour les parlementaires. Partout s'organisa la résistance des compagnies judiciaires contre le pouvoir royal. Duport fit aux

Chambres assemblées la motion de déclarer les lettres de cachet nulles, illégales, contraires au droit public et au droit naturel. Un arrêté plein de vigueur réclama, le 4 janvier 1788, des garanties pour la liberté individuelle.

Le 11 mars, de nouvelles remontrances furent rédigées en province comme à Paris. Tout marchait vers une crise.

Brienne et Lamoignon résolurent de porter à la magistrature un coup décisif, d'opérer une réforme complète, radicale.

Le 8 mai 1788, le Parlement de Paris fut mandé à Versailles. La séance s'ouvrit par un blâme du roi et par un pompeux éloge, prononcé par le garde des sceaux, de tous les bienfaits émanés des lits de justice à diverses époques. Le discours du roi commençait ainsi : « Il n'est pas d'écarts auxquels le Parlement de Paris ne se soit livré depuis une année. » Puis le roi ordonna l'enregistrement de six édits sans discussion et de sa pleine autorité.

Mais le point essentiel pour le gouvernement était de ravir aux Parlements l'arme redoutable de la vérification et de l'enregistrement des lois, source de perpétuels conflits ; un autre édit, le plus important, celui qui causa une sensation profonde, enlevait aux compagnies judiciaires cette prérogative précieuse, pour la confier à une cour plénière établie pour tout le royaume, composée du chancelier, de la grand'chambre du Parlement de Paris, des princes du sang, des pairs, des grands officiers de la maison du roi et d'un certain nombre de magistrats de province. En même temps, on faisait défense aux Parlements de s'assembler jusqu'au moment où les grands bailliages seraient formés, et ordre fut donné aux personnes qui devaient siéger dans la cour plénière de rester à Versailles.

C'etait renouveler le coup d'Etat tenté par Maupeou, mais dix-sept ans s'étaient écoulés, et la monarchie n'avait plus la force de se faire obéir. La nation était avide de liberté, les ministres étaient sans vues, sans argent, sans crédit. Ils n'avaient ni appui ni défenseurs, et leur projet était impossible à réaliser.

Tous les magistrats protestèrent après la séance, et ceux qui étaient appelés à faire partie de la nouvelle cour écrivirent au roi pour lui déclarer qu'ils ne pouvaient remplir les fonctions que l'édit leur attribuait. La cour plénière n'en fut pas moins convoquée dès le lendemain, sans autre but que de prouver son existence et de faire répéter par le roi qu'il persistait dans ses volontés.

Nous venons de raconter ce qui se passa à Paris; en province, des scènes de même nature se produisirent dans la plupart des Parlements.

Dès le mois d'avril 1788 le Parlement de Besançon recevait l'ordre de ne prendre aucune vacance; il s'indignait et écrivait au souverain : « Les fonctions de la magistrature sont toutes prévues, réglées, ordonnées par la loi; c'est elle qui a fixé les instants où les magistrats doivent interrompre leurs séances autant en faveur du repos qui leur est nécessaire que pour l'avantage et la commodité des peuples. Le temps des vacances fixé

par la loi ne peut être changé que par la loi. » Il y avait
loin de ce langage hautain et presque irrespectueux aux
protestations de soumission adressées au pouvoir royal
au début de l'annexion.

Mais le mot d'ordre était de traiter les Parlements
de province comme celui de Paris.

Le 8 mai, le maréchal de Vaux, commandant en chef
de la province, et l'intendant, M. Caumartin Saint-Ange,
qui avait remplacé M. de Lacoré en 1784, se présentèrent à huit heures du matin devant les Chambres assemblées, prononcèrent un discours rapide, firent lire par
le greffier leurs commissions, et demandèrent que les
registres leur fussent soumis. Le premier président
insista pour que la cour délibérât librement sur les édits,
mais ce fut en vain. Il protesta au nom de la magistrature « contre tout ce qui serait fait de contraire aux
lois, règlements, usages et coutumes des cours ; » mais
sans s'arrêter à ses réclamations, les commissaires
royaux tirèrent d'un portefeuille de nombreux paquets
cachetés et numérotés, contenant des édits à enregistrer :
édit concernant les non catholiques, édit sur le commerce des grains, édit sur la mainmorte, édit portant
création des assemblées provinciales, ordonnance du
roi sur l'administration de la justice, édit supprimant
les tribunaux d'exception, édit portant réduction de
quatorze offices de conseillers, déclaration ordonnant
que le Parlement entre en vacances. Puis le maréchal
de Vaux remit à la cour, au premier président et à
MM. les présidents, des lettres de cachet « portant défense de délibérer et de rien mettre en délibération ; »

il ordonna au concierge du palais d'en fermer les portes
et de n'y laisser entrer personne; puis il dressa un
procès-verbal dont il ne fut point donné lecture, que
le premier président dut signer sans l'avoir lu [1].

La séance s'était continuée du 8 mai au matin au
9 mai, à dix heures du soir.

M. le maréchal proposa à Messieurs de sortir. Le premier président répondit que, selon l'usage, deux conseillers devaient l'accompagner à la sortie du palais, et
que la cour devait rester assemblée jusqu'à leur retour.
M. de Vaux insista et annonça que ses ordres portaient
d'employer la violence. Après un long débat, le premier
président, pour éviter une scène scandaleuse, prit le
parti de se retirer, et la compagnie le suivit. M. de Vaux
plaça des sentinelles à toutes les portes. Pendant cette
longue séance, l'intérieur du palais avait été garni de
factionnaires; il y avait un piquet de cavalerie sur la
place et des patrouilles autour du palais; on se serait
cru au temps de Louis XV; c'était la reproduction de
ces odieuses scènes militaires qu'on avait espéré ne jamais revoir.

Cette situation se prolongea jusqu'au 26 mai; à cette
date, les parlementaires se réunirent; mais comme le
palais était encore entouré de soldats, que l'intérieur
de la cour en était rempli, que toutes les portes étaient
gardées, qu'en se présentant eux-mêmes devant le siège
ordinaire de leurs séances, ils s'exposaient à des violences pouvant exciter une émeute dans le peuple, ils

(1) Extrait des minutes des délibérations. Archives du Doubs, E. 3804.

prirent soin de délibérer chez le premier président.
Leur premier mot fut pour protester contre l'invasion
du palais par la force armée; puis ils s'exprimèrent en
ces termes:

« Considérant que les surprises faites à la religion du
Roi sont à leur comble, que des commissaires, instru-
ments passifs de la volonté des ministres, ont dans le
même jour et à la même heure fait taire dans tout le
royaume, les armes à la main, la raison et les lois, pro-
fané les registres des Parlements, qui sont les vraies archives de la nation, étouffé la voix des magistrats, suspendu le cours de la justice, dispersé ses ministres et
porté dans toutes les parties de la France le désordre
et la terreur ;

» Que les édits, ordonnances, déclarations et lettres
patentes inscrits par la force sur les registres de la cour,
dans une séance de trente-huit heures, les 8 et 9 mai,
sont destructifs des lois fondamentales de la monarchie, de l'autorité royale, des droits de province ;

» Que l'édit qui substitue au Parlement une cour
unique sous le nom de cour plénière est aussi contraire
aux droits du souverain qu'aux droits de la nation.... »

Le Parlement combattait en trois longues pages la
création de cette cour plénière, s'attaquait ensuite à l'édit
qui portait réduction d'office, puis à l'ordonnance royale
déclarant le Parlement en vacances, et continuait ainsi :

« Considérant que le trône est inaccessible à la vérité,
le roi entouré de séductions et de pièges, la violence
portée à l'excès, le trésor sans argent, l'administration
sans crédit, la confiance détruite, animés de ce zèle

inébranlable que nous inspire l'amour pour nos rois, le devoir de l'honneur, nous devons redoubler nos efforts pour éclairer la religion du souverain, maintenir l'autorité royale dans son intégrité et sa splendeur, et garantir la nation du joug du pouvoir arbitraire et du despotisme des ministres [1]. »

Après ces considérations, les parlementaires protestèrent encore « contre tout ce qui avait été fait les 8 et 9 mai par les commissaires du roi, et déclarèrent que le tout était nul, incapable de produire aucun effet et d'obliger les sujets. » Ils dénoncèrent l'envahissement des troupes comme illégal et attentatoire à la liberté, et réclamèrent le maintien des lois constitutives du royaume, des privilèges de la province, et de l'antique constitution du Parlement.

Ils ne furent pas seuls à se plaindre. La résistance éclata partout. Non seulement aucun des Parlements du royaume ne consentit à se soumettre, mais l'insurrection devint populaire. En Bretagne, la guerre civile sembla près d'éclater. L'intendant prit la fuite. C'est à un petit nombre de voix qu'on rejeta la proposition de décréter de prise de corps les commissaires du roi. La noblesse se mit à la tête du mouvement. Dans le Béarn, les montagnards envahirent la ville de Pau avec une sorte d'appareil militaire, les portes du palais de justice fermées par ordre du roi furent enfoncées. Dans le Dauphiné, à Grenoble, la population furieuse se répandit

[1] Minutes des délibérations. Archives du Doubs, B. 3804. *Révolution de Franche-Comté*, vol. 1. Biblioth. du chapitre.

dans les rues et sonna le tocsin pour appeler les habitants des campagnes. A Rouen, le Parlement déclara traîtres et parjures au roi et à la nation les officiers obéissant aux édits du 8 mai. Des troubles se manifestèrent dans la Provence, dans le Languedoc, dans le Roussillon et même dans des provinces moins ardentes, dans la Flandre et le Hainaut.

A Besançon, la population tout entière, à l'exception d'une petite partie de la bourgeoisie, qui n'était point fâchée de voir l'humiliation de la magistrature, demanda le rétablissement du Parlement et de tous ses privilèges. Une estampe allégorique circula en juin 1788, représentant le ministre Brienne et M. de Lamoignon armés d'un poignard et assassinant la France. La municipalité fit rédiger par le secrétaire Belamy un mémoire pour la résurrection des Etats provinciaux de Franche-Comté [1]. Les avocats prirent parti contre les ministres. L'un d'eux, l'avocat Roujet, fut conduit au fort Griffon le 10 juillet, sur une lettre de cachet, pour avoir tenu des propos hostiles à M. de Lamoignon. On le mit au secret.

Ces mesures de rigueur ne firent qu'exaspérer le peuple. On pendit à la tour Chaudanne deux mannequins représentant MM. de Lamoignon et Brienne; on les brûla le soir sur la place Saint-Pierre [2]. Le 3 octobre, on publia un avis aux fripiers d'acheter les robes rouges des grands bailliages de Vesoul et de Lons-le-Saunier.

(1) Archives municipales, BB. 199, casier 1, rayon 12, reg. in-folio.
(2) Ces détails sont puisés dans le Journal manuscrit.

Pour triompher de toutes ces résistances, il eût fallu une volonté de fer servie par une volonté supérieure. Louis XVI s'y brisa ; il était venu en un temps où la bonté la plus exquise et l'honnêteté la plus scrupuleuse ne pouvaient suffire au gouvernement du pays. Désormais la nation seule allait pourvoir au salut public.

Le 25 août, Brienne se retirait, la France indignée ne le voulant plus voir. Il y eut dans Paris des réjouissances tumultueuses. L'enivrement fut universel. Plusieurs villes donnèrent tous les signes de la joie la plus vive. On brûla le mannequin de Brienne. Sa chute fut le signal de nouveaux troubles populaires. Le 25 août, des attroupements séditieux se produisaient, demandant avec violence le retour des Parlements. Ni le roi ni ses ministres n'osaient lutter plus longtemps contre le mouvement de l'opinion, et comme chaque jour amenait une difficulté nouvelle, ils se résignaient à appeler la nation à concourir à la réorganisation de la France. Les Etats généraux furent solennellement annoncés.

Cette convocation était instamment sollicitée par la noblesse, par le clergé et par le Parlement. Le 5 mai de cette même année, le Parlement de Paris dénonçant les prodigalités de la cour et exigeant les états de dépenses, un conseiller s'était écrié : « Ce sont des Etats généraux qu'il nous faut ! » Les Parlements de province avaient formulé les mêmes vœux, plaçant leurs espérances dans cette dernière épreuve, comptant par cette évocation solennelle faire peur au pouvoir royal,

persuadés que le peuple, qui prenait à peine part à la
vie municipale, aux affaires de la commune, serait incapable de prendre une part sérieuse à l'élection et
aux délibérations des Etats ; c'était l'opinion des ministres, de Necker lui-même ; magistrats, nobles et
ministres se croyaient de force à assurer aux privilégiés
une influence dominante. Ici encore ils ne voyaient ni
juste ni loin ; ils déchaînaient eux-mêmes les tempêtes
qui devaient les emporter. On sait quelle surprise leur
ménageait un avenir prochain ; des Etats généraux
devait sortir la destruction de l'ancienne organisation
judiciaire.

Cette réunion des Etats paraissait d'ailleurs justifiée :
il s'agissait de prendre des mesures pour acquitter la
dette publique. Les revenus étaient insuffisants pour
solder le budget des dépenses ordinaires. Le compte de
1788 accusait un déficit arrérage de 160,827,492 livres,
dont 75,502,367 exigibles ; mais le passif devait s'accroître tous les jours, car les impôts versés au trésor
s'élevaient à 475,294,027 livres, et les dépenses fixes
étaient de 531,444,000 livres, ce qui constituait un
découvert annuel de 56,149,973 livres, chiffre énorme
pour cette époque, peu considérable de nos jours, où la
France rançonnée supporte un budget bien autrement
ruineux.

En même temps que la promesse des Etats généraux
parut une ordonnance qui rappelait le Parlement
exilé. Son article 3 était conçu ainsi : Voulons pareillement qu'il ne soit rien innové dans l'ordre des juridictions tel qu'il était établi avant le mois de mai dernier.

C'était le rétablissement des Parlements dans leur inté-
gralité, sans suppression d'aucunes chambres, sans
exclusion d'aucuns officiers, exactement comme si
jamais Lamoignon n'avait eu en ses mains les sceaux
de France.

Le 8 octobre, jour fixé pour la rentrée du Parlement,
le marquis de Saint-Simon reçut les lettres de convocation. Le même jour il s'empressa de dépêcher le premier aide-major de la place, M. Blanchard, au premier
président de Grosbois, au château de Salans, et au procureur général Doroz, au château de Vaux, avec mission
de leur remettre les lettres qui leur étaient destinées.
Les autres magistrats furent prévenus dans les différentes terres de la province où ils avaient fixé leur
séjour. Les lettres, signées du roi, étaient écrites en ces
termes : « M...., je vous fais cette lettre pour vous
dire que, nonobstant mes précédens ordres que j'ai
révoqués, vous ayiez à vous rendre le 18 octobre prochain à Besançon, où vous serez instruit de mes intentions ; sur ce, je prie Dieu qu'il vous ait, M....., en sa
sainte garde [1]. »

Le 20 octobre, tous les Parlements du royaume
furent réinstallés pour la seconde fois sous le règne de
Louis XVI. L'exil avait été facile à supporter pour les
magistrats comtois. Le gouvernement s'était borné à
les consigner dans leurs terres : courte et agréable disgrâce qui ne ressemblait guère à celle de 1759.

La ville de Besançon les accueillit avec enthousiasme ;

[1] Archives du Doubs. Parlement. Non classé.

ce furent les mêmes transports qu'en novembre 1774, plus bruyants, plus tumultueux. La municipalité s'y associa et prescrivit une brillante réception [1], une illumination générale. Le retour des exilés fut célébré par des fêtes, des feux, des cris et des chants d'allégresse. Le premier président de Grosbois vivait au château de Salans. Le bruit s'étant répandu qu'il devait se rendre à Besançon le 15 octobre, les clercs du palais partirent le même jour en voiture et à cheval pour aller à la rencontre de ce premier magistrat. Les femmes de la halle les suivirent dans une berline attelée de six chevaux. Les premiers offrirent à M. de Grosbois une branche de laurier, les femmes de la halle lui présentèrent des fleurs, et escortèrent sa voiture. Le cortège s'augmenta d'un nombre très considérable d'équipages de différentes personnes du clergé, de la noblesse, des procureurs de la cour et des autres classes de citoyens. Le premier président fit son entrée au milieu des boîtes, pétards et fauconneaux et au son des cloches, et prolongea sa marche par la Grande-Rue, la rue des Carmes, les rues de Saint-Vincent et du Collège, pour arriver à l'hôtel de Grosbois, situé dans la rue des Cordeliers, aujourd'hui rue des Bains du Pontot, dont l'entrée était décorée d'un arc de triomphe avec des devises élogieuses. Le lundi 20, jour de la rentrée de la cour, Messieurs du Parlement se rendirent à l'hôtel du premier président au Palais, précédés de plusieurs chars, dont l'un portait Thémis tenant l'épée et la ba-

______

[1] Archives municipales, BB. 199, casier 1, rayon 12.

lance, les trois Grâces, Bacchus couronné de pampres, et Cérès couronnée d'épis ; ils gagnèrent le palais aux acclamations de la foule, suivis des greffiers et des procureurs en robes, escortés de la maréchaussée, des députations du clergé, de la noblesse et des corporations bourgeoises. On fit des discours et force compliments ; il y eut des réceptions, des dîners, des soupers, des messes en musique, des illuminations, des feux d'artifice. La plupart des maisons étaient ornées de transparents avec des incriptions en l'honneur de la magistrature et du roi ; le libraire Fantet avait écrit au bas d'un transparent : « Vivent les Dauphinois! » rendant ainsi hommage à l'initiative prise par les Etats du Dauphiné, relativement aux réformes sociales. On composa des chansons, des rondeaux ; on fit des vœux ardents, non seulement pour « le Sénat comtois, mais pour le meilleur, le plus aimé des rois. » Qui aurait pu supposer que quatre années plus tard le souverain serait incarcéré, et terminerait sa vie sur l'échafaud, et que plusieurs des magistrats de ce Parlement mourraient en exil, ou seraient détenus pendant de longs mois ? Qui aurait pu croire que les Parlements, cette institution la plus populaire, la plus ancienne, la plus respectée, disparaîtraient à bref délai, et que toute cette brillante popularité n'était que passagère ?

Aux témoignages éclatants de la joie publique les magistrats surent, selon l'expression d'un contemporain, répondre comme il convenait ; ils se cotisèrent pour recueillir une somme de six mille livres, qui fut distri-

buée aux pauvres des sept paroisses. Ces aumônes aug-
mentèrent encore les transports du peuple [1].

Cet enthousiasme peut à première vue paraître inexplicable. Le roi apportait à la nation l'unité de législation et une liberté plus grande; il essayait de mettre fin
à des abus. Il semble que le peuple, qui vénérait encore
le pouvoir royal et les hautes vertus de Louis XVI,
aurait dû prendre parti pour son roi; mais il avait
un attachement profond pour ses vieilles franchises,
pour ses coutumes locales, pour ses privilèges confirmés lors de la conquête; il tenait à ses usages, à son
présidial, il était inséparablement attaché à sa grande
cour de justice, gardienne vigilante des droits de la
province, et toutes les tentatives de réformes émanées
de l'autorité royale lui paraissaient autant d'entreprises
dirigées contre ses plus chères institutions.

Comme en 1775, le barreau s'associa sans réserve à
toutes ces démonstrations. L'intendant de la province
s'était vainement efforcé de le gagner à la cause du pouvoir; sa fidélité à la magistrature resta la même.

---

(1) Récit de ce qui s'est passé à l'occasion de la rentrée du Parlement;
brochure de 27 p. Biblioth. du chapitre. *Révolutions de Franche-Comté,*
vol. Ier.

CHAPITRE VIII

PARLEMENTAIRES AU XVIIIe SIÈCLE

Magistrats du Parlement de Dole. — Premiers présidents, leurs attributions,
leur autorité. — Boyvin, Claude Jacquot, Jean-Ferdinand Jobelot, Gabriel
Boisot, Jean-Antoine Boisot, de Quinsonas, J.-C. Nicolas de Grosbois,
Claude-Irénée de Grosbois, François-Xavier Chiflet, Ferréol-Xavier Chiflet.
— Les gens du roi, leur rôle, leur compétence. — Conflits entre le
Parlement et les avocats généraux. — Jean l'acquet, Jean-Joseph Doroz,
Théophile Doroz. — Les avocats généraux : Rochet de Frasne, Bergeret,
Debief. — La magistrature assise. — Augustin Nicolas, Ferdinand Lam-
pinet, le président Philippe, de Courbouzon, Cl.-F. d'Orival, J. Biétrix,
Courchetet, Droz, J.-B. Guillemin, d'Olivet, Petitcuenot, Bourgon. — Les
présidents de Vezet, Chiflet, Terrier. — Les conseillers Matherot de Desnes,
du Bouvot, Morel de Thurey.

Nous avons montré l'organisation, la composition du
Parlement, sa résistance, les épreuves qui lui furent infligées, nous avons retracé les faits les plus considérables de nos annales parlementaires; il nous parait nécessaire de placer dans un relief équitable les portraits
des magistrats les plus justement estimés. L'histoire
du Parlement ne doit pas se composer seulement d'une
étude sur son rôle politique, législatif et judiciaire. La
physionomie des individus a aussi son importance. La
vie publique du Parlement ne peut être bien reproduite

qu'en entrant dans des détails sur la biographie particulière des membres qui l'ont rendu célèbre, qui en
ont personnifié l'esprit et en ont gardé les traditions.

Les registres du Parlement nous fourniront ici des
renseignements précieux ; nous puiserons en outre dans
les recueils de l'Académie, dans les manuscrits anciens,
dans les archives départementales, et nous pourrons
ainsi esquisser le tableau du personnel parlementaire,
reconstituer l'histoire de la noblesse de robe, qui est
celle de la plupart des familles nobles de notre province.

A Dole, le Parlement était, selon le témoignage du
P. Dunand, « composé de magistrats qu'une longue carrière dans l'étude des lois et de la politique, qu'un maintien grave et austère, qu'une pratique de toutes les vertus
chrétiennes rendaient vénérables, dont on aurait pu
dire, avec un ancien philosophe, qu'il avait vu dans le
Sénat une multitude de rois [1]. » Il comptait parmi ses
membres des individualités éclatantes, qui lui avaient
acquis une réputation de science, d'honneur et de vertu:
Guy d'Arménie, qui fut le premier des présidents du
Parlement siégeant à Dole [2] ; Jean de Saint-Mauris,
seigneur de Montbarrey, qui commença, comme le
chancelier de Gattinara, par être professeur à l'université
de Dole, fut ensuite conseiller au Parlement, puis membre du conseil d'Etat de Flandres, président du conseil
privé de Charles V, et son ambassadeur en France;

<hr>

[1] Bibliothèque de Besançon. Manuscrits du P. Dunand, vol. 17, p. 252.

[2] Guy d'Arménie était de Besançon ; sa maison était rue Battant et fut
plus tard habitée par les Carmes déchaussés. (Manuscrits Quirot, appartenant
à M. de Chevroz.)

Boguet, qui composa le premier ouvrage qui ait paru sur la Coutume de Franche-Comté; François Capitain, savant illustre à qui Rome voulut confier l'enseignement des langues orientales ; Mercurin de Gattinara, qui, d'après Courbouzon, mérita par sa sagesse, son courage, son génie, d'être mis au rang des grands hommes de son siècle ; Girardot de Beauchemin, remarquable par la sagesse de ses conseils autant que par sa vaillance ; Antoine Brun, le type du courage civil, l'énergique défenseur de la Franche-Comté, soldat intrépide, habile diplomate, qui défendit les intérêts de sa patrie dans l'illustre assemblée où fut élaboré le traité de Westphalie, et qui fut, selon l'expression de Balzac, le Démosthène de Dole; Boyvin, l'âme de l'héroïque défense de cette même ville de Dole, l'un des plus grands hommes, d'après Chiflet, que la robe ait jamais élevés à la présidence d'un Parlement, jurisconsulte, écrivain et orateur; Jean Grivel, qui, après la mort de Richardot, demeura seul chargé des affaires du comté de Bourgogne; Jules Chiflet, qui sut montrer en 1636 la bravoure d'un soldat éprouvé, dont les *Mémoires* sont écrits avec autant d'élévation que de fermeté, avec des mots heureux qui mettent en relief sa pensée, nommé par Philippe IV chancelier de l'ordre de la Toison d'Or, bien digne, par son immense érudition, d'appartenir à une famille où le talent et la science se perpétuèrent pendant des siècles.

A Besançon, le Parlement s'inspirera des nobles exemples laissés à Dole par des magistrats éminents; il deviendra plus lettré, plus disposé à élargir son horizon au delà de la science du droit.

Ses premiers présidents seront des hommes remarquables et apporteront, pour la plupart, dans leurs fonctions les qualités du vrai magistrat, l'impartialité, l'honnêteté, la science et les sentiments élevés qui doivent distinguer le chef d'une grande compagnie. L'existence de la plupart d'entre eux sera peu mouvementée; elle s'écoulera au foyer domestique et à l'audience, mais elle sera toujours laborieuse et consacrée au bien public.

Au début, les assemblées de justice étaient présidées en France par le chancelier ou par quelques-uns des prélats, et en leur absence par trois des plus anciens de la compagnie, appelés maistres du Parlement. Ce nom leur fut continué jusqu'à ce que Philippe de Valois eût créé trois présidents et leur eût conféré le titre de président. Primitivement, les Parlements eux-mêmes avaient le droit de présenter au roi trois candidats en cas de vacances; mais dès le règne de Henri IV, ils n'eurent ni droit de présentation ni même aucune influence sur le choix des souverains, et le droit de nomination directe appartint sans contrôle à la couronne.

Les charges de premier président ne furent jamais ni vénales ni transmissibles. Le gouvernement ne nommait généralement à ces hautes fonctions que des hommes aussi distingués par leur naissance et leur fortune que par leur science, leur mérite et toutes les qualités inhérentes aux grands cœurs. Il avait recours à eux dans toutes les occasions où leur influence et leur intervention pouvaient seconder ses vues d'une manière utile. Le plus souvent il trouvait en eux des auxiliaires dévoués, respectueux, tout disposés à le seconder; mais habituellement ces sentiments d'obéissance n'allaient pas jusqu'à la servilité et aux capitulations de conscience. Le rôle de ces magistrats n'était pas toujours facile; il leur fallait beaucoup d'habileté et de tact; il s'agissait de défendre la dignité, l'indépendance de leur compagnie et en même temps de soutenir la royauté. Toutes les fois que le pouvoir royal était dans la bonne voie, ils étaient ses serviteurs et ses soutiens; s'il s'égarait, ils l'avertissaient avec mesure, essayaient d'arriver à la conciliation, de modérer l'ardeur des agitations, d'atténuer les effets d'une trop vive résistance. Pendant de longues années ils furent choisis en Franche-Comté.

Le pouvoir royal ne pouvait désigner des étrangers. Dans une lettre du 15 décembre 1561 à l'archiduchesse gouvernante des Pays-Bas, le Parlement disait: « Nous ne pouvons exécuter les ordres de Votre Altesse en vous présentant pour la présidence des sujets qui ne soient pas de la compagnie, parce que la règle, le bon ordre et le service de Sa Majesté s'y opposent [1]. » Plus tard, comme la royauté ne rencontrait pas toujours dans la compagnie de sûrs agents pour le fisc, l'arbitraire et le bon plaisir, elle eut recours à des hommes qui n'étaient même pas de la province, mais qui lui paraissaient plus disposés à l'obéissance et au zèle.

Comment ne pas se défier de ces magistrats habitant

[1] Extraits des archives du Parlement. Courbouzon, manuscrits, vol. 2, p. 409.

depuis leur enfance leur pays, y ayant de profondes racines, l'aimant comme leurs pères l'avaient aimé, comme eux voulant le protéger et faisant une guerre à mort aux édits ruineux qui venaient accabler ses habitants? Ils étaient trop les défenseurs du peuple; ils n'étaient point faits, aux yeux du pouvoir royal, pour s'asseoir dans cette grande place de premier président.

Le premier magistrat était reçu au Parlement conformément au cérémonial du Parlement de Dijon, selon les délibérations des 3 et 17 février 1703; il était tenu de voir tous Messieurs du Parlement, jusqu'au greffier en chef, puis il était accompagné par un président; arrivés au premier escalier, ces deux magistrats étaient précédés par des huissiers, et le premier président était conduit à la Chambre des suspects, où il attendait que la compagnie voulût bien procéder à sa réception. La Cour entendait la lecture de sa requête et de ses provisions, procédait à l'examen de vie et de mœurs et l'admettait par arrêt à prendre possession de son office. Averti par un greffier, il entrait dans la grand'chambre, marchait découvert le long du barreau, s'avançait jusqu'au bureau, où, étant debout, il était interpellé par le doyen des présidents en ces termes : « Monsieur, vous jurez et promettez de bien et fidèlement remplir l'état de premier président, servir le roi, exécuter ses ordres et commandements, maintenir courageusement l'autorité de la Cour, tenir secrètes ses délibérations et en tout et partout vous comporter comme le doit un grave et vertueux premier président? » Le magistrat mettant un genou en terre, la main sur l'image du

Christ, répondait : *Je le jure et promets*; il lisait à haute voix le serment de tous les officiers de justice et prononçait un discours auquel répondait le doyen des présidents [1].

Ses pouvoirs étaient fort étendus; il avait seul le droit de correspondre avec les ministres et d'assembler les Chambres. La question avait été controversée, puis résolue en faveur du premier président par une lettre écrite sous la régence en 1722, adressée au Parlement de Dijon et émanée de d'Armenonville. « Son Altesse Royale m'a ordonné de vous écrire pour vous faire savoir que l'intention du Roy est qu'en aucun cas les Chambres de votre Parlement ne puissent s'assembler que par la permission du premier président, à moins qu'il ne soit absent hors de la province ou attaqué d'une maladie qui le mette hors d'état de vaquer à ses fonctions, auquel cas le droit d'assembler les Chambres peut être dévolu au second président ou à celui qui se trouvera en droit de procéder [2]. »

Dix présidents se succédèrent depuis 1674 jusqu'à la dissolution du Parlement. La magistrature des deux premiers fut de courte durée.

Nommé le 17 juillet 1674, Claude Boyvin mourut le 25 de ce même mois, avant d'avoir pris possession de sa charge. Il était fils du président Boyvin, avait été avocat général à Dole et auparavant général des mon-

---

(1) **Archives du Doubs.** Procès-verbal de la réception de M. de Quinsonas. Manuscrits Chiflet, vol. 64.

(2) **Archives départemen. du Doubs, B. Parlement, affaires intérieures.** *Histoire manuscrite du Parlement de Dole*, par COURCHETET, p. 28.

naies. Il fut enterré aux Cordeliers de Dôle, dans le tombeau de sa famille.

Claude Jacquot, qui lui succéda en 1674, n'exerça, lui aussi, ces fonctions que fort peu de temps. La mort vint le frapper le 17 octobre 1675. Il était seigneur de Rosey et d'Andelarre, fils d'un conseiller au Parlement et conseiller lui-même depuis 1658, après avoir rempli la charge de lieutenant général aux bailliages de Quingey et de Vesoul. « L'opinion publique lui reprochait, dit Courchetet, d'avoir suivi Louis XIV devant Gray pour engager cette ville à capituler, on le soupçonnait d'intelligence avec les Français ; son origine du duché soumis à la France et le mariage de sa fille avec M. Labbé de Vesoul, qui était aussi originaire de France et qui, ayant le talent de la parole et tenant un rang à Vesoul, avait engagé les habitants de cette ville à se rendre aux Français, étaient des motifs sans doute de le suspecter ; mais j'ai appris de témoins respectables que Louis XIV contraignit M. Jacquot de l'accompagner à Gray, et s'il fut nommé président, il ne faut pas considérer cette promotion comme une récompense de services particuliers. Cette place était due à son mérite et même à son âge, puisqu'il se trouvait le plus ancien des conseillers. Il est certain qu'il ne reçut aucune faveur et qu'il ne laissa à ses enfants que son ancienne fortune [1]. » L'appréciation de Courchetet ne saurait être contestée. On se rappelle l'attitude de Claude Jacquot et ses réponses au roi pendant l'invasion ; elles prou-

---

[1] *Histoire du Parlement*, par COURCHETET, p. 29.

vent sa fidélité à ses convictions. Ajoutons qu'en 1668, au moment où trop de gens s'inclinaient devant la toute-puissance de Louis XIV, il conservait le souvenir du passé et disait fièrement à Gadagne, gouverneur de Dole et de la province : « Croyez-vous, Monsieur, que nous puissions oublier en trois jours nos bons souverains? »

Le président Jacquot était un érudit, collectionneur de médailles précieuses. Lampinet nous apprend qu'il était fort habile numismate. « Le bon conseiller Jac-quot, dit Lampinet, se trouva une occupation divertis-sante et qui l'amusa très agréablement pendant cette dure saison, ce fut celle des médailles ; il s'y adonna entièrement ; sa passion était extraordinaire pour toute sorte d'antiques, en la cognoissance desquels il se ren-dit très expérimenté [1]. » Il fut enterré dans l'église de Dole sans mausolée ni épitaphe [2]. Lors de son décès, le 18 octobre 1675, le Parlement, dans une lettre écrite à l'Intendant, rendit en ces termes hommage à sa science et à ses éminentes qualités : « Nous avons perdu notre président hier, à huit heures du soir, et nous n'avons pas voulu tarder un seul moment de vous donner advis de cette perte que nous faisons avec beau-coup de déplaisir. Vous connaissez, Monsieur, la capa-cité avec laquelle il s'est acquitté de cette dignité pen-dant le peu de temps qu'il en a fait les fonctions, et combien grande était l'application qu'il avait au service du roi et à l'administration de la justice [3]. »

____

(1) Lampinet, manuscrits, p. 66.
(2) Idem.
(3) Archives du Doubs. Lettres du Parlement, B. 2157, p. 34.

En réalité, c'est Jobelot, Jean-Ferdinand, qui ouvre la
liste des présidents, et il l'ouvre dignement. Tous les
souvenirs et les témoignages contemporains attestent
qu'il possédait un grand savoir, un amour de la justice
incorruptible, en un mot, la réunion de toutes les vertus
de sa profession ; selon l'expression naïve de Lampinet,
il pouvait être comparé au Janus des anciens : il avait
vu les deux temps, c'est-à-dire qu'avant d'arriver à
Besançon il avait été avocat général au Parlement de
Dole. Lors de la conquête il fut député, mais sans succès,
vers les cantons suisses pour en obtenir des secours
dans le cas où la Franche-Comté serait attaquée par les
Français. Nommé premier président en 1675 et chargé
de haranguer le roi, il reçut de lui l'injonction d'être
bref : « J'ai dit, » répondit simplement le premier président. Il était difficile d'entrer avec plus d'esprit dans
les vues du souverain [1]. Chef de la magistrature pendant vingt-sept ans, il suivit avec un vif intérêt l'installation du nouveau Parlement, défendit avec énergie
ses privilèges et ses prérogatives, se montra « grand en
science et grand en piété, bon, infatigable au travail,
faisant du bien à tout le monde, même à ses plus grands
haineux, ayant toujours ignoré ce que c'était que la
vengeance. » Tel est le portrait qu'en trace Lampinet [2]; il y ajoute un dernier trait : c'est que, voulant
reposer auprès des indigents et des malades, à qui il

____

(1) Quelques biographes prétendent que la réponse de Jobelot fut celle-ci :
Sire, vous avez soumis nos villes par la force de vos armes ; vos grandes
qualités vous soumettent nos cœurs.

(2) Manuscrits Lampinet, p. 67.

avait fait tant de bien pendant sa vie, le président
Jobelot ordonna par testament de placer sa sépulture
à l'hôpital de Besançon. Il avait largement contribué
aux dépenses de construction de ce grand édifice et
avait été le bienfaiteur d'autres hôpitaux de la province [1]. L'avocat Barberot émet sur ce magistrat la
même appréciation que Lampinet et constate dans ses
notes manuscrites qu'il était « d'une capacité profonde,
d'une intégrité à toute épreuve et d'une charité peu
commune. » Quirot, dans son histoire inédite du Parlement, déclare, lui aussi, qu'il était « également pieux,
habile, très affable. » Enfin Courchetet le qualifie de
« jurisconsulte savant, de magistrat intègre, de citoyen
vertueux, digne sous tous les rapports d'être à la tête
de la cour [2]. »

Sous sa présidence et au début de l'occupation française se produisirent d'importantes réformes. « Il eut,
dit Lampinet, la plus grande part des changements
arrivés dans le Parlement par son transfert de Dole à
Besançon, par l'introduction d'une nouvelle ordonnance
et l'anéantissement total de l'ancienne, tant au criminel qu'au civil, pratiquée et suivie pendant plus de
deux siècles, l'augmentation des divers impôts et enfin
l'établissement de la vénalité. » Le registre des actes
importants de la cour [3] et les manuscrits de Courbouzon [4] nous ont conservé un discours de l'éminent

---

[1] Bibliothèque Richelieu. Manuscrit, fonds Moreau, n° 901, folio 500.
[2] *Histoire manuscrite du Parlement de Dole.*
[3] Vol. XI, p. 30.
[4] De Courbouzon, Manuscrits, p. 443.

magistrat, qui nous montre son érudition et son attachement pour la France et qui fut composé par lui en 1681. Le roi avait à cette époque reconnu ce principe, que la Franche-Comté jouirait comme tout le royaume des libertés de l'Eglise gallicane; Jobelot soumit au Parlement les volontés du roi, en les commentant dans une longue et savante dissertation :

« La domination de Sa Majesté, dit le président Jobelot le 20 juillet 1681, est pour nous une source féconde de tous biens.

» L'un des plus considérables consiste dans l'usage des libertés de l'Eglise de France : elles conservent au roi seul et à ses officiers l'autorité sur le temporel, même sur celui des églises et des clercs ; elles tendent à maintenir ses droits régaliens et les autres prééminences attachées à sa couronne.

» Elles réduisent les juges ecclésiastiques au pur spirituel, à n'avoir ni fisque ni territoire, ni pouvoir d'infliger des amendes, de bannir ni de saisir hors de leur territoire personne, ecclésiastique ou laïque, sans permission du juge séculier.

» Elles conservent les évêques dans leurs droits; elles ne reçoivent les conciles qu'en ce qui regarde la foi.

» Il ne faut pas se persuader que ces libertés et ces privilèges soient une émanation d'une autre puissance; elles sont fondées sur le droit commun de la France, sur l'autorité des conciles et sur des principes immuables.

» Leur nom est connu dans l'histoire; si elles ont éprouvé des traverses, elles n'ont pu venir que de la

part des ennemis de la France, ou de ceux qui leur
ont attribué des qualités qu'elles n'ont pas. C'est pour
écarter les préjugés que je crois être obligé de vous
faire remarquer : 1° sur quoi ces libertés sont établies;
2° quelle en est l'origine ; 3° où se rencontre leur
fondement; 4° de quelle manière le juge séculier peut
connaître des choses dépendantes de l'Eglise sans
attoucher au spirituel. »

Le chef du Parlement étudiait ces propositions; il
montrait que ces libertés n'ont rien qui ne soit conforme à l'ancienne discipline de l'Eglise, aux sentiments des Pères, aux constitutions des papes, aux
décrets des conciles œcuméniques, et qu'elles étaient
connues et observées en Franche-Comté avant l'annexion.

Bien que jurisconsulte distingué, et consacrant tout
son temps au travail, Jobelot n'a fait imprimer qu'un
rapide commentaire sur l'ordonnance civile de 1667,
commentaire qui parut en 1685 chez Rigoine, à Besançon; il a laissé manuscrit un recueil in-folio d'observations sur le droit et sur les questions les plus inté-
ressantes qu'il avait vu juger pendant quarante ou cinquante ans d'exercice du palais, recueil qui fut longtemps consulté par la magistrature et le barreau. Il
mourut en 1702, dans les derniers jours de décembre.
La cour lui rendit les honneurs funèbres conformément
au cérémonial arrêté le 15 février de cette même année [1].

____

(1) *Recueil des délibérations*, p. 206 à 211. Archives départemont. Manuscrits Chiflet, vol. 64, primo, p. 74. Biblioth. de Besançon.

L'hôpital de Besançon possède le portrait de Jobelot. L'un de ses neveux du même nom occupa longtemps les fonctions de conseiller au même Parlement.

Ses successeurs, Gabriel et Jean-Antoine Boisot, n'eurent ni les qualités éminentes du vieux président Jobelot, ni le même désintéressement, la même fermeté, le même esprit d'indépendance. Les premiers présidents ont comme les procureurs généraux, durant le xviii⁰ siècle, une tendance à s'incliner devant la toute-puissance du pouvoir royal.

Gabriel Boisot était laborieux, actif, économe, ambitieux, remuant. Procureur général à Besançon, il intervient dans toutes les affaires importantes de la province ; il rédige en 1701 un long mémoire sur les limites entre la Lorraine, la Bourgogne et la Franche-Comté ; il appuie en 1702 le contrôleur général dans son projet de créer une chambre des requêtes ; il est constamment d'accord avec le pouvoir royal ; cependant, il prend en 1692 la défense des droits du Parlement, et lorsque le roi ordonne d'enregistrer les édits pour le recouvrement des droits de franc-alleu et de franc-fief, il soutient par de nombreux arguments que la Franche-Comté doit en être exempte, aux termes des traités, et que la coutume et les ordonnances sont des plus précises [1]. Il est disposé à empiéter, à s'exagérer son rôle, à s'attribuer trop d'importance. Le

____

[1] Archives nationales. Correspondance des contrôl. Biblioth. de Besançon. Lettre du 19 nov. 1692.

chancelier de Pontchartrain doit intervenir pour terminer les conflits soulevés par son procureur général ; le 1er avril 1700, le chancelier lui écrit « que le Parlement peut d'office continuer une procédure en appel abandonnée par le procureur général, sans que ce dernier ait le droit de se plaindre. » Le 24 août, le même chancelier le rappelle au respect des décisions judiciaires dans les termes suivants : « Quand il y aurait quelque chose à redire dans l'arrêt de la tournelle, ce qui ne me paraît pas, quand même vous auriez esté bien fondé à prétendre que l'exécution en devait être renvoyée aux juges des eaux, votre ministère était pour ainsi dire forcé, et il ne vous appartenait pas ni de combattre les intentions du Parlement ni de différer de les suivre. Vous deviez encore moins donner une requête aussi extraordinaire que celle dont vous m'envoyez la copie, et que je regarde plutôt comme une censure de l'arrest que comme une réquisition faite par un procureur général, qui doit toujours, dans ces occasions, marquer autant de déférence pour sa compagnie que de soumission pour la chose jugée, » etc.

Premier président en 1703, il se montre trop souvent l'humble serviteur des ministres, prévenant leurs désirs, acceptant sans mot dire les innovations les moins justifiées. Il sait en 1703 que le Parlement s'oppose à la création d'une nouvelle chambre, ce qui ne l'empêche pas, en prenant possession de son siège de premier président, le 16 avril de cette même année, « de se dire heureux de commencer la première fonction de son office par informer la compagnie de la volonté du roi sur l'augmentation des gages et sur la création d'une chambre des requêtes [1]. »

A l'audience il n'a ni le calme ni la dignité nécessaires, interrompt les avocats et encourt, pour ses écarts de langage, les reproches du chancelier Pontchartrain. Dans ses relations du monde, il est sans scrupule et sans éducation. En 1704, il ouvre des lettres adressées par le ministre aux présidents à mortier, et reçoit à ce sujet de Chamillard, irrité à juste titre, des observations fort vives [2]. Il se fait rappeler aux règles des convenances et de la politesse par le contrôleur général lui-même, qui lui écrit le 22 janvier 1705 : « Je vous dirai que la fin de votre lettre est un peu sèche ; vous pouviez vous épargner la peine de me l'écrire, ne me connaissant pas plus que vous faites [3]. »

Boisot n'a ni l'élévation d'esprit ni le caractère d'un chef de la magistrature. Il s'oublie au point de solliciter de la faveur royale un secours, une subvention pécuniaire. Lorsqu'en 1702, un arrêt du Parlement eut prononcé la réunion aux domaines du roi de dix-neuf terres autrefois séparées de la couronne et qui se trouvaient dans la succession du prince d'Orange, il écrit au contrôleur général : « Je me flatte que le service que j'ai rendu au roi mérite de vous quelque protection ; voici une occasion favorable de m'accommoder sans qu'il en coûte rien au roi dans un temps où je fais entrer en

____

(1) Minutes des délibérations, année 1703. Archives département. B. 3768.
(2) Archives département., série 8. Correspond. politique.
(3) Correspondance des contrôl. Biblioth. de Besançon, vol. 2, n° 699.

ses coffres plus de vingt mille livres de rente. Mille écus d'appointements est très peu de chose pour un premier président, feu M. Jobelot a joui lui seul des émoluments du sceau qui lui valait deux mille écus. Comme je suis obligé de faire une plus grosse dépense que je ne faisais ci-devant étant procureur général, je vous supplie de m'obtenir de Sa Majesté la jouissance de la terre de Nozeroy, l'une des dix-neuf réunies, avec les fruits échus à Sa Majesté d'une partie de l'an passé. Cette terre peut valoir cinq à six mille livres ; sur quoi il y a beaucoup de charges à déduire. Avec ce bienfait, vous me mettez en état de vivre en premier président, etc. [1]. »

Il y a mieux. Lorsqu'il s'agit d'établir l'impôt de capitation, il s'adresse au contrôleur général, le 7 décembre 1703, en ces termes : « J'ai travaillé à la répartition de la capitation avec MM. les commissaires, et il n'y a presque plus que ma cote à régler. Feu M. le premier président Jobelot s'était taxé à huit cents livres, il était riche, il n'avait ni femme ni enfants, et dans son haut âge de quatre-vingts ans, il vivait de chocolat et de café et mangeait toujours seul. Je trouve que cette somme, excessive pour lui, est trop faible pour moi qui n'ai pas tant de biens que M. Jobelot, qui ai une femme et neuf enfants vivants, et qui ne mange pas seul, » et ce rapace président, qui ne se nourrissait pas seulement de chocolat, ajoutait : « Je payais seulement deux cents

(1) Archives nat. Biblioth. de Besançon. Corresp. des contrôl., vol. 2, n° 529.

livres l'an passé comme procureur général, quoique cette charge soit d'un plus grand revenu que celle de premier président ; il me semble que si cette année je payais le double, cette cote serait raisonnable. » Enfin venaient ces dernières lignes : « Vous savez que mes gages et mes profits sont très petits [1]. »

Le roi ne se laissait pas convaincre et répondait par son contrôleur général : « Le roi ne saurait entrer dans le partage de la répartition de sa compagnie. Sa Majesté a laissé aux magistrats la liberté de faire comme il leur conviendrait, et la diminution qu'il demande, quoique d'un petit objet, serait d'une conséquence infinie pour l'affaire en général si Sa Majesté y entrait. »

Les délibérations du Parlement attestent toute l'avidité de ce premier président. L'usage était de n'allouer des épices qu'aux magistrats qui avaient assisté au procès ; Boisot demande à en profiter, même quand il s'absente de la province, sous prétexte qu'il s'agit du service du roi. Le Parlement refuse et écrit au chancelier, le 10 juillet 1679 : « La demande que M. le président Boisot nous a faite ce matin d'avoir part à nos espices nous donne lieu de vous exprimer les raisons que nous avons de ne pas accueillir sa requête. L'une des raisons est que, selon les instructions secrètes des souverains, le président n'a aucune part aux espices, quoique présent, s'il ne la demande à la compagnie qui nouvellement l'a accordée à MM. Philippe et Boisot, en

---

(1) Archives nation. Correspond. des contrôl., vol. 2, n° 553. Biblioth. de Besançon.

vue de leur assiduité. D'ailleurs il s'est pratiqué de tout temps que les absens mesmes pour le service du roi n'y participent point s'ils ne rapportent dans la bourse commune les gratifications qu'ils en ont reçues. Nous en pourrions donner plusieurs exemples ; ainsi on n'a pas attribué d'espices à M. le président Jobelot, employé pour les affaires de Sa Majesté Catholique aux salines de ce pays, ni à M. le président Philippe à la diète de Ratisbonne, ni aux gens du roi quand ils sont dehors pour les affaires des procès. C'est pour obliger chacun à faire son devoir et à l'assiduité.

» Enfin, nous croyons qu'il n'est pas raisonnable qu'un absent qui fait son profit d'ailleurs partage les émoluments d'autrui et de ceux qui travaillent ponctuellement. En cela, Monseigneur, l'intérêt est si léger qu'on ne nous accusera pas qu'il ait aucune part dans notre conduite ; mais la conséquence en serait si dangereuse que chacun pourrait trouver quelque raison pour profiter par ce moyen. Nous nous en remettons toutefois aux ordres de Sa Majesté [1]. »

Boisot, qui était aussi intrigant qu'intéressé, obtient ses épices.

Une de ses préoccupations constantes est de venir en aide à sa famille et d'augmenter sa fortune, déjà considérable au décès de son père ; il réussit à faire de son fils un président ; riche, il profite de sa situation brillante pour construire le château de Vaire, à dix kilo-

_____

[1] Archives du Doubs. Parlement. Correspond., 0383, 0399, année 1679.

mètres de Besançon, sur les bords du Doubs, château qu'il embellit de riches tapisseries.

Le président Boisot n'exerçait pas ses fonctions sans difficulté ; il était en butte aux attaques de l'intendant, M. de la Neuville [1] ; il avait de plus pour adversaires deux magistrats remuants, Michotey et Rend, liés avec la Neuville et « qui travaillaient à mettre Boisot en malheur [2]. » Les dénonciations portées contre lui étaient fréquentes, et produisaient une impression fâcheuse sur l'esprit de d'Aguesseau, qui ne le ménageait pas dans sa correspondance. Nous n'en citerons que ces lignes : « Il paraît que lorsque le Parlement aura délibéré de renvoyer à des commissaires l'examen et la discussion de certaines affaires pour en rendre compte à la compagnie, ils seront nommés dorénavant à la pluralité des suffrages ; c'est ce que vous avez consenti formellement en sacrifiant la prétention que vous aviez d'estre seul en droit de choisir des commissaires, et je ne sais si l'usage ne vous était pas favorable.

» Il est bien aisé à un chef de se rendre agréable à sa compagnie et d'en rendre les délibérations unanimes quand il fait tout ce qu'elle veut ; c'est estre le maître, à condition de suivre la volonté des autres [3]. »

Jean-Antoine Boisot, son fils, né le 26 décembre 1680, qui était entré au Parlement comme conseiller en 1703 [4], et qui devint premier président en 1714, ne

(1) Manuscrits Chiflet, vol. 63, p. 312.
(2) Idem.
(3) Manuscrits Chiflet, vol. 63, p. 314
(4) Archives du Doubs. Actes importants du Parlement, vol. 14, B. 2166.

se distinguait point par son érudition, mais il apporta sur son siège de magistrat des goûts de luxe et de dépenses qui faisaient contraste avec la parcimonie de son père, avec les habitudes modestes des magistrats de son temps. C'était un prodigue, gonflé de vanité, désireux de se produire à la cour de Versailles et d'y faire figure. Les Archives du Doubs contiennent des notes détaillées de ses dépenses, notes curieuses qui montrent combien certains parlementaires du XVIIIe siècle ressemblaient peu aux vieux magistrats du Parlement de Franche-Comté alors que notre pays se rattachait à l'Espagne. Les mœurs s'étaient vite modifiées, en présence des prodigalités du règne de Louis XIV et de la régence. En 1720, Boisot se faisait confectionner à Paris une berline de plus de 4,000 livres, « berline avec porte-flambeaux, corniches et boudins, garnie de velours vert, de broderies, de galons, dorée à fond ainsi que les armes sur les panneaux [1] ; » ses dépenses chez son boucher à Besançon s'élevaient à 5,000 livres par année ; il acquittait chez son tailleur de Paris des notes de 2,500 livres, chez Jacques Marmillon, marchand à Besançon, pour étoffes livrées à un tailleur de la même ville, 8,465 livres ; il est vrai que Marmillon avait fourni au magistrat prodigue « du drap migraine, du pinchinat fin, du romorantin écarlate. » Il embellissait à grands frais son château de Vaire et sa maison de Besançon.

Il se disait souvent victime de la rapacité des usu-

---

[1] Archives du Doubs. Bailliage de Besançon, succession Boisot.

riers. Un sieur Bonhomme, de Besançon, le poursuivait
en paiement d'une somme d'argent ; ne pouvant arriver
à se faire juger par le Parlement, il avait obtenu du roi
un arrêt qui nommait des commissaires de son conseil
pour terminer son procès ; Boisot adressait à son tour
une requête au roi et déclarait « qu'il avait en main la
preuve de l'usure la plus énorme qui lui a été faite par
le sieur Bonhomme; » ce qu'il y a de certain, c'est
qu'il payait le moins possible ses nombreux créanciers;
c'est qu'il était harcelé, poursuivi en justice par plusieurs d'entre eux, et qu'à sa mort il y eut un déficit
considérable.

Certains écrivains ont voulu faire de la famille Boisot une famille d'une haute et ancienne noblesse,
l'ont qualifiée d'illustre et lui ont attribué une origine
dijonnaise [1]. Cette dernière assertion est seule exacte.
Claude Boisot, père de Gabriel, et originaire de Saint-
Jean-de-Losne, était marchand; son livre de raison est
déposé aux Archives du Doubs [2]. Plus tard il se fit ban-
quier, puis devint greffier du Parlement; il était sans
convictions, n'obéissait qu'à son intérêt et n'hésita pas
à prendre parti contre l'Espagne; Louvois lui savait gré
de son empressement à servir la France et appréciait
ses services. Nous avons vu que, d'après Lampinet, il
prenait conseil de Boisot pour nommer les membres du
Parlement. Sa réputation était tout d'abord équivoque;
on lui reprochait ses volte-faces, ses trahisons, mais il

---

(1) Voir un article de M. E.-C. Gaudot dans les *Annales franc-comtoises*,
3ᵉ livraison, mai-juin 1891.

(2) Archives. Fonds du bailliage de Besançon.

acquit de la fortune, sut se créer des sympathies, et on oublia peu à peu son passé.

S'ils étaient d'une famille modeste, les Boisot étaient du moins d'une famille d'érudits; le père de Gabriel était le frère de l'abbé Boisot, Jean-Baptiste, qui avait, en 1694, légué sa bibliothèque aux bénédictins de l'abbaye de Saint-Vincent, à charge par eux de la rendre publique, et avait en même temps fait don à la ville de Besançon de ses tableaux, de ses médailles et de ses antiques. La municipalité témoigna au président Boisot sa gratitude, et deux conseillers de ville furent commis pour assister à l'inventaire des livres et objets d'art ayant appartenu au défunt [1]. L'abbé Boisot devait se survivre et laisser une réputation, une notoriété plus grande que les présidents de son nom.

Jean-Antoine Boisot mourut le 7 avril 1750. La municipalité assista à ses obsèques ainsi qu'au service funèbre, célébré à son intention en l'église des jésuites, où le chanoine Maréchal d'Audeux, conseiller clerc, prononça une oraison funèbre qui fut très appréciée et valut à l'orateur les remerciements de la magistrature [2]. Le président fut inhumé dans l'église de Vaire.

En somme, les deux présidents Boisot ne laissèrent qu'une assez médiocre réputation et même un assez triste souvenir. Ils ne furent ni d'éminents jurisconsultes ni de grands magistrats, et ce n'est pas sans difficultés que l'on arrive à reconstituer le passé de ces

____

(1) Archives municipales, reg. in-folio, BB. 109, cas. 1, rayon 8.

(2) Archives municipales, reg. BB. 163, casier 1, rayon 10. — Archives du Doubs, B. 3804.

deux hommes fort au-dessous de la plupart des magistrats qui composaient le Parlement.

Il en fut autrement de M. de Quinsonas, qui, malgré
un court séjour en Franche-Comté, n'en a pas moins
laissé une impression, un souvenir durable.

On sait le reproche que formulait Saint-Simon contre
les parlementaires. L'irascible écrivain avait en horreur ce qu'il appelait le monde des magistrats, et
prétendait qu'il y avait en eux une *austérité phari-
saïque*. Les habitudes de travail, le sentiment religieux,
la dignité de la vie, la science acquise, la justice aimée
et rendue, donnaient en effet quelque chose de rigide et
de grave aux grandes et nobles figures parlementaires
de cette époque ; mais cette austérité n'excluait ni le
sentiment du beau, ni le goût des arts, ni celui de la
poésie. La justice ne demande pas d'ailleurs des serviteurs exclusifs, et accueille volontiers tous les genres
de mérite. Aussi, à côté d'hommes austères de mœurs
et d'habitudes, d'une application constante, étrangers le
plus souvent au mouvement intellectuel de leur époque,
rencontrons-nous des écrivains distingués et des poètes,
capables, selon l'expression du président Rouhier,
d'allier à la fois

> A la triste étude des lois
> Le charme de la poésie.

M. de Quinsonas fut du nombre de ces magistrats
littérateurs ; bel esprit, ami des lettres, disciple,
mais avec réserve, des la Fare et des Chaulieu,
nul mieux que lui ne représente la courtoisie, l'urbanité, l'érudition polie. Il suffit, pour s'en convaincre, de

lire sa correspondance avec le conseiller Chiflet, et la lettre qu'il adresse à ses nouveaux collègues lors de sa nomination, et dont nous ne citerons que ces lignes : « J'ai senti toute l'étendue de la grâce dont le roi m'a honoré. Je sais que les mœurs, le savoir et les talents forment le caractère respectable de votre illustre compagnie, je vais moins présider parmi vous que m'instruire à l'école de toutes les sciences et de toutes les vertus.

» Je n'ai osé prendre sur-le-champ la liberté de vous écrire, j'attendais, Messeigneurs, d'avoir prêté mon serment entre les mains de Sa Majesté, mais les sentiments dont je suis pénétré ne peuvent rester plus longtemps dans le silence, etc. [1]. »

Né en Dauphiné, président à mortier au Parlement de Grenoble à l'âge de trente-cinq ans, la confiance qu'inspirait son mérite était assez grande pour qu'il fût plusieurs fois délégué auprès du roi dans différentes missions importantes. Il se trouva ainsi en relations avec d'Aguesseau et Lamoignon, qui lui prodiguèrent des témoignages d'estime et de dévouement. Sa nomination fut vite arrêtée par d'Aguesseau, soit que personne ne se fût trouvé assez riche pour faire les finances de la charge, soit que le chancelier n'eût pas rencontré dans la compagnie de magistrat assez disposé à favoriser ses projets de réforme et ses aggravations d'impôts, soit plutôt qu'il eût espéré rétablir ainsi la bonne harmonie dans le Parlement ; nous trouvons en effet dans les papiers secrets du maréchal de Lorges ces

____

(1) Archives départemeut. Parlement. Non classé.

lignes : « Le Parlement a toujours été partagé en deux partis. Les affaires des particuliers souffraient de cette division. M. le chancelier d'Aguesseau désirant y mettre fin à la mort de M. Boisot, et pensant que le moyen le plus efficace était de lui donner pour successeur un magistrat d'un autre Parlement qui serait sans partialité, choisit M. de Quinsonas, président au Parlement de Grenoble, et le fit agréer au roi [1]. »

C'est la première fois que le Parlement était présidé par un étranger. Le maréchal de Lorges prétend que le nouveau président fut accueilli avec froideur [2]; en réalité il fut reçu avec un empressement apparent et par les magistrats et par la ville; la municipalité lui envoya le vin d'honneur et lui fit deux visites où elle le traita de Monseigneur; elle lui décerna en outre de grandes lettres de citoyen [3].

A peine installé, M. de Quinsonas essaya de calmer l'irritation des magistrats et de venir en aide à la province; il se fit à Paris l'interprète habile des sentiments de ses collègues : « J'ai été, écrivait-il à Chiflet, le 23 décembre 1754, fort bien reçu des ministres; j'ai tâché de parler avec discrétion, avec fermeté et avec cette familiarité que leurs bontés autorisent. Je dois ces bontés à mes bonnes intentions et point à mes talents. » Il conseille la paix, il connaît les ardeurs dangereuses et les inquiétudes qui parfois agitent ses collègues, il leur demande la mesure, la prudence. Il cherche en même

(1) Manuscrits Chiflet, vol. 64, p. 227.
(2) Idem, p. 228.
(3) Archives municip., registre in-folio BB. 163, casier 1, rayon 10.

temps le bien, la prospérité du pays ; il veut la corvée en nature, parce que l'expérience lui a appris
« que les entrepreneurs étaient infidèles, avares, que
leurs travaux étaient chers, que l'argent qui leur était
destiné garnissait la main de ceux qui les préco-
nisent et fournissait aux dépenses urgentes et journa-
lières ; » mais il s'empresse d'ajouter : « Il y a un meilleur parti que tout cela, c'est de faire travailler les
troupes du roi ; par là moins de libertinage, gain pour
le soldat, et plus d'impositions sur les communautés,
dont les laboureurs ne seraient pas distraits de l'agriculture ; mais il faudrait que tout cela fût fait avec poids,
mesure, sans abus ni commis des tailles [1]. » Il s'occupe
de la question des haras, il est partisan de la sélection.
Il écrit à Chiflet le 4 janvier 1755 : « Les chevaux de
Franche-Comté, tels qu'ils ont été et sont aujourd'hui,
excellents chevaux de trait, sont la base du commerce,
de l'artillerie, des équipages de la guerre ; les métamor-
phoser en chevaux de luxe, c'est les abâtardir et ruiner
les objets essentiels du commerce, du service de l'artillerie et des charrois de guerre ; j'ai développé tout cela
en grand détail. »

Le plus souvent il est à Paris, où il vit avec les beaux
esprits de son temps, dans l'entourage du roi, avec les
ministres ; il est ainsi plus à même de faire connaître
la vérité, de défendre le Parlement, de combattre les
préventions ; il est doué d'une activité très grande, d'une

---

[1] Recueil de lettres à Chiflet, 4 janvier 1755. Manuscrits de la biblioth.
de Besançon.

parole brillante, de beaucoup de tact et de rectitude de jugement. D'Aguesseau l'estime à ce point qu'il le reçoit dans sa terre de Fresne, qu'il lui demande de l'accompagner à Compiègne et à Fontainebleau [1].

A Besançon, il favorise et encourage la culture des lettres et l'amour du travail ; à lui appartient l'idée de fonder l'Académie; il en propose le plan à M. de Beaumont, intendant de la province et élève de Rollin. Tous deux en parlent à M. de Tallard, gouverneur de la Franche-Comté, et ce fut ainsi que trois hommes étrangers à notre pays y établirent une compagnie destinée à devenir le grand foyer littéraire et scientifique de la province, une assemblée d'écrivains, de penseurs et d'érudits [2]. Animé du vaillant désir de savoir et de connaître, de la noble passion du beau, du juste et du vrai, M. de Quinsonas devait être l'un des membres les plus actifs, les plus laborieux de cette société savante. On sait les inquiétudes qu'éveilla en France la maladie de Louis XV et la joie que causa sa convalescence. Cette circonstance fournit au premier président l'occasion

(1) Recueil de lettres à Chiflet, 4 janvier 1755. Manuscrits de la biblioth. de Besançon.

(2) Un des confrères de M. de Quinsonas, l'abbé Talbert, le félicitait en ces termes :

> Ta muse vient avec adresse
> Du temple des beaux-arts jeter les fondements.
> Ainsi Cadmus vient dans la Grèce
> Répandre du savoir les premiers éléments;
> Telle autrefois Cérès instruisait Triptolème
> A dorer ses guérets des plus belles moissons :
> Connaissant aux épines même
> Qu'ils deviendraient bientôt féconds.

de se rappeler qu'il était poète, et à la première séance
de l'Académie, en août 1752, tout en s'excusant de
parler un langage que ses fonctions lui avaient fait
oublier, il compose des vers qui ne sont pas sans mérite.
Dans chaque séance il soumet à ses collègues un nouveau travail. Tantôt il fait un discours pour prouver que
l'étude de l'histoire contribue à mieux faire comprendre l'origine des lois et leur véritable esprit. Tantôt il
retrace la vie de Marguerite de Bourgogne, tantôt il
montre que « du sein des loisirs naissent les ouvrages
les plus utiles et les productions les plus heureuses, et
que le délassement de l'esprit est presque aussi nécessaire au succès du travail que le travail même. »
Conteur aimable, il vante les avantages de la conversation qui instruit en reposant l'intelligence, et cite ce
mot d'un savant, que de dix connaissances qu'il avait
acquises, il en devait neuf à la conversation : il établit
que la vie complètement oisive engendre l'ennui, que
le plaisir, cet objet capricieux des désirs des hommes,
fuit qui le cherche et cherche qui le fuit. M. de Fon-
tenelle lui paraît être le type du philosophe et du sage.

Cette façon d'envisager l'étude prouve un esprit
cherchant dans les lettres les jouissances délicates,
mais M. de Quinsonas n'en était pas moins un magistrat digne de ce nom.

« A la tête de sa compagnie, dit un de ses contemporains (1), il ne fit jamais sentir l'autorité qui lui était

____

(1) *Le président de Courbouzon*, ouvrages des académiciens, vol. 2, p. 140.
— Ouvrages de M. de Courbouzon, vol. 2, p. 91 et 92.

confiée. Sa capacité était aussi soigneuse à se cacher que l'ignorance est empressée à se produire. » Le même écrivain, l'appréciant comme homme privé, ajoute : « Sa conversation avait des agréments qu'on ne peut exprimer, il mêlait un badinage aimable aux raisonnements les plus graves ; son esprit était orné de morceaux de littérature et de traits d'histoire qu'il plaçait heureusement. Lorsque les circonstances l'amenaient à la politique, il se montrait versé dans l'intérêt des princes, il en parlait en homme d'État. »

La fin d'une heureuse vie fut affligée de souffrances qui n'éteignirent point en lui son affection pour ses collègues. Sa pensée se reportait vers ses confrères exilés. En 1757, quelques heures avant de mourir, accablé par la douleur, il voulut leur donner une preuve de son attachement ; il écrivait au roi : « Ah ! Sire, si quelques-uns de mes confrères ont eu le malheur de vous déplaire, leur cœur ne fut pas coupable ; sujets fidèles à leur roi, remplis de zèle pour son service, daignez leur rendre votre affection. » A sa mort, Louis XV manifesta publiquement ses regrets : « C'était, dit-il, un magistrat vertueux ; je l'aimais, il m'était attaché. »

Sept années de haute magistrature devaient perpétuer le souvenir de M. de Quinsonas et lui méritaient une place exceptionnelle dans notre récit. Son rang, sa fortune, ses relations au dehors, lui donnaient une haute situation. Homme de lettres et homme du monde, il a une personnalité qui lui est propre, et il reste comme le type de ces magistrats du xviiie siècle, faisant marcher de front les plaisirs et les affaires, avec cet esprit moitié sérieux, moitié frivole de son temps.

Bourgeois de Boynes, qui lui succéda, fut plutôt un personnage politique qu'un premier président. Conseiller au Parlement de Paris, puis maître des requêtes en 1746, il devint en 1754 intendant de la province, et cumula, en 1757, les fonctions d'intendant avec celles de premier président, toujours prêt à s'incliner devant l'autorité royale, plus désireux de servir le despotisme que de maintenir les droits du Parlement. Les luttes qu'il eut à soutenir contre ses collègues ont donné à son nom une sorte de notoriété. Nous avons retracé l'opposition qu'il rencontra dans le Parlement, opposition qui devint la cause de l'exil de nombreux magistrats, mais devant laquelle il fut contraint de renoncer à ses fonctions.

C'est dans une province voisine, parmi les magistrats du Parlement de Bourgogne, que fut choisi le successeur de Bourgeois de Boynes ; il se nommait Fyot de Neuilly et avait été ambassadeur à Gênes. Il n'accepta point. On hésita quelque temps entre d'autres Dijonnais, MM. de Brosses, de Fontette et de Vellemont, fils du président de Grosbois, et qui, à la mort de son père, se nommait M. de Grosbois. Ce dernier était le protégé du duc de Choiseul et l'emporta sur ses concurrents.

En Perreney de Grosbois se personnifie le type d'un chef de magistrature. Nul plus que lui ne brilla par son intégrité et son impartialité ; nul ne fut plus uni, plus dévoué à ses collègues et ne défendit avec plus d'ardeur leurs intérêts ; nul ne se montra plus énergique dans la revendication des privilèges et des droits de la province. Pendant toute la durée de sa présidence, il dut formuler et soumettre au pouvoir une longue série de protestations contre les édits royaux et s'opposer à de nombreuses illégalités. L'exil vint à diverses reprises le frapper, lui et sa compagnie, mais ne fit qu'augmenter les sympathies et le respectueux attachement de la province. Son retour devenait un triomphe, on le comparait aux plus grands citoyens de l'antiquité, on vantait sa fermeté, sa science, sa vertu. Ces éloges s'adressaient non seulement au magistrat, mais à l'administrateur habile, à l'homme de bien. Les fonctions de premier président étaient difficiles ; il s'agissait de maintenir les droits et les devoirs du Parlement, d'éviter autant que possible les conflits, de ne s'aliéner ni l'estime de ses collègues, ni la confiance du pouvoir royal. Il fallait de la finesse d'esprit, de la modération de caractère, un tact et une habileté qui ne devaient pas se laisser surprendre. Aucune de ces qualités ne faisait défaut à l'éminent magistrat, qui se distinguait en outre par un sens infiniment net et précis.

Son fils, qui lui succéda, eut la même attitude, montra la même fermeté. Elevé sous les yeux paternels, destiné par sa naissance à la position qu'il venait d'acquérir, il s'y était préparé de bonne heure et avait sacrifié les plaisirs de la jeunesse à la haute ambition de sa famille. Avide de connaître, il avait cherché la science du droit dans ces volumineux recueils que nos mains ne savent plus feuilleter. Sa vie était des plus laborieuses ; il quittait tous les jours à neuf heures du soir son salon pour s'enfermer dans son cabinet, et arrivait au palais souvent avant huit heures du matin, précédé de ses huissiers et suivi d'un exempt de maréchaussée; son portrait le représente d'une taille peu élevée, d'un tempérament solide et robuste, avec une tête forte et des yeux noirs et perçants. Imbu des traditions de la magistrature, habitué à considérer l'institution des Parlements comme la pierre angulaire de la monarchie, il était digne du respect que toute la province lui témoignait. Il avait la droiture de l'esprit, le sentiment de la justice. Les populations appréciaient ses éminentes qualités, et lors de l'appel au pays, il fut le seul du Parlement qui fut nommé aux Etats généraux.

Moins heureux, le président Chiflet eut à compter avec les divisions, les rivalités des partis politiques. Homme d'intelligence, digne d'être apprécié en des temps calmes, il eut le malheur de présider une compagnie qui, aux yeux du public, n'était pas le vrai Parlement. Malgré une indépendance relative vis-à-vis de la couronne, bien que protestant contre l'arbitraire de certains édits, il fut considéré comme le serviteur trop dévoué des ministres, enveloppé dans les sentiments de réprobation, d'hostilité, qui frappèrent tous les magistrats du Parlement Maupeou.

Né le 8 décembre 1717, il était le fils de Claude-Nicolas Chiflet, qui avait été le correspondant et le collaborateur des chanceliers dans l'œuvre des réformes judiciaires en Franche-Comté : il était lui-même doué de beaucoup d'esprit, très laborieux, très érudit. Des hostilités très vives le poursuivirent non seulement à Besançon, mais loin de notre province, jusque sur son siège de président du Parlement de Metz, hostilités qu'expliquent les luttes ardentes provoquées par le chancelier Maupeou ; mais s'il eut ses ennemis, il sut aussi conquérir des sympathies non moins profondes, des amitiés étroites, durables, fondées sur l'estime qu'il inspirait, sur ses qualités de cœur et d'intelligence. Il était lié avec des hommes éminents ; dès son arrivée à Besançon, M. de Quinsonas s'attacha à lui, grâce à l'identité de leurs aspirations, de leur foi, par cette attraction qui sollicite l'une vers l'autre deux natures loyales, intègres, généreuses, ouvertes aux nobles sentiments. Le premier président lui écrivait le 8 octobre 1754 : « Ce n'est pas à M. le chancelier seul que je me pique de faire connaître mon respectable ami, mais à tous ceux qui prisent le savoir, la vertu aimable, rehaussés par la modestie ; vous avez été le sujet d'une grande conversation avec M. Gilbert de Voisins et moi ; il connait vos aïeux et les honore. Que penserait-il de leur rejeton s'il le voyait et l'entendait [1] ? » Il ajoutait, le 3 novembre 1754 : « Que je suis touché de votre situation ! J'ai passé par les épreuves les plus cruelles dans le genre d'affliction qui vous affecte ; j'ai la même sensibilité que vous, avec moins de vertu ; ce serait le moment, Monsieur, de faire un voyage ici. Saint Augustin quitta Tagaste dans le cas où vous êtes ; vous ressemblez à ce saint dans son meilleur âge ; votre esprit, votre cœur est fait sur le même modèle ; soyez

____

[1] Recueil de lettres à Chiflet. Biblioth. de Besançon. Manuscrits.

persuadé que mes sentiments tendres et respectueux ne finiront qu'avec moi [1]. »

Chiflet fut aussi en relations avec un ancien avocat général au Parlement de Paris, qui était doué d'une éloquence mâle et sévère et d'un beau caractère. Gilbert de Voisins faisait partie du conseil des dépêches, où il prenait part à la rédaction de mémoires et de règlements, lorsqu'il connut Chiflet, devenu président du Parlement. Ils n'étaient pas toujours en parfaite communauté d'idées. Chiflet voulait que l'enseignement fût confié à des religieux; Gilbert de Voisins soutenait que les collèges devaient différer des séminaires. « Les collèges sont destinés à l'enseignement public des lettres humaines et des sciences; les séminaires ont pour objet unique de former de dignes ministres de la religion. Au séminaire, on n'est pas fait pour apprendre et expliquer Cicéron, Horace et Virgile.... Ne soyez donc pas surpris que l'idée d'agréger à un séminaire, quel qu'il soit, non seulement un collège, mais tous ceux d'une province dispersés dans diverses villes, m'ait paru singulière et inouïe [2]. Enfin, à toutes ces amitiés d'hommes distingués ajoutons celle de Blondel d'Aubers, premier président du Parlement de Flandre, ardent défenseur. comme Chiflet, de la corporation des Jésuites. Tous deux se confiaient leurs appréhensions relativement à l'expulsion de l'ordre, et le 23 mars 1765, Blondel d'Aubers écrivait à Chiflet une lettre que l'on croirait

____

(1) Recueil de lettres à Chiflet. Biblioth. de Besançon. Manuscrits.
(2) Recueil de lettres à Chiflet, p. 126.

d'hier : « Toutes les opérations iniques réussissent, parce qu'on a grand soin de les appuyer de l'ostentation perpétuelle du crédit et de la faveur; de la prévarication dans les uns, silence dans les autres. Peu de gens vraiment chrétiens et humains osent parler, on méprise leur petit nombre. Pour moi, fussé-je seul, je ne laisserai point la vérité sans défenseur, je parle plus que jamais pour elle; on m'écoute, on me croit, on n'ose m'imiter ou me suivre. C'est notre procureur général qui est l'instrument et le factotum des mobiles de toute cette manœuvre. Dieu le lui pardonne comme moi, il ne réparera jamais la moindre partie du mal qu'il fait; après lui j'accuse la faiblesse et la timidité des ecclésiastiques; on les croirait presque de moitié avec ceux qu'ils affectent de craindre [1]. » On le voit, Chiflet comptait parmi ses amis non seulement des hommes de talent, mais de nobles cœurs.

Enfin Chiflet sut se conquérir l'estime, l'affectueux attachement d'un homme de bien que la postérité considère et honore comme le modèle des magistrats, du chancelier d'Aguesseau. La passion de l'étude et des curieuses recherches, et des collections précieuses, l'érudition du magistrat de Franche-Comté, l'honorabilité de sa vie, avaient séduit le laborieux et savant chancelier, qui, à diverses époques, manifesta à Chiflet ses sympathies. Le 31 décembre 1752 il lui écrivait: « Je regarde comme un avantage que mon voyage de Besançon m'a procuré d'avoir fait connaissance avec vous,

____

[1] Recueil de lettres à Chiflet, p. 353.

et je conserverai toute ma vie les sentiments que vous m'y avez inspirés. » En 1754 et en 1755, les mêmes marques de sympathie se reproduisent dans sa correspondance. Le 30 juin 1755 il le prie « de venir achever de voir Paris et ses environs [1]. » Le 13 janvier 1756, il le félicite en ces termes sur sa nomination de président: « En vous remerciant de votre souvenir, et en vous assurant de mes vœux très sincères dans ce commencement d'année, j'ai encore un compliment à vous faire sur votre nouvelle place. Je ne puis que louer le désir que M. le premier président a eu de vous en voir revêtu, et je me serais joint à lui pour vous y engager si vous m'aviez demandé mon sentiment [2]. » Le 2 janvier 1757 il lui disait: « Je n'éprouve pas, en recevant vos compliments, ce que l'on ressent quand il ne s'agit que d'un compliment ordinaire ; mais je sens augmenter en moi mon attachement très sincère pour vous. Ma santé, dont vous voulez que je vous parle toujours, est très bonne, mais elle n'est pas aussi précieuse que vous pourriez le croire. Mon partage est de faire des vœux dans des circonstances fâcheuses. L'avenir n'est pas connu, et il faut espérer et souhaiter que cette année soit plus heureuse que celle que nous finissons [3]. » Lors de l'exil de 1759, le chancelier ne veut pas prendre parti contre le pouvoir royal, mais il ne blâme pas les magistrats qui dans notre province ont eu le courage de

---

(1) Recueil de lettres à Chiflet. Manuscrits de la biblioth. de Besançon, p. 214.

(2) Idem, p. 215.

(3) Idem, p. 218.

résister aux exigences des ministres ; il voudrait la
paix, le retour des exilés, il n'a pas une confiance absolue en M. de Boynes, et avec sa haute expérience il
juge les hommes à leur valeur. Chaque page de cette
correspondance atteste les sentiments affectueux de
d'Aguesseau ; il s'informe des travaux de son ami, de
son attitude pendant le grand exil, il demande des détails, et veut être éclairé ; il l'apprécie assez pour lui
envoyer la biographie de son père, biographie qu'il
avait composée pendant un de ses exils, « douce et solide consolation de sa disgrâce. »

Comme ses ancêtres, Chiflet était un écrivain de
mérite, il avait le don de tout dépeindre avec vérité.
Le 16 janvier 1755, M. de Quinsonas lui écrivait :
« Votre lettre du 13 est un tableau de l'assemblée des
Chambres qui semble fait par Lebrun. Je vois toutes
les attitudes ; ce que le vôtre a de plus, c'est qu'il rend
les figures parlantes, et je les entends [1]. » Il a laissé un
recueil de documents inédits, relatifs aux troubles qui
se succédèrent dans le Parlement depuis 1758 ; on sait
comment ce recueil fut composé. M. le duc d'Aiguillon,
ministre d'Etat, l'ayant chargé en 1774 de travailler
avec le marquis de Saint-Simon et le commissaire du
Parlement au triage des papiers secrets du maréchal de
Lorges, il retira ceux qui pouvaient intéresser la compagnie et il conserva les pièces qui lui paraissaient de
nature à justifier les mémoires historiques qu'il écrivait
sur le Parlement. Chiflet ne se dissimulait pas la valeur

____

[1] Recueil de lettres. Manuscrits.

de ces collections: « On y verra, écrivait-il, des anec-
dotes curieuses sur les ressorts secrets des grands
hommes qui ont préparé, conduit et consommé depuis
1757 à 1771 la révolution arrivée dans la magistrature :
mais le tout, ajoutait-il, est destiné à demeurer dans le
secret pour la seule instruction de ma famille [1]. »

Chiflet mourut en 1783, premier président du Parlement de Metz. La compagnie fit célébrer, le 9 avril de
cette même année, dans la cathédrale de cette ville, un
service solennel et déploya dans cette cérémonie une
grande magnificence [2].

A côté des hommes que nous venons de citer et qui oc-
cupèrent le siège de premier président, le parquet fournit
aussi des magistrats recommandables par leur talent,
leur esprit d'équité et leur science juridique. On connaît
les attributions de ses membres. Le procureur général,
avant 1386, n'était qu'un juge délégué de la part du
duc pour rendre la justice. Guillaume Bourrelier est le
premier qui, en 1435, soit qualifié conseiller du duc,
procureur général en son pays de Bourgogne et procureur fiscal en ses Parlements de Dole, de Beaune et de
Saint-Laurent [3]. Peu à peu ses pouvoirs s'étendirent ;
il devint, d'après le *Journal encyclopédique*, « l'âme de
l'ordre social, vengeur des mœurs, ministre des lois,
instrument et modérateur de la puissance exécutrice ;
c'est l'œil de Thémis, c'est l'aigle qui porte son ton-
nerre, c'est la main qui trace la ligne qu'il doit décrire,

(1) Vol. 64, p. 2. Manuscrits Chiflet.
(2) *Histoire du Parlement de Metz*, par le conseiller MICHEL.
(3) Biblioth. de Besançon. Manuscrits du P. Dunand, vol. 17, p. 268.

qui le dirige sur l'oppresseur puissant, sur le juge
prévaricateur ; et son cœur, ouvert à tous les sanglots,
à toutes les plaintes, est l'asile sacré de tous ceux que
l'injustice opprime [1]. »

Le fait est qu'il avait le droit d'informer et de décréter sans le secours du Parlement ni même des avocats
généraux [2]. Il était indépendant de la cour ; « il agissait seul, dit Lampinet, prenait des informations secrètes contre ceux dont il avait plaintes. » Nous trouvons
dans le manuscrit de ce magistrat l'anecdote suivante :
« Un premier président, Adrien Thomassin, s'étant
plaint à la cour de ce que le procureur général s'était
absenté en temps des séances ordinaires sans avoir fait
savoir son départ ni pris auparavant congé de lui
comme les autres membres de la compagnie, le procureur général lui répondit : « J'étais allé informer contre vous ; jugez si j'étais obligé de vous le dire auparavant et de prendre congé de vous [3]. » Le procureur
général ne devait même pas se soumettre aveuglé-
ment aux prescriptions du souverain ; il considérait
comme un des plus précieux privilèges de sa charge
le droit d'adresser de respectueuses remontrances au
roi ; certains d'entre eux concluaient même parfois
contrairement aux désirs royaux et s'opposaient à l'enregistrement d'édits qui ne leur paraissaient pas conformes aux principes juridiques. Ce magistrat avait le
devoir de veiller au maintien de l'ordre public ; de

<hr>

(1) *Journal encyclopédique,* mai 1775, p. 477.
(2) Bocquet, paragraphe 6, fol. 135.
(3) Manuscrits Lampinet, p. 164 et 177.

diriger l'action de la police judiciaire dans le ressort. Il était tenu d'adresser au chancelier, dans les mois de janvier et de juillet, l'état de tous les faits pouvant entraîner la mort ou des peines afflictives. Il devait exercer une surveillance active sur les tribunaux, sur la magistrature, sur les procureurs et officiers ministériels, prononcer les mercuriales lors de la rentrée du Parlement, donner des conclusions dans de nombreuses affaires civiles et dans toutes les affaires criminelles [1]. Plus tard ces fonctions perdirent de leur importance, et au lieu de prendre lui-même des informations, le procureur général ne put faire autre chose que de demander un commissaire qui devait être chargé d'instruire. Ses attributions n'étaient d'ailleurs pas très bien déterminées, et il résultait souvent de cet état de choses des conflits fâcheux. Parfois ce magistrat méconnaissait ses devoirs au point de refuser de concourir à l'exécution des ordres qu'il recevait du Parlement ou de critiquer ses décisions. La compagnie s'empressait de le rappeler à la discipline. De son côté, le procureur général se plaignait des procédés de la cour et les conflits étaient fréquents. En 1721, le procureur général écrivait au garde des sceaux « que depuis quelque temps, on ne le faisait point appeler dans les assemblées des chambres, que l'on traitait sans lui des affaires où il devait être entendu soit comme procureur général, soit comme membre de la compagnie [2]; » il

____

(1) Chiflet indique dans quelles affaires le procureur général devait donner des conclusions. (Manuscrits Chiflet, vol. 64, p. 86.)

(2) Archives départ. B. Parlement. Affaires intérieures.

citait des faits. Le Parlement, qui vivait avec ce magistrat en mauvaise intelligence, répondait que « pour finir la dispute il faudrait retrancher au procureur général le tiers des épices qu'il percevait, et qu'on ne le verrait plus alors si empressé de donner des conclusions; » il l'accusait nettement d'avidité, affirmait « que les droits attachés à sa charge joints à ses pensions et aux bénéfices donnés à ses fils produisaient plus de 20,000 livres de rente, qu'il pouvait bien se contenter de pareille somme [1]. » Le chancelier était forcé d'intervenir, et dans une lettre du 6 février adressée au chef du parquet, traçait les droits de chacun [2]; mais la mésintelligence se continuait, et les conseils du chancelier n'empêchaient pas les procureurs généraux d'affecter l'indépendance, d'essayer de rompre les liens de soumission qui les attachaient au Parlement. Le 11 mars 1729, le Parlement dénonçait l'un d'eux comme coupable d'une inaction qui préjudiciait au bien de la justice [3]. La même année ce même magistrat oubliait le respect qu'il devait à la compagnie. « Le 28 juillet 1729, le procureur général ayant été mandé devant la cour, dit Chiflet, à l'effet de donner des explications sur le retard apporté à l'exécution des arrêts, se retira avec une façon peu convenable et qui blessa tous Messieurs; on délibéra d'en rendre compte

---

(1) Archives départ. Réflexions sur un arrêt du conseil d'Etat. Manuscrits Chiflet, vol. 63, p. 51. Biblioth. de Besançon.

(2) Correspondance du Parlement. Archives départ.

(3) Extraits des registres des délibérations de la tournelle. Archives du Doubs, B. 2144.

à **M.** le chancelier. » En 1763, de nouvelles difficultés s'élevaient, et le chancelier décidait que « le Parlement n'avait pas le droit de rien prononcer contre le procureur général, que le roi était seul juge de la manière dont ce magistrat exécutait ses ordres, et qu'il fallait s'adresser à la personne du roi si l'on avait quelque plainte à formuler contre le procureur général [1]. »

Les avocats généraux avaient, eux aussi, de nombreuses attributions et de non moins nombreux privilèges. A Dole, « ces charges, dit Lampinet, étaient des plus belles; ils n'estaient pas comme maintenant relégués dans un parquet sans autres fonctions que celles d'attendre que le procureur général leur demandât leurs sentiments, ce qu'il fait fort rarement et quasi jamais. Ils estaient dans l'intérieur du Parlement, rapportant et vuidant toutes sortes de procès civils, n'y ayant aucune différence entre eux et les autres conseillers que celle du pas et de ne pas juger au criminel, quoiqu'ils fussent présents quand on le jugeait. Après sept ans de service, le Parlement devait les nommer conseillers à la première vacance. La cour avait coutume de donner ces charges à des jeunes gens sçavants, spirituels et éloquents. Ils avaient l'inspection sur le parquet et le greffe, toujours dans l'action et comme les bras de la compagnie, dont toute l'économie roulait sur eux. » Et Lampinet ajoute que sur quarante-huit avocats géné-

---

[1] **Correspond. du Parlement. Année 1763. Lettres aux ministres. Archives du Doubs.**

raux, neuf devinrent présidents, la plupart furent vice-
présidents ou conseillers [1].

A Besançon, leurs fonctions se composaient surtout du
ministère de la parole publique ; ils exerçaient ce ministère sans aucune espèce de dépendance ou de soumission
au procureur général ; ils avaient, comme à Dole, voix
dans toutes les nominations et s'occupaient de maintenir
l'ordre et la discipline dans le barreau. Enfin, les substituts devaient instruire les causes criminelles, plaider,
requérir information, et s'acquitter des devoirs du procureur général lorsqu'il était suspect ou absent. Toutefois la magistrature assise se considérait comme hiérar-
chiquement bien supérieure au ministère public ; les
gens du roi ne pouvaient avoir l'indépendance de la
magistrature inamovible, ce qui les plaçait dans une
sorte d'infériorité. Les simples conseillers prenaient le
pas dans le monde, comme au palais, sur le procureur
général et les avocats généraux.

La plupart des membres du parquet se consacraient
tout entiers à leur état et n'ont laissé aucun sillon lumi-
neux en dehors du prétoire où ils se faisaient entendre.
Il en est qui, de leur vivant, s'étaient acquis une haute
notoriété, comme Jean Bacquet, avocat général en 1701,
comme le procureur général Boisot, qui devint premier
président, comme Jean-Joseph et Théophile Doroz.

Plusieurs d'entre eux employèrent leurs loisirs à
des travaux littéraires. Rochet de Frasne porta ses
investigations sur toute l'histoire de la province ; doué

<hr>

(1) Manuscrits Lampinet, p. 164.

de l'esprit le plus cultivé, il prononçait en 1746 une mercuriale éloquente, où il demandait aux magistrats d'approfondir la jurisprudence, de se défier d'études superficielles, de ne pas apporter dans l'examen des affaires une présomption plus dangereuse que l'ignorance. C'est à lui que nous devons de savantes biographies lues à l'Académie. L'une des plus complètes est celle qui remet en lumière la vie du poète Mairet avec l'analyse de ses œuvres ; sa dissertation sur les hommes célèbres de Franche-Comté contient de curieux détails. Il en est de même de la vie de Philibert Poissenot, d'Olivier de la Marche, d'Hugues Rabel, et de l'éloge funèbre de la duchesse de Tallard. De Frasne écrivait simplement, mais d'un style clair, net et précis, qui justifie sa réputation de talent.

L'avocat général Bergeret était, lui aussi, apprécié de ses contemporains. C'est à ce titre qu'il fut chargé de prononcer le discours d'ouverture des audiences de la grand'chambre du Parlement, le 27 avril 1775, lors du rétablissement de l'ancienne magistrature ; il exprima les sentiments de reconnaissance et d'affection qu'éprouvait le peuple pour le successeur de Louis XV, les espérances que faisait concevoir le nouveau règne. Il rappela le souvenir de trois conseillers, Belin d'Augicourt, Varin d'Ainvelle et Parret de Moyson, le premier mort à Besançon peu après son retour de l'exil, les deux autres à Champvans et à Faverney, résidences qui leur avaient été assignées. Tout ce discours est écrit élégamment et sans emphase, bien que le premier président Perreney de Grosbois y soit qualifié de « Nouvel

» Aristide, digne chef d'un sénat dont nos vœux sol-
» licitaient le retour et que la justice elle-même reven-
» diquait. »

L'avocat général Desbiez, le contemporain et le collègue de Bergeret, ne brillait point par la simplicité
du style. Quelques jours auparavant, le 7 avril 1775,
lorsque M. Feydeau de Marville, conseiller d'Etat, était
venu donner lecture de l'édit portant rétablissement
du Parlement, l'avocat général Desbiez, après les
discours de M. le marquis de Saint-Simon, lieutenant
général des armées du Roi, et du premier président
de Grosbois, s'était levé et avait pris la parole en ces
termes : « Si jamais la nature paraît intéressante et
» belle, c'est à la suite de ces longs orages, où les élé-
» ments déchainés semblaient la trainer aux pieds du
» tombeau. Qu'alors l'astre qui répand la chaleur et la
» lumière vienne à lancer ses rayons sur la terre, tout
» s'anime, tout s'embellit : on dirait que l'univers sort
» une seconde fois des mains du Créateur.

» Tel est le spectacle attendrissant que nous offre
» aujourd'hui la magistrature. Le bandeau de Thémis
» s'était changé contre le crêpe de la douleur ; et si le
» cours de la justice n'a pas été suspendu, les magis-
» trats qui la rendaient aux peuples interrompaient
» leurs fonctions augustes pour donner des regrets aux
» respectables confrères dont ils se voyaient séparés. »

Tout ce discours est écrit avec cette emphase. L'éloge
du roi est ainsi conçu : « Le trône est occupé par un
Prince qui, dans l'âge de Marcellus, nous offre toutes
les vertus de Trajan ; qui unit la bonté de Henri IV à la

sagesse de Charles V ; qui, voulant guérir à la fois toutes les plaies de l'Etat, a su confier les différentes parties de l'administration à des hommes qu'un peuple libre eût choisis pour ses modérateurs, à des hommes dont les grandes qualités feront douter à nos neveux si notre siècle n'a pas réalisé les prodiges de ces temps où les dieux venaient veiller sur les troupeaux d'un roi [1]. »

Ne nous étonnons pas d'un pareil langage. Chaque époque a son style, et souvent les défauts d'un écrivain ou d'un orateur tiennent plus à la nature des institutions, aux habitudes du public auquel il s'adresse, qu'à l'esprit même de l'auteur. Résister au faux goût du jour, conserver cette simplicité de forme qui n'étonne pas l'auditeur, mais a l'avantage de ne pouvoir à aucune époque prêter au ridicule, est un talent assez rare. La justesse de l'expression, la clarté, la concision, sont les véritables qualités de tous les temps. Heureux ceux qui les possèdent ! Plus heureux encore les hommes qui, grâce au calme de leur raison, à la rectitude de leur jugement, à la fermeté de leur caractère, peuvent se soustraire aux entraînements de l'opinion, dédaigneux d'une trompeuse popularité, comprenant que tous les souverains, rois ou peuples, ont leurs courtisans, n'acceptant dans les idées dominantes que ce qu'il y a de juste et de vrai, et ne prenant pour règle que les inspirations seules de leur conscience.

Il serait injuste de borner cette étude aux premiers

---

[1] Procès-verbal de ce qui s'est passé à la séance tenue au Parlement de Besançon, le 7 avril 1775.

présidents et aux magistrats du parquet; se recrutant dans la province, parmi des familles qui y avaient tous leurs souvenirs, tous leurs intérêts, les parlementaires se distinguaient par une physionomie particulière. Il régnait entre les membres de cette compagnie, pour ce coin de terre qu'on appelait la Comté, un amour réel. Plus concentré, le patriotisme était plus ardent, et des hommes dont toute l'ambition se bornait à passer leur vie dans un pays auquel mille liens les rattachaient, et sous l'œil de leurs compatriotes, devaient avoir une attitude qui leur était propre; aussi la magistrature assise se recommande non seulement par son dévouement aux intérêts du pays, par sa fermeté et son indépendance vis-à-vis du trône, mais par ses habitudes laborieuses, son désir d'apprendre, par l'étendue et la variété de ses connaissances. Dans tout le cours du xviiie siècle, un assez grand nombre de parlementaires se révèlent non seulement jurisconsultes, mais écrivains remarquables.

Dès les premières années de la conquête, un maitre aux requêtes, Augustin Nicolas, demandait que l'on modifiât la procédure criminelle et ne craignait point de s'élever contre la torture, qui était alors regardée comme une véritable institution sociale. Ce mode cruel d'information, triste legs du droit romain, n'était pas appliqué d'une manière uniforme, et chaque province avait sa manière de questionner. A Paris, on faisait surtout usage des coquemars pleins d'eau, versés coup sur coup jusqu'au nombre de huit dans l'estomac du patient, qui enflait outre mesure, puis qui vomissait de l'eau, du sang et des aveux bien dignes de foi, comme on peut croire. En Bretagne, l'inculpé était placé sur une chaise de fer et ses jambes nues étaient progressivement rapprochées du feu. En Normandie, on torturait le prétendu coupable en lui serrant les pouces, ou bien en lui disloquant le bras. En Franche-Comté, on plaçait une clef de fer entre les deux revers des mains du torturé, fixées l'une à l'autre derrière le dos, puis, au moyen d'un câble, on élevait le malheureux à une certaine distance de terre avec un lourd poids en fer attaché au pied droit; ce supplice s'appelait l'estrapade. Dans un livre qui parut en 1681, Augustin Nicolas proteste énergiquement contre ces procédés barbares.

Magistrat d'une haute intelligence, Nicolas savait qu'il ne serait pas écouté, mais il savait aussi qu'il travaillait pour l'avenir ; puis il avait assisté à tant d'erreurs judiciaires, à la mort de tant de victimes, qu'il ne pouvait se taire; il souffrait de ce qu'il voyait, de ce qu'il signait, il maudissait la loi qu'il était forcé d'appliquer, il maudissait le principe de cette loi qui lui paraissait impie : « J'ai longtemps balancé, écrivait-il, entre le désir de secourir l'innocence de ceux qui pourraient souffrir d'injustes supplices et la crainte de donner au public quelque chose qui pût sembler contraire aux opinions communes. Mais enfin j'ai cru pouvoir rendre plus de services à la société humaine en sauvant des innocents qu'à souscrire par mon silence à des procédés qui peuvent les faire périr comme criminels. »

Son livre est l'œuvre d'un logicien, d'un érudit et d'un philosophe imbu des principes de la morale chrétienne. L'auteur examine ce qu'était la torture dans l'antiquité, dans l'ancienne Rome ; il s'indigne à la pensée que « l'on peut faire souffrir plus de tourments à un prévenu qu'à un coupable, il émet cette idée que la société punit, mais ne se venge pas, et que l'inculpé doit être traité avec justice et sans passion ; il montre que la douleur arrachera des aveux de culpabilité à un innocent, des dénonciations contre les plus honnêtes gens ; il soutient que la torture ne peut être employée même contre les accusés de sorcellerie : « Comment ! s'écrie-t-il, vous démembrez un homme tout vif, vous exposant au hasard de le trouver innocent ; ou s'il est coupable, de le relâcher, s'il est d'un tempérament à soutenir ces tourments ! Sur des preuves défectueuses vous soumettez un homme à un tourment incomparablement plus atroce que dix supplices ! Sans conviction, vous infligez une horrible peine ! N'est-ce point le renversement de toute notion de justice ? »

Augustin Nicolas devait échouer. L'heure n'était point venue, ses adversaires ne voulaient pas être convaincus, et toute son argumentation ne devait aboutir qu'à une modification dans le genre de supplices. Le Parlement de Paris se borna, en 1697, à supprimer l'estrapade pour la remplacer par l'extension et les brodequins, et ce n'est qu'en 1780 que le législateur accueillit partiellement l'idée du magistrat de Franche-Comté ; alors seulement parut cette humaine et tardive déclaration qui abolissait la question préparatoire, c'est-à-dire celle appliquée avant jugement dans les accusations capitales. Quant à la question préalable, que le con-

damné devait subir avant de marcher au supplice pour
y légitimer sa condamnation par des aveux et y révéler
ses complices, le roi n'osa même pas en demander la
suppression, persuadé que les Parlements protesteraient
hautement. C'est du moins un honneur pour le Parlement de Besançon d'avoir compté dans ses rangs un
vaillant magistrat qui sut se soustraire aux préjugés du
passé, un précurseur qui, n'écoutant que sa conscience,
s'érigea en apôtre d'une idée juste et généreuse. Ajoutons qu'Augustin Nicolas ne combattait pas seulement
la torture comme un crime de lèse-humanité, il composait des poésies en français, en latin, en espagnol
et en italien ; il écrivait des dissertations contre le
duel et le suicide ; il retraçait, avec de nombreux détails sur la population et les ressources de la Franche-
Comté, l'histoire de la conquête de cette province ; il
racontait, dans un poème en cinq livres, la révolte de
Masaniello ; il avait un défaut, une excessive présomption ; « il se croyait, nous dit Quirot dans ses *Annales
manuscrites*, l'égal de Virgile, d'Horace et d'Ovide, et
ne rougissait pas de manifester cette haute opinion de
lui-même dans des vers destinés à être inscrits au bas
de son portrait. » Il avait une autre faiblesse plus
grave. Le caractère n'était pas à la hauteur du talent.
Augustin Nicolas s'était incliné avec empressement
devant Condé, il s'inclina devant Louis XIV, il s'associa à Watteville pour favoriser la conquête de la
Franche-Comté. Aussi s'était-il attiré de vives inimitiés
surtout parmi les vieux patriotes comtois. En 1668,
lors du traité d'Aix-la-Chapelle, il avait été insulté par

le peuple de Besançon ; il souffrait de l'hostilité de ses
compatriotes, il s'en plaignait dans une *Dissertation
sur le génie politique* qui parut en 1693 :

> Voyant dans le climat où le sort m'a fait naître
> Ce que mes ennemis m'ont contraint d'avouer,
> Si peu de gens à me connaître
> Et beaucoup moins à me louer.

Il mourut en 1695, au moment où un édit de
Louis XIV frappait le pays de l'impôt de capitation, ce
qui lui valut cette épitaphe :

> Pour éviter la capitation,
> Dom Augustin eut recours à la Parque ;
> Il crut par là trouver l'exemption ;
> Mais comme il fut près d'entrer dans la barque,
> Voyant Caron qui, l'arrêtant au bord,
> Lui demanda le tribut ordinaire,
> Hélas ! dit-il, que le sort m'est contraire !
> Par tête on paie encore après sa mort....

Ces vers n'attaquaient ni son mérite littéraire ni son
honorabilité, mais il en était d'autres où il était fort
maltraité ; c'est ainsi qu'on allait jusqu'à dire que si en
qualité de poète il faisait des vers en quatre langues,
il prenait à toutes mains en qualité de juge :

> Nicolaius jacet hic qui linguas ut loqueretur
> Quattuor, ut raperet mille manus habuit.

Le reproche n'était sans doute pas fondé ; quelles que
soient les défaillances du magistrat-écrivain, on doit
lui savoir gré de son courage à attaquer des abus invé-
térés que soutenaient et la redoutable Inquisition et la
magistrature presque tout entière.

A cette même époque siégeaient au Parlement Ferdinand Lampinet et le président Philippe. Lampinet était un érudit, et publiait en 1703 un volume inquarto pour prouver que la ville de Dole était l'ancienne *Ditalium* de Ptolémée et la capitale des Séquanais. Il composait en outre un recueil des vies des saints du pays, et l'histoire du Parlement, ou plutôt une notice restée manuscrite sur tous les membres de cette compagnie. Le président Philippe ne paraissait plus songer qu'à la science du droit. Il avait fait preuve, comme diplomate, d'une certaine habileté ; il avait écrit l'histoire de la conquête de la Franche-Comté et de la diète de Ratisbonne, il avait servi l'Espagne avec autant de dévouement que de zèle, et avait reçu des preuves d'une haute bienveillance de la cour de Madrid, puis il avait fini par s'asseoir sur les fleurs de lis, et semblait vouloir se faire oublier ; il oubliait lui-même le passé en résumant en deux volumes les principales questions de droit résolues par le Parlement, et n'avait plus parmi ses compatriotes qu'une situation relativement effacée [1].

Tout autre était Claude-Antoine Boquet, baron de Courbouzon. Reçu en Parlement en 1705, à l'âge de vingt-trois ans, réunissant en lui, dit dom Grappin, ce qui est le plus capable de plaire, une taille majestueuse, les grâces de la figure et les plus brillantes qualités de l'esprit, doué d'une grande activité, d'une santé robuste, il prétendait à la réputation, aspirait au crédit,

(1) Manuscrits de Courbouzon, p. 229 à 254. Manuscrits Lampinet, p. 153.

et ne dédaignait pas la fortune. Cette volonté de conquérir une situation honorable, volonté avouable quand elle est inspirée par le mérite et subordonnée au devoir, fut secondée par M. d'Argenson, qui le mit en relations avec le Régent. En 1719, celui-ci lui accordait une pension de 500 livres. Sa facilité d'esprit, sa flexibilité de caractère, devaient peu après, en 1723, le désigner au choix de ses collègues pour être auprès du trône l'organe de sa compagnie et de sa province. Quatre fois il fut député à Paris de 1723 à 1725, et dans les différentes missions qui avaient pour but de soustraire la Comté à des exécutions de diverse nature, il sut toujours se distinguer par la justesse de ses vues et la sagesse de ses démarches. Nous trouvons dans la correspondance du Parlement une lettre du duc de Tallard, qui en 1724 se trouvait à Paris avec l'éminent magistrat et écrivait à la compagnie le 24 mars : « M. de Courbouzon, qui est ici de vostre part, s'est conduit avec tant de dextérité et tant d'habileté dans l'exécution de vos ordres que je ne saurais lui rendre un témoignage trop favorable. » Dans une autre lettre du 4 août même année, il ajoutait : « M. de Courbouzon conduit ici les affaires dont il est chargé avec tant de capacité et d'activité, qu'il est impossible qu'il ne réussisse à tout ce qui est favorable ; et en vérité, je ne saurais lui rendre trop de justice là-dessus. »

Quelques années plus tard le magistrat diplomate fut chargé par les cours de France et de Rome d'un travail long et difficile sur les prieurés de la province. Chaque vacance mettait en opposition le pape et le roi,

Rome et Versailles. Il s'agissait d'établir l'histoire de chaque bénéfice, sa fondation, sa dotation et sa consistance, et de décider à qui appartiendrait le droit de nomination. De Courbouzon écrivit un rapport modèle de clarté et d'érudition ; il le développa oralement en présence du cardinal de Fleury et du nonce du pape, Maffei, avec un tel talent que le cardinal, enthousiasmé, lui conféra une pension de quinze cents louis.

Lorsque résolu à composer un nouveau recueil de lois et à fixer la jurisprudence sur des questions controversées, d'Aguesseau eut l'idée d'établir un bureau de législation où devaient se concentrer les lumières de tous les Parlements, ce fut de Courbouzon qu'il choisit en Franche-Comté pour le seconder dans sa vaste entreprise. Heureux de répondre à cette marque d'estime, de Courbouzon lui transmettait un commentaire destiné à combiner les anciennes ordonnances avec les lois nouvelles, ainsi qu'un recueil annoté de tous les arrêts prononcés depuis son entrée au Parlement.

Les services rendus par de Courbouzon, les qualités de son esprit, l'appelaient à la carrière diplomatique. La France songeait alors à négocier la vente ou l'échange du comté de Montbéliard. De Courbouzon, qui, selon l'appréciation d'un de ses contemporains, ambitionnait de faire revivre une époque où la magistrature était regardée comme le séminaire des ambassadeurs, des conseillers d'Etat, des ministres et des chanceliers, fut chargé de rédiger un mémoire destiné à faciliter un arrangement. Il rêva un instant de brillantes destinées, mais il devait se convaincre que le mérite et l'intelligence n'obtiennent pas toujours la récompense à laquelle ils ont droit. Nommé successivement ministre à Gênes, puis à Ratisbonne, il ne put prendre possession de ses fonctions; il revint à ses études premières. Là encore le magistrat devait, comme le diplomate, éprouver des déceptions. Présenté pour la première présidence de Nancy, il échoua. Comme le dit son biographe à l'Académie de Besançon le 17 novembre 1762, les dignités se présentaient à lui et disparaissaient aussitôt. Il eut en même temps la douleur de perdre son fils et dut lui succéder dans la charge de président à mortier, qu'il avait refusée dans l'intérêt de ce fils et pour ne pas quitter la position de conseiller qu'il occupait depuis longues années. Il se soumit aux vicissitudes de la destinée et chercha des consolations dans le travail et dans la culture des lettres. Nommé secrétaire perpétuel de l'Académie, il profita de ses loisirs pour composer de nombreuses dissertations sur l'institution primitive du Parlement, sur l'origine de nos fiefs, sur la forme de nos anciens Etats, sur le tribunal de l'Inquisition, sur les différentes espèces de coutumes propres à notre pays, etc. Il composa un mémoire sur la vie de Gattinara, sur le président Philippe, sur un professeur de langue syriaque et hébraïque, M. Jault, d'Orgelet. Ce qui distingue toutes ces productions, c'est une connaissance étendue du droit public de la province, un goût de recherche pour tout ce qui concerne la Franche-Comté. Le style en est simple et facile.

Ajoutons que de Courbouzon savait être généreux pour le pauvre, bienveillant et dévoué pour quiconque

méritait son appui, qu'il encourageait la jeunesse, pressait les érudits de travailler à l'histoire de la province :
« Vous êtes jeune, écrivait-il à dom Berthod, le 15 avril 1758; vous avez du goût pour la retraite et les travaux littéraires; combien de reproches n'auriez pas à vous faire si vous négligiez vos talents; » l'année suivante il encourageait dom Grappin en ces termes. « Vos coups d'essai sont des coups de maître; le sujet que vous avez traité est des plus intéressants, je le présenterai demain de votre part à l'Académie; soyez assuré qu'il y sera universellement applaudi. Les talents que vous faites éclore méritent bien d'être cultivés; ne trouvez point de prétexte pour vous écarter de votre route; continuez à vous adonner à l'histoire, surtout à celle de votre pays [1]. »

De Courbouzon mourut en 1762. « Il avait pour amis, dit Grandfontaine, tous ses contemporains les plus illustres, à la cour, dans le clergé, dans la magistrature, » et il a laissé une réputation méritée d'honnêteté, d'habileté et de science. Peut-être pourrait-on lui reprocher trop de condescendance vis-à-vis du pouvoir. Dans une lettre du 25 août 1757, alors que le Parlement avait dû, sur les ordres du duc de Randan et sur la pression de M. de Boynes, enregistrer de nouveaux édits onéreux pour la province, de Courbouzon écrivait au duc de Tallard : « Il est certain que nos misères sont excessives, mais l'Etat est dans le plus

____

[1] Correspond. de dom Berthod, p. 47. Manuscrits. Biblioth. de Besançon.

grand besoin, et dans ce concours la misère de l'Etat
doit avoir la préférence; on colore d'ordinaire la résistance par le prétexte de la mauvaise administration.
Le reproche, quand il serait fondé, n'apporterait aucun
soulagement aux besoins de l'Etat, il faut des secours
présents, et ce n'est pas en déclamant contre le passé
qu'on les procure. Si nous avions, en présence de
M. le duc de Randan, refusé l'enregistrement, nous au-
rions indisposé le roi; quoique la fermeté chez les magistrats soit digne d'éloges, il faut savoir se plier aux circonstances, et il vaut mieux que les magistrats sacrifient
la gloire que la résistance leur acquerrait auprès des
peuples au bien de ces mêmes peuples et malgré leurs
préjugés. Enfin je ne connais point de loi en France
qui établisse que les Parlements n'enregistreront
qu'après trois lettres de jussion, j'ajoute que nous
n'avons enregistré que du très exprès commandement
du roi. Ce sont là, Monseigneur, les principes dans lesquels j'ai toujours été et qui ont déterminé en cette
occasion mon suffrage pour l'exécution des ordres du
roi. J'ai cru en cela le bien de la province et mon
devoir. Ce sont les seuls motifs qui m'ont décidé, et
qui seront dans tous les temps la règle de ma conduite [1]. » N'est-ce pas un peu la lettre d'un courtisan?
Toutefois on ne pouvait justifier par de plus honorables
motifs des actes que le public taxait de faiblesse.

Lors de la nomination de M. de Boynes à la première présidence, de Courbouzon approuve encore le

____

[1] Archives départementales. Non classé.

pouvoir royal ; il comprend sans doute tous les inconvénients d'une mesure qui donne à un seul homme la direction d'une cour souveraine et l'administration de la province, mais il n'ose protester ; il exprime même dans un discours à l'Académie ses sentiments de satisfaction, il félicite le gouvernement [1]. Enfin de Courbouzon a tout le fanatisme de son temps. Nous avons sous les yeux un manuscrit où, après avoir rappelé les édits contre les protestants, il déclare « que ces édits sont dus à la miséricorde de Dieu [2]. » Il les approuve sans réserve et n'a pas un mot de blâme contre les cruautés commises, un mot de pitié pour les victimes.

En étudiant cette vie laborieuse de de Courbouzon, on est tenté d'admirer quelle étendue d'aptitudes et de connaissances exigent des fonctions si variées et si diverses et de si nombreux travaux. De nos jours, l'individu attaché généralement à une spécialité ne franchit guère le cercle des devoirs que lui impose sa profession. Peut-être y a-t-il à cela quelques avantages de détail, mais combien aussi d'inconvénients dans ce labeur uniforme, absorbant souvent un ensemble de facultés auxquelles un milieu plus large eût fourni un utile développement.

Aux beaux temps de Rome, le même homme figurait aussi bien à la tribune aux harangues qu'à la tête d'une armée. Il parcourait successivement toutes les magistratures, occupait toutes les fonctions publiques.

_____

(1) Ouvrages de M. de Courbouzon, vol. 2, p. 94.
(2) Idem, vol. 1.

Il lui fallait une éducation forte et virile, une science
complète de l'administration, des aptitudes exceptionnelles, un ardent amour de la patrie. Rome comptait
non seulement des citoyens d'élite, elle avait un sénat
composé de patriciens, et qui jouissait d'une autorité
souveraine et absolue. Les traditions du passé se con-
servaient facilement dans les vieilles familles dont les
noms se rattachaient aux gloires de la République.
L'histoire des ancêtres était l'histoire de la patrie. Le
sénateur avait une clientèle nombreuse dont il soutenait les intérêts, et pour cela il devait non seulement
se livrer à l'étude des lois, mais cultiver la parole publique, si souvent nécessaire pour les défendre. Le consulat et une grande partie des magistratures appartenaient
au sénat ; aux sénateurs aussi était presque exclusivement réservé le commandement des armées, et dans
l'exercice continuel de fonctions importantes se formaient ces hommes dont la supériorité est pour nous
un sujet d'admiration.

En comparant au sénat de Rome les anciens Parlements, on rencontre dans l'une et l'autre institution
des analogies qui contribuent à expliquer l'universalité
des connaissances de quelques parlementaires. Eux
aussi se trouvaient mêlés aux grands intérêts politiques.
Pas une question intérieure sur laquelle ils n'eussent
une influence par le droit de remontrances ; pas un
acte d'administration qui n'émanât d'eux ou ne tombât
sous leur autorité. Aussi les Parlements devenaient-ils
une pépinière d'hommes aussi érudits qu'énergiques,
connaissant non seulement la loi, mais habitués aux

affaires publiques, liés entre eux par l'esprit de corps
qui faisait leur puissance, par le respect des traditions
qui fit leur faiblesse quand furent attaqués des privilèges auxquels ils ne voulurent pas renoncer.

A coté de de Courbouzon, digne d'une biographie spéciale, mentionnons Claude-François d'Orival, qui publia
en 1721 un commentaire sur les usages et coutumes
de Besançon; Ferdinand Lampinet, l'historien de la
compagnie, né à Dole, vers le milieu du xviie siècle,
conseiller au Parlement de cette ville, esprit neuf et
investigateur, consignant dans des notices curieuses
des détails sur le Parlement; Joseph Biétrix, seigneur
de Pelousey, né en 1729, qui, après avoir exercé avec
distinction la profession d'avocat et les fonctions de
maire et de lieutenant général de police, entra au Parlement en 1762 et s'y fit estimer pour sa science et la
rectitude de son esprit. « Lorsqu'en 1754, raconte de
Courbouzon, le chancelier voulut augmenter le nombre
des commissaires à qui le roi avait confié la réforma-
tion de nos coutumes, il ne fut pas longtemps à se
déterminer sur le choix. Il connaissait M. Biétrix, il
savait qu'il avait été la lumière du barreau, qu'il était
un des principaux ornements du Parlement; il l'associa
à cette importante commission, et M. Biétrix s'y est fait
admirer toutes les fois qu'il y a paru [1]. Citons encore
le conseiller Pouhat de Nozeroy, seigneur d'Etalans,
magistrat poète auquel est du un éloge de Louis XIV
imprimé chez Louis Rigoine en 1694, sous ce titre :

____

[1] Ouvrages de M. de Courbouzon. Manuscrits, vol. 2, p. 78.

Ludovici Magni Galliarum Regis Panegyricus; enfin Courchetet, seigneur d'Esnans, dont Droz a retracé la vie laborieuse et les utiles travaux, qui en 1732 fut chargé de compulser et de classer les archives du Parlement, s'acquitta de cette tâche ardue et difficile avec autant de zèle que d'intelligence, et qui en récompense de ses travaux fut nommé, sur la demande de d'Aguesseau, professeur de droit public à Besançon, avec mission du ministre de faire réintégrer dans les archives du comté de Bourgogne tous les documents qui pouvaient intéresser cette province et se trouvaient disséminés en Flandre, à Lille et à Bruxelles.

Vers le milieu du siècle, la compagnie s'enrichit d'un véritable historien, de Droz, François-Nicolas-Eugène, l'un des savants les plus distingués qu'ait vus naître notre province, magistrat consciencieux, dont les travaux mériteraient une appréciation moins rapide. Il naquit à Pontarlier le 4 février 1735, et fit preuve dès sa jeunesse de rares aptitudes pour les recherches historiques. Envoyé à Besançon, à l'âge de seize ans, pour suivre les cours de la Faculté de droit, il vécut pendant plusieurs années dans l'intimité de Dunod, son professeur et son parent, et c'est auprès de ce maître éminent, s'inspirant de ses exemples, qu'il fut entraîné à approfondir le droit dans l'histoire, et l'histoire dans les monuments antiques et les chartes. En 1760 parurent ses deux premiers ouvrages, un Mémoire sur l'histoire de Pontarlier et un Essai sur les bourgeoisies du Roi, des seigneurs et des villes.

Dans ses *Recherches sur la France,* Pasquier avait

soutenu, contre le sentiment des rédacteurs de la coutume de Champagne, qu'il n'y avait point de bourgeoisies du roi. Il les défiait d'en expliquer l'origine et les
prérogatives. A l'aide de quelques chartes qu'il découvre,
Droz entrevoit la vérité ; il prouve l'existence de ces
institutions, il établit que le mot bourgeois du roi s'appliquait à ceux qui avaient obtenu soit gratuitement,
soit au moyen d'une redevance annuelle, le droit de
plaider devant les officiers royaux en première instance
ou en appel, et que ce droit avait été souvent accordé,
non seulement à des hommes libres, mais même à des
serfs. Il précise ainsi le sens d'une expression restée
jusqu'alors obscure. Les sources où puise l'auteur sont
nombreuses, son travail est plein d'érudition et de
conscience ; il se divise en quatre parties, comprenant
autant d'époques. Dans la première, il nous montre la
bourgeoisie romaine et ses privilèges ; à cet état de
choses succèdent le système féodal et la destruction
presque générale des franchises municipales, supprimées par les empereurs ou les conquérants bourguignons, dont les invasions successives inondent la
province. Sous Charlemagne commence la troisième
époque. La bourgeoisie reparaît dans certains bourgs,
dans quelques villes que l'on essaie de fortifier et où
des franchises sont accordées aux habitants pour y
attirer la population. La quatrième époque, qui se place
au xıe siècle, voit renaître les justices royales ; les bailliages s'établissent, les cas royaux augmentent et s'étendent ; le droit romain retrouvé est la source où l'on
puise la règle du gouvernement municipal.

Les éloges que nous donnons à ce livre s'appliquent aux *Mémoires pour servir à l'histoire de Pontarlier*, dissertation curieuse qui se termine par une histoire naturelle du pays, et qui est suivie de nombreux documents [1]. Le style de ces deux ouvrages est facile et simple, comme il convient à une œuvre de recherches, dont le mérite consiste dans le choix, l'exactitude des citations et la sûreté des déductions.

Ces travaux ouvrirent à Droz les portes de l'Académie de Besançon. Il n'avait que vingt-cinq ans lorsqu'il y fut admis et il méritait cet éloge du président Chiflet :

« Applaudissons-nous de trouver dans cette province
» et de voir parmi nous un auteur déjà connu, avant
» d'avoir atteint l'âge de vingt-cinq ans, non point par
» ces produits frivoles qui fatiguent ou déshonorent
» notre siècle, mais par un ouvrage utile qui réunit à
» des recherches savantes et à des idées neuves tout ce
» qu'on peut dire sur l'une de nos principales villes, et
» qui nous prépare les plus grands secours pour l'his-
» toire générale de cette province. L'Académie, en se
» hâtant de l'adopter, s'assure une plus longue jouis-
» sance de ses talents, et elle donne à la jeunesse un
» exemple bien digne de son émulation. »

Bien que l'histoire eût pour le jeune écrivain un attrait particulier, elle ne l'empêchait pas d'étudier la science du droit, de se créer au barreau une situation. Lorsqu'il vint, le 5 décembre 1765, prendre place au

---

(1) Droz tirait naïvement vanité de son *Histoire de Pontarlier*. Il avait fait composer un *ex-libris* représentant la Muse de l'histoire appuyant la main gauche sur son livre.

Parlement, il y était devancé par une réputation déjà brillante et comme littérateur et comme juriste. Les loisirs que lui laissaient ses fonctions de magistrat devaient être consacrés à ses travaux favoris. C'est alors qu'il soumet à l'Académie de nombreux mémoires, des dissertations curieuses sur les institutions des femmes nobles, sur les croisades, les lois de Gondebaud, le sire de Joinville, les grandes maisons du comté de Bourgogne ; il entretient une correspondance suivie avec les savants français et étrangers dont les études se rapprochent des siennes, avec Moreau, historiographe de France [1] ; il coopère, sur la demande du ministre Bertin, à la formation du dépôt des chartes établi à Paris [2] ; il recueille les matériaux qui composent le premier volume des actes importants du Parlement, il réunit dans un ordre chronologique les ordonnances des rois, les dispositions des Parlements qui régissent la Franche-Comté. Il se propose même de donner en entier et par siècle les lois antiques de cette province dont Pétrement n'avait rapproché que des lambeaux. La Révolution l'empêche de réaliser ce projet. Les Parlements se trouvèrent menacés. La cour leur reprochait d'avoir empiété sur l'autorité royale, le peuple, d'avoir trop concédé, de n'avoir pas suffisamment défendu ses intérêts. Droz veut écarter, détruire les préventions, ramener à la magistrature l'opinion et fait paraître un livre sous ce titre : *Mémoires pour servir*

(1) Biblioth. Richelieu. Collection Moreau, 328, 330, fol. 2.
(2) Idem, 328, fol. 157.

à l'histoire du droit public de la Franche-Comté.

Blessé des attaques dirigées contre le Parlement, l'auteur ne se contente pas de le défendre avec l'impartialité de l'historien, il écrit un chaleureux plaidoyer en faveur de la magistrature, il interpelle les calomniateurs, il les dénonce comme des ambitieux ignorants, injustes, trompeurs ou trompés. Il demande au pays de passer en revue les travaux du Parlement ; ces travaux, il les énumère, il montre la magistrature tutrice de la province, protectrice naturelle de ses habitants, multipliant ses tentatives pour obtenir l'exemption de taxes que la Franche-Comté n'avait jamais connues, et dont les capitulations l'exemptaient. Il rend un hommage mérité au désintéressement que cette magistrature avait montré en toute circonstance et qui n'était pas un de ses moindres titres à l'estime et aux sympathies publiques. Tous les efforts de Droz devaient échouer. Le Parlement avait contre lui deux ennemis redoutables à divers titres : le pouvoir souverain qu'il gênait, le sentiment populaire qu'il blessait. L'institution des Parlements était sur son déclin, à la veille de disparaître ; elle ne répondait plus aux nécessités d'une époque qui visait à la centralisation et à la destruction de tous les privilèges.

Lors de la Révolution, Droz, malgré son dévouement à son pays, n'en fut pas moins compris parmi les suspects ; arrêté, détenu tout d'abord à Besançon, puis à Dijon, il supporta sans se plaindre une captivité que rien pourtant ne motivait, et lorsqu'on lui représentait que l'émigration l'eût soustrait à la persécution, il se contentait de répéter : « Comment peut-on abandonner la patrie ? » parole qui suffit à elle seule pour peindre son patriotisme.

Rendu à la liberté, il reprit ses travaux historiques ; il lutta pour conserver à Besançon son école de droit et son école de médecine, gravement menacées. Ses dernières années furent employées à encourager une société formée à Besançon, ayant pour objet unique les progrès de l'agriculture, du commerce et des arts. Enfin il essayait de reconstituer l'ancienne Académie, et venait de publier un mémoire sur l'avantage du rétablissement de cette compagnie, lorsqu'il mourut, le 13 octobre 1805, dans sa terre de Saint-Claude, laissant des regrets unanimes et justifiés. Droz était un bel esprit, sachant intéresser et plaire, dessiner fidèlement les grands objets et embellir les détails. C'était non seulement un jurisconsulte, mais un écrivain ; ses livres, ses discours à l'Académie, ses éloges des académiciens, sont écrits avec talent. L'abbé Talbert disait de lui : « En l'entendant déplorer avec tant d'art les pertes de l'Académie, on comprend que sa perte serait irréparable. » C'était de plus un patriote profondément attaché à sa patrie. Il nous a semblé qu'une vie aussi remplie et tout entière consacrée au service de la province méritait d'être donnée en exemple et que l'on pouvait avec justice le mettre au rang des hommes érudits, comme dom Grappin, dom Berthod et Perreciot, qui ont honoré notre pays [1].

(1) M. Gauthier, archiviste du Doubs, a publié une savante et très complète biographie sur le magistrat historien.

Enfin à cette liste déjà longue nous devons ajouter les noms de plusieurs contemporains de Droz, de Guillemin de Vaivre et du conseiller Renard, qui eut dans la compagnie une haute influence. Membre du Parlement de 1746 à 1769, habile à se rendre maître des faits les plus compliqués, des arguments les plus variés, des autorités les plus multipliées, capable de dépouiller les matières les plus sèches de leur aridité, Renard fut rapporteur dans l'affaire des jésuites en 1762, et conclut à la déchéance de l'ordre. C'est à son initiative que nous devons la collection en deux volumes des remontrances, procès-verbaux et délibérations prises par le Parlement de 1758 à 1761, à l'occasion de la lutte établie entre les parlementaires et le premier président de Boynes, ainsi que les arrêts et remontrances des divers Parlements du royaume en faveur des magistrats de Franche-Comté.

Guillemin, Jean-Baptiste, s'était acquis une réputation comme jurisconsulte, lorsqu'il fut nommé conseiller au Parlement en 1764. Il se distinguait par un véritable talent oratoire, autant que par son érudition et sa science juridique. Admis à l'Académie en 1765, il s'entendait complimenter par le président de cette compagnie dans les termes suivants : « Pour vous, vous ne pouvez méconnaître votre heureuse destinée. La nature, qui vous avait formé pour ainsi dire dans le sein de l'éloquence, vous avait disposé à soutenir au barreau la réputation qui vous avait été transmise, et vous aviez rempli son vœu en ajoutant à des droits héréditaires tout l'éclat de vos droits personnels. Il est vrai que dès lors vous avez pris une autre route pour marcher à la gloire ; mais le sanctuaire de la justice vous dérobe au public empressé de vous entendre, et votre dignité est pour lui une privation. Vous voyez que l'Académie a soin de vous rappeler sur la voie que la nature avait semée de fleurs pour vous ; elle répare ses pertes en s'enrichissant des pertes du barreau, elle adoucit les regrets du public, elle fait succéder un éloquent magistrat à un militaire éloquent [1]. »

Il quitta la magistrature en 1773 pour les hautes fonctions d'intendant général des colonies françaises en Amérique. Le gouvernement cherchait à assurer la liberté et la sécurité dans nos possessions américaines, notamment à Saint-Domingue, et à y faire aimer la France ; il consulta le président Terrier, qui était alors à Paris : « Je m'empressai de répondre, dit M. Terrier, que personne ne conviendrait mieux que M. Guillemin de Vaivre, à tous égards, et je finis par déclarer que j'étais obligé de parler en honneur et en conscience, mais que ce serait nous enlever le meilleur sujet du Parlement [2]. » Attaché par la reconnaissance à la famille des Bourbons, il les suivit dans leur exil, devint un des membres du conseil privé de Louis XVIII. Il était le frère du professeur de droit Guillemin, Claude-Odo ; à son retour en France, il se fixa à Paris, où il mourut en 1817, sans avoir revu sa ville natale.

Certains magistrats se faisaient remarquer par leur

(1) *Recueil de l'Académie*, vol. 3.

(2) Correspondance du président Terrier, appartenant au marquis de Terrier de Loray et au marquis de Terrier de Santans.

indépendance vis-à-vis du pouvoir, leur ténacité, leur
énergique résistance contre les abus, actes arbitraires
et aggravations d'impôts : de ce nombre étaient l'abbé
d'Olivet de Chamolle, conseiller clerc, Petitcuenot et
Bourgon. Malgré ses aptitudes, M. de Chamolle attendit longtemps sa nomination; il avait traité en 1762
et il ne put obtenir des provisions qu'à la fin de l'année 1763. Il fallut que le Parlement s'adressât au roi
lui-même, rappelât que le père et les aïeux de l'abbé
d'Olivet avaient fait partie du Parlement, que son frère
aîné avait consacré ses jours au service de Sa Majesté
dans la même carrière, que deux autres de ses frères
servaient dans les armées avec la plus haute distinction, que le candidat avait paru avec un éclat peu
commun dans des actes publics qui demandaient les
connaissances les plus étendues [1].

Petitcuenot était aussi remarquable par son mérite,
sa science, son talent d'écrivain, que par sa facilité de
parole et son inébranlable fermeté : il avait dans la
compagnie une haute influence, et le Parlement lui
confiait souvent la rédaction de ses remontrances;
d'Aguesseau appréciait sa haute intelligence, et dans sa
correspondance avec Chiflet, vantant ses rares aptitudes, il le qualifiait ainsi : « C'est un digne magistrat
et un aimable homme qui mérite d'être heureux [2]. »
Lorsqu'en 1765 Besançon procéda à l'élection de ses
conseillers municipaux, il le choisit pour maire,
mais cette élection déplut aux anciens partisans de

<hr>

[1] Archives départ. Minutes des délibérations, B. 3768.
[2] Recueil de lettres à Chiflet. Manuscrits de la biblioth. de Besançon.

M. de Boynes, qui prétendirent que les fonctions de maire étaient incompatibles avec celles de conseiller. Le Parlement n'admit point l'incompatibilité; on intrigua auprès du ministre, qui annula l'élection. Rebuté par les injustices qu'il éprouvait, l'intègre magistrat résolut de quitter le Parlement et demanda des lettres de vétérance; sa compagnie les sollicitait pour lui, mais la cour, prévenue contre un honnête homme qu'elle n'avait pu gagner, les refusa contre l'usage et l'équité. C'est alors que Petitcuenot se fit inscrire sur le tableau des avocats et qu'il exerça sa profession avec autant d'indépendance que de désintéressement.

Bourgon était un magistrat d'une certaine âpreté d'opposition, d'une fermeté inébranlable, d'une capacité incontestée, toujours prêt à prendre en main les intérêts de sa compagnie; il imposait non seulement par sa causticité d'esprit, mais par la rectitude de son jugement; né avec le goût et le talent des affaires, il avait, selon une expression de Coquille appréciant un avocat de son temps, « la lumière d'entendement bien nette et le cœur bien droit: *Antiqua homo virtute et fide.* » Il ne montra pas moins de courage à lutter contre les comités révolutionnaires qu'il n'en avait montré à résister aux ordres ministériels qui lui paraissaient injustes.

Le président de Vezet mériterait une étude spéciale, une biographie longue et détaillée: c'est un caractère, un modèle de fermeté politique, de dévouement absolu à la monarchie, inébranlable dans ses convictions et ne recueillant, en récompense de son zèle et de sa fidélité, que déceptions et ingratitude.

Son existence est tout d'abord des plus brillantes, des plus heureuses ; fils d'un conseiller au Parlement, il vient lui-même, à vingt et un ans, prendre place parmi les parlementaires, et achète en 1771 une charge de président à mortier. D'un esprit orné, d'un goût délicat, amateur des beaux-arts, les jugeant avec autant d'intelligence qu'il a de zèle pour leurs progrès, doué d'une pureté d'élocution remarquable, d'une facilité de style non moins exceptionnelle, il est entouré de l'estime publique, de la faveur populaire ; il est dans sa compagnie l'un de ceux qui savent le mieux défendre les intérêts du pays : c'est à lui que le Parlement confie le soin de rédiger les remontrances énergiques ; nul ne discute mieux la légitimité des taxes, les droits de la couronne, les prérogatives de la province, nul ne rédige contre l'ancien régime un acte d'accusation plus redoutable ; c'est un libéral ; il est le premier à demander la convocation des Etats généraux, il vote la suppression de la mainmorte ; à l'Académie il a la même influence, il y est entouré des mêmes sympathies qu'au Parlement, ses discours attestent non seulement une vaste érudition, mais son dévouement au sol natal ; c'est ainsi qu'en 1782, à la séance de décembre, se plaçant à un point de vue pratique, il se demande s'il n'y aurait pas des progrès à réaliser dans la fabrication du fer et de l'acier, du sel et du salpêtre, dans la culture du blé, du chanvre et du lin, s'il n'y aurait pas pour l'industrie des ressources inconnues ou trop négligées : « La terre, dit-il, renferme des trésors enfouis, des mines de houille et de charbon, des carrières de marbre. J'ai traversé avec étonnement, en Franche-Comté, des montagnes de porphyre et de pierres précieuses; j'ai marché à Saint-Bresson sur le granit : j'ai gémi de n'y trouver qu'une faible entreprise languissante, sans moyens, sans ouvriers, bientôt abandonnée. » Puis il fait remarquer que le défaut de secours arrête seul dans la province l'essor du génie national : « Redoublons, dit-il, de zèle et de soins; dans des temps plus favorables, la main protectrice du gouvernement secondera nos vues, rendra la vie aux talents. » On le voit, c'est l'amour du bien public qui inspire l'écrivain.

Le président de Vezet est non seulement un magistrat éminent; il porte un nom respecté, sa demeure est celle du savant, du collectionneur habile, il aime tout ce qui est beau : marbres, tableaux, livres rares, aussi bien que les plaisirs du monde, les sociétés élégantes et choisies, où il est choyé, adulé pour son esprit, son éducation, sa distinction native, son érudition et son intelligence exceptionnelle.

La révolution survient et tout s'effondre. Le président de Vezet entend rester fidèle à ses serments, à ses traditions de famille, à ses convictions, et tout dévoué à son roi. Le 2 septembre 1791, il quitte Besançon et se rend à Coblentz, où il rencontre Courvoisier, son compatriote, et de nombreux magistrats, puis à Manheim, à Luxembourg, et enfin en Suisse, à Frauenfeld, dans le canton de Thurgovie. Il y habite quatre années, dans une situation pécuniaire parfois difficile, réduisant peu à peu sa maison, vendant ses chevaux, perdant chaque jour l'espérance du retour, concentrant

son attention sur un seul point, sa province, et essayant
d'y préparer une réaction en faveur de la monarchie ; ses
adversaires politiques le signalent en France comme
dangereux. Un manuscrit de l'an v déposé aux archives
du Doubs [1] porte ces mots : « de Vezet : tout spécialement chargé de travailler la Franche-Comté. » On s'empare de ses terres, de son château, on brûle ses
précieuses collections ; on jette au vent les os de son
père et de sa mère ; rien n'égale la rage des révolutionnaires. La chute de Robespierre ne ravive que pour un
instant ses espérances ; il croit à la restauration de la
royauté, à une invasion de la Franche-Comté par l'armée de Condé, au succès de Pichegru, à la reconstitu-
tion de la vieille magistrature ; il estime que la nécessité ramènera les Français à leur roi légitime, que le
roi rentrera en France, revêtu de la plénitude de son
autorité, de sa toute-puissance d'autrefois. Il n'admet
pas les transactions entre le souverain et la nation. Il
a vécu loin de son pays, et ne se rend pas compte de
l'impossibilité de revenir à la monarchie absolue. Les
victoires des armées françaises sous le consulat et l'empire ne lui laissent plus d'illusions ; ses amis politiques
se rallient au régime impérial ; ils rentrent sur le sol
français ; ils sollicitent, ils obtiennent des fonctions publiques. Le président de Vezet ne songe point à abandonner ses principes ; il se résigne à l'exil, dût cet exil
se perpétuer ; il se résigne à la gêne, à la misère. La
France est à ses yeux « une terre immorale, parricide,

____

[1] Manuscrit n° 33. Archives du Doubs.

rebelle et impie; » il n'y revient que sous la Restauration; mais il a perdu sa fortune; la plupart des membres de sa famille lui ont été enlevés par la mort, il ne veut même pas revoir cette terre de Franche-Comté sur laquelle il a marqué ses premiers pas. La monarchie rétablie semble du moins devoir récompenser le dévouement, le zèle, les souffrances de ce magistrat fidèle; mais la fatalité le poursuit; il a trop de dignité pour faire valoir ses services. Louis XVIII lui accorde une audience, et se borne à le remercier en lui donnant la décoration du Lis, c'est peu, et une pension de 3,000 livres qui ne sera pas longtemps payée, car le président meurt à Paris en 1816, dans le silence de l'isolement, triste, découragé, ne trouvant de bonheur que dans l'éducation de son fils. Toute sa correspondance est à lire : elle montre ce que fut cet homme de bien. M. Pingaud a su en profiter pour publier en 1882 sur ce magistrat une intéressante étude; nous devions à notre tour lui rendre un hommage mérité et dépeindre cette figure d'autrefois. La fidélité au malheur est trop rare pour qu'on ne la salue pas avec respect toutes les fois qu'il en brille un noble exemple.

Moins solide dans ses convictions, mais plus heureux, le fils du président Chiflet se recommande aussi par son talent; admis au Parlement comme conseiller en 1786, quelques années après la mort de son père, il s'y distinguait par son érudition autant que par la maturité de son esprit. Contraint de s'exiler en 1791, il continuait dans les Pays-Bas et dans les principales universités d'Allemagne ses études juridiques, puis revenait en 1811 reprendre ses mêmes fonctions de magistrat. Le département l'ayant choisi pour son représentant en 1815, il prenait place à l'extrême droite, et, tout en reconnaissant la nécessité de certaines réformes, faisait preuve trop souvent d'intolérance excessive en provoquant les mesures les plus rigoureuses pour garantir la monarchie de nouveaux périls. Ecouté et apprécié par ses collègues, il devint vice-président de la Chambre en 1820 et eut une haute influence dans la discussion des lois sur la répression des délits de presse, sur le code forestier. Le roi lui avait confié en 1821 la première présidence de la cour de Besançon en remplacement de M. Dumontet de la Terrade; il le nomma en 1828 pair de France. Privé de cette haute dignité en 1830, s'étant démis de ses fonctions de magistrat, il se retira à Montmirey près de Dole, regrettant souvent d'avoir renoncé pour les luttes et les débats politiques à la science du droit, aux calmes et douces satisfactions du collectionneur et de l'érudit [1].

Aux noms que nous venons de citer nous devrions ajouter ceux du président Terrier, de MM. Matherot de Desnes, du Bouvot, Morel de Thurey.

Le président Terrier, esprit toujours juste et modéré, était un lettré autant qu'un jurisconsulte, dont le mérite

[1] Le nom de Chiflet s'est éteint avec le fils du premier président; la famille est représentée en Franche-Comté par le petit-fils de ce magistrat, le baron Picot d'Aligny, qui a fait construire, au château de Montmirey-la-Ville, une vaste salle consacrée à la mémoire des Chiflet.

Seize portraits des Chiflet en décorent les murs. L'un d'eux, qui est une merveilleuse peinture, est l'œuvre de Velasquez. Un autre, qui représente le président du parlement Maupeou, est dû au pinceau de Wirch.

prématuré avait signalé les premiers pas, qui, d'après le témoignage du docteur Rougnon, « avait su profiter dès sa jeunesse du dépôt de lumières et de gloire à lui confié par ses aïeux [1]. » Chargé en 1773 de défendre à Paris les intérêts de la province, il a laissé une correspondance instructive qui donne bien l'idée des mœurs, des habitudes de cette époque [2]. Matherot de Desnes était un jurisconsulte en renom et avait exercé pendant trente années les fonctions de professeur de droit à l'université, lorsqu'il devint conseiller en 1718. Il s'était acquis une grande réputation [3]. Du Bouvot était un littérateur plein de goût, qui fut président de l'Académie en 1786. Morel de Thurey, l'un des rares partisans du ministre Turgot, comprenait la nécessité des réformes et se séparait en cela de ses collègues ; c'était un érudit, il a laissé une grammaire française estimée ; c'était de plus un esprit solide et pratique.

Nous sommes loin d'avoir rappelé le souvenir de tous les magistrats qui se distinguèrent dans le Parlement, d'avoir donné sur leurs œuvres et sur leur vie des détails complets. Peut-être nous trouvera-t-on trop prolixe. Notre excuse est dans le désir de consigner des choses et des faits que le temps estompera de plus en plus, en faisant disparaître les documents originaux déjà si rares. Cette étude suffit pour montrer que la magistrature se composait d'hommes qui se recommandaient par leur science, leur esprit, leur probité, leur vertu. Il faut

(1) Ouvrages des académiciens, vol. 3, p. 178.
(2) Correspondance appartenant à M. le marquis de Loray.
(3) Manuscrits Chiflet, vol. 3, p. 253.

en convenir, quand on voit notre Parlement compter
dans son sein de pareils magistrats, il est difficile de ne
pas regretter certains avantages de cette institution, en la
comparant à ce qu'est devenue aujourd'hui la magistrature instable dans son personnel, trop souvent soumise
aux volontés du pouvoir, parquée dans la seule inter-
prétation de la loi et l'administration de la justice,
dépourvue en conséquence de cette haute dignité qui
s'attachait à un corps longtemps omnipotent et ayant
conservé jusqu'à la Révolution un droit de protection
sur les peuples.

La centralisation a détruit tout cela ; qui peut affirmer que nous n'ayons pas à regretter une partie au
moins des ruines qu'elle a faites?

CHAPITRE IX

PLAIDEURS ET ACCUSÉS AU XVIIIe SIÈCLE

Accusations de complots. — Sévérité excessive du gouvernement. — Surveillance exercée sur les protestants. — Peine du bannissement prononcée contre des soldats. — Arrêts réglementant les plantations de vignes. — Titres de noblesse, compétence du Parlement. — Interdiction par le Parlement de tous jeux de hasard, du droit de poule. — Arrêts contre les juifs. — Entraves à la liberté de la presse. — Information judiciaire contre le libraire Fantet. — Contrebande littéraire. — Procès contre les jésuites. — Le Parlement divisé en deux camps. — Expulsion de la société de Jésus. — Impression produite sur l'opinion. — Arrêt confirmant la noblesse attachée au grade de substitut. — Procès entre la famille de Mérode et les princes d'Orange, entre le comte de la Blache et le marquis de Choiseul, entre la marquise de Staal Cairo et l'abbé de la Rue. — Procès de Monnier contre de Valdahon et contre Mirabeau. — Les mainmortables du Jura. — Condamnation de Thomas Maigret, seigneur de Desnes. — Le maréchal de Lorges en procès avec la duchesse de Ligniville. — Poursuites contre le conseiller Quirot. — Arrêts de bannissement. — Mœurs judiciaires.

La biographie détaillée des magistrats, le récit des luttes de la magistrature contre le pouvoir royal, ne suffisent pas pour constituer l'histoire du Parlement. Indépendamment de leurs fonctions politiques, législatives et administratives, les parlementaires étaient surtout des juges; c'est au palais qu'ils passaient une partie de leur vie, occupés à rendre la justice. Aux

portraits des magistrats doit s'ajouter une analyse rapide des procès les plus curieux qui furent plaidés
devant le Parlement, et des poursuites criminelles soumises dans le cours du xviiie siècle à son appréciation
souveraine. C'est là une étude instructive qui fait
connaître une province mieux que les commentaires
des historiens. La plupart des affaires litigieuses sont,
à la vérité, relatives à des questions purement privées et n'ont de gravité, ne présentent d'intérêt, que
pour les parties en cause. Il en est cependant quelques-unes, comme le procès qu'eut à soutenir la corporation des jésuites, qui ont une haute importance
historique; il en est d'autres qui, à première vue, semblent sans portée, mais qui éclairent le passé et apparaissent çà et là comme de précieuses révélations sur
notre histoire. Que de traits de mœurs dans ces volumineuses procédures, dans ces factums ou mémoires imprimés du dernier siècle!

Dès les premières années de la conquête nous rencontrons dans les archives parlementaires des documents
qui nous montrent les procédés de la domination française.

Les habitants de Franche-Comté avaient été tout
d'abord traités avec bienveillance. L'autorité royale
voulait se les attacher par de bons procédés plutôt que
par des mesures de violence; elle agissait cependant,
dans certaines circonstances, avec une cruauté inexplicable et que l'on serait tenté de nier, si des preuves
authentiques n'existaient pas. Une parole imprudente
était parfois punie de mort. Nous trouvons dans une

chronique du temps le récit suivant [1] : « En l'an
1706, Louis XIV ordonna que le glorieux saint suaire
qui repose en l'église cathédrale de Besançon ne serait
point monstré au public jusqu'à la fin de la guerre. La
raison qui fut la cause de cet accident est qu'un certain
meunier qui demeurait au moulin de Gouille, proche
de Beure, à une heure de la ville de Besançon, lequel
fesait raccommoder les escluses dudit moulin, avait
pris pour y travailler des soldats de la garnison de la
citadelle dudit Besançon ; en parlant ou devisant avec
eux, il dit qu'il fesait raccommoder ses escluses pour
passer les Allemands (disant cela en riant). Lesdits
soldats s'en allèrent le déclarer à Monsieur le lieutenant
du roy de Besançon. Ledit meunier fut pris et conduit
à la citadelle dudit Besançon, où il fut interrogé de
son fait; il répondit qu'il disait cela en riant; on lui
répondit qu'il serait pendu en riant; il fut condamné à
estre pendu jusqu'à ce que mort s'ensuive, sur la place
dite *Labourey*. »

Ce n'était pas là un fait isolé. Quelque temps après,
un abbé, nommé Prudhon, soupçonné d'avoir conspiré
avec l'ambassadeur d'Allemagne en Suisse, et d'avoir
voulu faire entrer des gens de guerre le jour de l'Ascension, pour surprendre Besançon, fut arrêté, conduit
à la citadelle et condamné par arrêt du bailliage à être
pendu et étranglé sur la place Neuve de cette ville.
« Cet abbé Prudhon, dit Claude-Louis Quirot, essayant

---

(1) M. Jules Gauthier a imprimé dans les documents inédits publiés par
l'Académie de Besançon des extraits de plusieurs chroniques de cette ville,
des XVIe, XVIIe et XVIIIe siècles, extraits fort curieux.

de passer en Suisse, fut arrêté en route par les soins de l'intendant de Bernage. La procédure instruite contre lui donna des preuves suffisantes de la réalité du complot, et une sentence du bailliage le condamna à la potence, et Claude Michel, son complice, mais contumax, à être rompu en effigie. »

Les mêmes faits se renouvelaient en 1707. La *Chronique* inédite de Bourgogne contient les lignes suivantes : « L'an 1709, à Besançon, furent pendus les nommés Dezetan, habitant proche Belvoir, le nommé Maldiné, son gendre, et le fils d'un nommé Navette, Lorrain de nation, ainsi qu'un menuisier, Lainant, pour avoir conspiré avec les Allemands. Ils furent exécutés sur la place Labourey comme coupables d'avoir voulu faire entrer les Allemands dans la ville de Besançon en faisant sauter les magasins à poudre et en empoisonnant les puits et les citernes. » Quirot, qui prétend que Dezetan était de Vuillafans, ajoute que l'on exposa le corps de Dezetan sur le chemin de Baume, celui de Maldiné sur le chemin de Pontarlier, celui d'Antoine Navette sur la route de Dole.

La sévérité excessive de pareilles condamnations aujourd'hui peu connues, infligées à des malheureux qui ne pouvaient songer à conspirer contre la France, étonne tout d'abord ; on comprend que le pouvoir royal ait surveillé les sentiments de la population encore imbue de son ancien attachement à l'Empire ; on ne s'explique pas qu'il ait eu recours à une répression qui rappelle une époque de barbarie ; mais il ne faut pas oublier qu'en 1707 Frédéric Ier, roi de Prusse, ayant réclamé et obtenu comme un héritage de Guillaume d'Orange, son oncle, la souveraineté de Neuchâtel, songeait à conquérir la Franche-Comté, et pressait les Suisses de rompre la neutralité et d'envahir avec lui la Bourgogne. Dès 1705 le ministre de Frédéric, Metternick, entretenait le mécontentement des Comtois, venait à Berne et à Neuchâtel, et s'efforçait d'entraîner les cantons réformés et les Hautes Puissances Alliées dans une guerre contre la France. Les années suivantes, la diplomatie prussienne renouvelait ses tentatives. En 1708 elle accumulait des troupes à Neuchâtel, proposant aux Alliés de prendre à sa solde les régiments bernois, de rappeler les 8,000 Prussiens qui servaient en Italie [1]. Enfin aux conférences de Gertruydenberg en 1709, alors que la France était épuisée par la guerre, par la famine et par les souffrances du grand hiver, la diète de Ratisbonne avait résolu de réclamer le démembrement de nos frontières de l'Est, la restitution à l'Empire de la Lorraine, de l'Alsace et de la Franche-Comté. Et si l'on en croit Saint-Simon [2], c'était le duc de Hanovre qui devait envahir la Franche-Comté. Les armées alliées de Prusse et d'Autriche devaient, après avoir traversé le Rhin, se réunir près de Mulhouse et de là se porter sur le Doubs.

Toutes ces intrigues étaient connues de la cour de France. En juillet 1706, l'intendant de Franche-Comté, de Bernage, avertissait l'ambassadeur de France, Puy-

---

(1) Lamberty, *Mémoires*, vol. 5, p. 58.
(2) Saint-Simon, *Mémoires*, édit. Cheruel, vol. VII, ch. xxi, p. 365, 372.

sieux, que les réfugiés français du canton de Vaud préparaient de nombreux projets sur la Bourgogne. En septembre, le chargé d'affaires à Soleure, la Chapelle, prévenait le ministre des affaires étrangères, Torcy, des desseins ambitieux de Frédéric Ier.

L'intendant le Guerchois, qui en 1708 avait remplacé de Bernage, donnait de son côté à la cour tous les renseignements nécessaires. La diplomatie active, vigilante, de Louis XIV put déjouer les espérances de Frédéric.

Le roi prit des mesures habiles, garnit de troupes la frontière du Jura. Les Suisses se rendirent compte de la nécessité de séparer leurs intérêts de ceux de la Prusse, et Frédéric Ier se vit forcé de renoncer à un établissement en Bourgogne; mais en présence de ces tentatives, on comprend les mesures exceptionnelles de rigueur, les poursuites et les condamnations capitales que nous venons de rappeler.

Lorsqu'on ne pendait pas l'habitant de la Comté, on le traitait fort mal; nous ne citerons qu'un fait qui prouve que le Français vivait comme en pays ennemi, sans pitié pour les populations et à leurs dépens. En décembre 1676 arrive à Vuillafans le marquis d'Etampes, commandant une troupe de cavaliers en quartier d'hiver dans cette localité. Il y installe ses hommes, se loge de force dans la maison du sieur Gigouley, prétendant faire fournir ses soldats de chapeaux, de souliers, de divers vêtements, par leurs hôtes. Partout était affiché l'ordre de ménager le bourgeois, de le rembourser de ses dépenses, mais en réalité on ne se souciait guère de ces prescriptions. Les habitants réclament, des députés se rendent à Besançon ; ils vont trouver l'intendant, qui les renvoie chez le duc de Duras ; ils y rencontrent le marquis de Montauban se promenant avec le commissaire et le marquis d'Etampes. Ils content leur mésaventure. Loin de compatir à leurs tribulations, M. de Montauban leur déclare que l'intention du maréchal de Duras, la sienne et celle de l'intendant, est « que les habitants de Vuillafans fournissent l'en-» tretien de l'équipage du marquis d'Etampes, mais » qu'ils pourraient se racheter de cette obligation ; faute » de quoi on enverrait incontinent quatre compagnies » de cavalerie pour y vivre à discrétion [1]. » Ce qui se passait à Vuillafans se produisait partout.

Toutefois la justice du roi ne se montrait pas toujours aussi implacable. Dans certaines régions de la Comté, les habitants manifestaient hautement leurs sympathies pour l'Empire. A Vercel, la population s'était divisée en deux camps à l'occasion de la nomination d'un curé. Le camp des Français tirait des coups de feu sur le camp des Allemands. L'un des chefs du camp allemand, l'abbé Petitcuenot, qui voulait obtenir la cure, portait dans des assemblées publiques des toasts à la santé de l'Empereur, au succès de ses armes [2].

L'impunité lui était acquise ainsi qu'à ses partisans. Il en était de même pour les colporteurs de libelles cou-

---

(1) Archives municip. de Vuillafans. Délibérat., col. BB⁴, déposée aux archives du Doubs.

(2) Mémoire inédit concernant le patronage de la cure de Vercel. Archives du Doubs.

rant le pays pour réchauffer le zèle de la population en
faveur de l'Empire, et pour une foule de gens pauvres,
irrités contre le nouvel état de choses, contre l'aggravation de lourds impôts et qui manifestaient leur disposition à la révolte.

Les protestants étaient surveillés de près et poursuivis avec rigueur. En 1707, deux vignerons furent
arrêtés et comparurent devant le Parlement comme
accusés d'être de la R. P. R. et d'avoir voulu passer en
Suisse. Le grief n'était nullement fondé, et ils furent
acquittés, mais cet arrêt mécontentait vivement le procureur général Doroz, qui, le 2 mars 1707, transmettait
le dossier au contrôleur général avec de nombreux
détails. Le contrôleur s'inclinait devant la décision de
justice, mais s'en prenait au curé. En marge de la
lettre de M. Doroz se lisent ces lignes : « Rien à faire;
laisser subsister le jugement; mander à l'intendant
et au procureur général de faire une forte réprimande
au curé de les avoir soufferts aussi longtemps dans sa
paroisse sans avoir su de quelle religion ils étaient [1]. »

En 1705 s'éleva une question de compétence à l'occasion d'une étrange décision rendue par le Parlement,

Quatre soldats du régiment de Lassay, en garnison à
Besançon, volent une pièce de toile. Il semble qu'ils
auraient dû être jugés par l'autorité militaire, mais le
Parlement veut faire acte d'omnipotence; il s'empare
de l'affaire, fait comparaître devant lui les coupables et
les condamne au bannissement. Louis XIV n'avait jamais

____

[1] Archives nationales. Correspond. des contrôl., vol. 2, n° 1199.

trop de soldats; Chamillard, indigné, n'admit avec raison ni la compétence ni la peine du bannissement. Il écrit le 27 octobre : « Sa Majesté m'ordonne de vous dire qu'elle désapprouve également le fond de ce jugement et la manière précipitée dont vous l'avez fait exécuter : le vrai moyen de donner des soldats aux ennemis est d'envoyer hors du royaume ceux des troupes de Sa Majesté, et il paraît en cela d'autant plus d'affectation de vostre part que vous avez sur-le-champ fait conduire les quatre soldats condamnés hors de la ville, quoique vous eussiez deub en avertir auparavant M. le comte de Gramont ou les officiers dudit régiment, qui devaient même estre appelés à l'instruction du procès, suivant les ordonnances de Sa Majesté. Elle m'a ordonné d'expédier les lettres nécessaires pour changer, en faveur des soldats, la peine du bannissement en celle de continuer à servir dans le même régiment, et de vous avertir en même temps de surseoir à l'avenir l'exécution des jugements rendus contre gens de guerre jusqu'à ce que Sa Majesté, ayant esté informée, vous fasse sçavoir ses intentions [1]. »

En 1731, intervint un arrêt que l'on ne s'expliquerait guère aujourd'hui.

La production et le commerce des vins était alors fort considérable : le comté de Bourgogne vendait ses récoltes non seulement à la Lorraine, mais à la Suisse, et le profit était assez important pour déterminer les habitants à transformer en vignes la majeure partie de

____
[1] Correspondance.

leurs propriétés. La culture du blé fut abandonnée ; il en résulta une diminution sensible de prix sur le vin et une augmentation non moins grande sur le blé. Les frais de récolte de la vigne étaient à peine couverts par la vente, et l'on achetait pour un sou « une pinte de vin. »

« Il fallait, dit Pierre-François Barberot, remédier à un si grand mal et recourir aux grands remèdes. »

En 1724, la ville de Besançon sollicita un arrêt du conseil d'Etat, prescrivant d'arracher les vignes, sous prétexte que la multiplication des vignes faisait tort à la culture du blé [1]. La requéte restant sans réponse, le Parlement s'adressa au chancelier et, sur ses ordres, rendit, toutes les chambres assemblées, un arrêt en date du 3 février 1731, qui, conformément aux conclusions du procureur général, interdisait à toutes personnes de planter aucune nouvelle vigne dans la province « sous peine de confiscation du terrain et de cinquante louis d'amende. » Le même arrêt ordonnait d'arracher tous les raisins qualifiés de gamay et tous les mauvais plants qui n'étaient pas antérieurs à 1702, et cela dans trois mois du jour de la publication de l'arrêt, sous peine de confiscation du fonds.

L'arrêt fut exécuté ; les mauvais plants furent détruits sur le territoire de Besançon par les soins des officiers du bailliage, en présence des députés de la municipalité [2]. Plusieurs décisions identiques furent prononcées

---

(1) Archives municip. Reg. in-fol. BB. 137, casier 1, rayon 9.
(2) Archives municip. Reg. grand in-fol. BB. 125, casier 1, rayon 8.

à cette même date de 1710 et les années qui suivirent, notamment le 3 février 1731.

N'est-il pas curieux de voir quelle différence de doctrine séparait cette époque de nos jours. Aujourd'hui la liberté est absolue. A l'exception de certaines cultures frappées d'un monopole de l'Etat, toutes les autres sont libres, et cette liberté n'entraine aucun des inconvénients que l'on cherchait à éviter par la réglementation excessive; chose singulière, non seulement cet arrêt de 1731 défend la plantation de nouvelles vignes, il va jusqu'à ordonner l'arrachage des plants de qualité médiocre ou commune, parce qu'ils sont les plus productifs : c'est le comble de la réglementation.

Cet arrêt de 1731 motiva un autre procès : le Parlement avait ordonné la confiscation, au profit des seigneurs, des vignes dans lesquelles on n'arracherait pas les mauvais plants, gamay et melon. La municipalité réclama le bénéfice éventuel de ces confiscations; le Parlement soutint que Besançon n'avait d'autre seigneur que le roi; mais à la suite de la production d'un mémoire le droit seigneurial de la ville fut reconnu.

Ce n'était pas seulement la diminution de prix sur les vins qui motivait ces décisions de justice prescrivant l'extraction des vignes; c'était surtout la crainte de la disette. On redoutait de manquer de pain; ce sentiment domine toutes les classes, dans le cours du XVIIIe siècle. Le blé étant tenu captif et ne pouvant être transporté hors de la province où il mûrissait, il suffisait d'une gelée de printemps, d'un orage, d'une grêle, pour affamer toute une région; aussi les famines se multipliaient, redoutables et terribles ; il fallait y échapper à tout prix ; partout il fallait semer du blé. C'est ainsi qu'en 1759 la municipalité de Besançon s'opposa à ce que le chanoine Brun de Maizières fît enclore sept journaux de terrain à Saint-Ferjeux à l'effet d'y nourrir des vers à soie, la culture du blé paraissant plus utile [1].

En 1735, une longue discussion se produisit au Parlement sur une question de compétence relative aux titres de noblesse, discussion qui vint se terminer devant le conseil du roi.

Il y avait en Franche-Comté huit maisons religieuses que l'on prétendait affectées à la noblesse du pays ; c'étaient les abbayes de Saint-Claude, de Baume, le prieuré de Gigny pour les hommes, les abbayes de Château-Chalon, de Baume, de Lons-le-Saunier, de Migette et de Montigny pour les filles. Ces maisons n'avaient pas été destinées à la noblesse par les fondateurs, mais elles s'étaient remplies peu à peu de personnes de familles anciennes qui avaient refusé d'y admettre le tiers état et avaient fait des statuts imposant la nécessité d'un certain nombre de quartiers. Certaines abbayes exigeaient seize quartiers, d'autres se contentaient de huit.

Primitivement le Parlement était seul compétent pour statuer sur les preuves de noblesse. En 1667, dom Edme de Pras s'étant pourvu d'une place dans l'abbaye de Saint-Claude, les religieux de cette abbaye refusè-

____

[1] Archives municip. Reg. in-fol. BB. 172, casier 1, rayon 11.

rent de le recevoir. De Pras s'adressa au Parlement de Dole ; les religieux lui opposèrent des lettres patentes et portèrent leur réclamation devant le conseil du roi, mais ce conseil rendit un arrêt qui renvoyait de Pras au Parlement. Même décision fut prise en 1708 contre les abbesses des religieuses de Montigny, en 1715 contre le supérieur de l'abbaye de Migette, et en 1717 contre les religieux de l'abbaye de Saint-Claude. Claude de Franchet s'étant vu, lui aussi, refuser l'entrée de cette abbaye, obtint gain de cause devant le Parlement ; mais en 1735, l'abbesse et les religieuses de Lons-le-Saunier refusèrent à une demoiselle de Jousseau l'entrée de leur abbaye, sous prétexte qu'elle ne justifiait pas de ses seize quartiers de noblesse, et prétendirent que la question devait être soumise à trois chevaliers de Saint-Georges [1] : c'était en réalité la confrérie de Saint-Georges qui voulait s'ériger en juridiction, se constituer en tribunal souverain. Le Parlement intervint dans l'instance, invoqua de nombreux arrêts, les usages de Flandre conformes à ceux observés en Franche-Comté, prétendit « que la noblesse et les chapitres deviendraient la victime des caprices, des inimitiés, des préventions ou de la faveur des confrères de Saint-Georges [2], » et finit par rester seul juge de tous ces procès.

La passion du jeu avait envahi toutes les classes de la

[1] Toutes les pièces du procès sont aux archives du Doubs. Intendance, carton 125, C. 633.

[2] Mémoire au Roi et à Nosseigneurs de son conseil, 1737. Archives du Doubs.

société. Dans l'aristocratie, de grandes fortunes s'ef-
fondraient en quelques années; les spéculations à la
Bourse étant inconnues, c'est aux cartes et aux dés que
l'on risquait des sommes énormes. Le jeu était devenu
la source d'une infinité de désordres ; on s'y livrait avec
fureur. En 1724, l'état-major de la place s'était fait concéder par le maréchal de Tallard le droit d'autoriser
des établissements de jeux, un fermier de ce droit avait
été constitué, et les établissements se multipliaient au
détriment de la moralité publique. Besançon était rempli de maisons de jeu clandestines. Non seulement les
cabaretiers, limonadiers, teneurs de billard, vendeurs
de café, donnaient à jouer, mais des particuliers
ouvraient leur demeure pour favoriser la passion du
jeu. Le Parlement s'émut non sans raison, il voulut
réprimer les coupables. Le 3 mars 1732, il rendit un
arrêt dont les considérants font bien connaître la situation : « La condescendance que l'on a eue à Besançon
et dans toute la province sur le fait des jeux de hasard,
a amené les choses à un point qu'il n'est plus possible
de le dissimuler. Combien de familles dérangées par
les pertes considérables que les jeux occasionnent! De
là naissent des querelles fréquentes et une infinité de
mauvaises actions dont les gens de bien sont scandali-
sés. La jeunesse, exposée à tous ces écueils, a peine à
s'en défendre. L'usure vient au secours de la disette d'argent; une multitude de personnes favorisent la manie
du jeu en livrant leurs maisons le jour et la nuit à tous
ceux qui veulent y entrer. » Puis le Parlement fit défense à toutes personnes, de quelque qualité et condition

qu'elles fussent, de donner à jouer aux dés et aux jeux appelés le hocca, le biribi, la bassette, le pharaon, le lansquenet, la dupe, le brelan, et généralement à tous jeux de hasard. Une amende de 3,000 livres frappera les délinquants, et de cette somme un tiers sera « applicable » au Roi, un tiers à l'hôpital général des lieux, et le dernier tiers au dénonciateur [1].

Mais la sévérité de la répression n'arrêtait pas les joueurs. En 1764, dans une des délibérations de la cour, un de messieurs, prenant la parole, représentait ainsi les désordres que causait la passion pour les jeux de hasard : « Des pères de famille ne connaissent plus ni bienséance ni devoir ; des négociants, livrés à la dissipation et au délire d'une vie tumultueuse, ne conservent aucun goût pour les occupations honnêtes ; jusqu'à des artisans que la chimère d'un avenir plus heureux a rendus assez insensés pour soustraire le fruit de leur travail aux besoins indispensables de leurs familles ; des jeunes gens, entraînés par la contagion de l'exemple, ne font aucun cas de leur santé, de leur repos, de leur honneur ; des gens sans aveu partagent les avantages et les agréments de la société. » Et le Parlement, s'associant aux sentiments d'indignation de l'orateur, s'empressait de faire droit à sa demande et à l'unanimité interdisait de jouer ou donner à jouer le hocca, le biribi, la bassette, le pharaon, le lansquenet, la dupe, les trois dez, le tope et tingue, le passe-dix, le quinquenore, la roulette, le quinze, le pair ou non, les petits paquets, le trente et

_____

(1) *Recueil des Edits*, vol. 3, p. 636.

quarante, le onze et généralement tous jeux de hasard, sous quelques noms et formes qu'ils pussent être déguisés.

Il est un autre arrêt dont nous devons dire un mot. Lorsqu'un mariage se célébrait en Franche-Comté, il était d'usage dans les campagnes, et même dans certaines villes, d'exiger des époux une somme d'argent plus ou moins élevée. On leur demandait d'acquitter ce que l'on appelait le droit de poule. Le plus souvent les nouveaux mariés se soumettaient et payaient; mais en cas de refus, une partie de la population, bien résolue à user de contrainte, s'attroupait armée de bâtons, d'épées ou de pistolets, environnait la maison des époux, et ne cessait ses insultes qu'après avoir reçu la somme demandée; ces excès entraînaient souvent des blessures fort graves. On comprend que les magistrats aient cru nécessaire d'y mettre fin en les réprimant par une peine d'amende et par l'emprisonnement.

Les juifs provoquaient déjà des plaintes nombreuses, et ont pris une grande place dans les actes du Parlement. Des édits royaux leur avaient fait défense, dès 1182, de séjourner plus de trois jours dans certaines provinces. En Franche-Comté les lois des anciens souverains s'étaient montrées plus sévères et leur avaient interdit, dès 1562, de prendre asile, et à tous les habitants de leur donner retraite. Les juifs résistaient, continuaient leur commerce non pas en boutique ouverte, mais par des prête-noms et personnes interposées. Quelques-uns prenaient résidence dans plusieurs villes en les parcourant successivement. Des dénonciations se

produisirent, notamment contre un juif nommé Vidal,
qui faisait un commerce public à Dole, à Gray, à Besançon. Le Parlement se réunit, et, dans un arrêt du
21 février 1755, flétrit les juifs en ces termes : « Les
juifs, cette nation errante et si maudite, en horreur à
tous les peuples, sont bannis de tous les Etats et surtout du royaume de France. Le bien de la police l'exige,
parce que toute communication avec eux est extrême-
ment pernicieuse. » Puis, après de longs considérants,
le Parlement faisait défense « de prêter aide et concours
aux juifs pour commercer, à tous cabaretiers et autres
de les loger plus de vingt-quatre heures, sous peine de
1,000 livres d'amende. »

Le Parlement exerçait en outre sa juridiction souveraine sur la librairie, l'imprimerie ; il enregistrait les
privilèges des imprimeurs, des graveurs, des relieurs ;
il exerçait la censure avec une extrême sévérité, con-
damnant certains écrits à être proscrits, lacérés, brûlés, faisant intervenir le bourreau dans ses exécutions
pour leur donner une signification infamante et lugu-
bre. Nous avons vu avec quelle vigilance il frappait
les pamphlets contre la magistrature. Un autre épisode
judiciaire mérite de trouver place ici pour montrer ce
qu'étaient la liberté de la presse et l'ombrageuse sus-
ceptibilité du gouvernement.

Il y avait à Besançon, dans la seconde moitié du
xviii⁰ siècle, un libraire intelligent, actif et instruit,
possédant 15 ou 16,000 volumes, ayant la prétention
de former « un cabinet littéraire où, moyennant une
faible rétribution, il comptait procurer à ses abonnés

les journaux, les papiers publics, un salon décent et les agréments d'une bonne société. » En 1765, il s'adressa à la municipalité, qui s'empressa tout d'abord de refuser l'autorisation nécessaire, puis finit par la concéder, « sous la réserve de l'examen du catalogue des ouvrages qu'il entendait débiter (1). » Fantet établit alors dans la maison du conseiller Riboux, aujourd'hui Grande-Rue, 64, « une salle de littérature, où soixante personnes, moyennant vingt-quatre livres par an, pourraient causer librement et lire les ouvrages périodiques, mémoires, journaux, gazettes de France et de l'étranger, comme il se pratiquait dans les villes de Lyon, Rennes, Nantes, Rouen, etc. » Fantet espérait réunir ainsi tous ceux à qui leur position et leur goût permettaient de cultiver les lettres, magistrats, légistes, militaires et même des religieux; mais Fantet, qui avait des amis nombreux, avait aussi des envieux, des ennemis. On le dénonça comme possédant et vendant des livres pernicieux capables de souiller l'imagination de la jeunesse, de séduire le cœur, de corrompre les mœurs. Les anciennes ordonnances étaient fort sévères, elles punissaient comme blasphémateurs non seulement ceux qui prononçaient les mots mort-dieu, sang-dieu et teste-dieu, elles condamnaient des peines les plus dures différents ouvrages, mais ces ordonnances n'étaient guère appliquées. Comment poursuivre *l'Eloge de la folie, les Paraphrases sur les Evangiles, les épîtres et les colloques d'Erasme,* dont les ordonnances prohibaient la possession

----

(1) Archives municipales, BB. 175, casier 1, rayon 11, registre in-fol.

sous peine de la corde? Néanmoins le procureur général résolut d'informer contre Fantet, et sous prétexte que l'inculpé avait écrit de sa main, en présence de témoins, sur un billet, le prix du livre des *Mœurs*, de l'*Esprit des lois* et du *Dictionnaire philosophique*, il conclut « à ce qu'il fût saisi au corps et réduit dans les conciergeries du Palais. » Un arrêt conforme intervint : Fantet fut arrêté dans son domicile par les huissiers et les cavaliers de la maréchaussée; il demanda vainement la permission de mettre un habit, on le traîna en prison, où il entra malade d'épouvante et d'effroi. A toutes les questions il répondit tout d'abord par des dénégations, mais on fit chez lui une perquisition et on y trouva non seulement les livres signalés, mais le *Sopha*, les *Contes de la Fontaine*, les *Egarements de Julie*, les œuvres de Grécourt, etc. Fantet se défendit alors de son mieux. Il soutint qu'il ne voulait confier ces ouvrages qu'à des *hommes sages et mûrs*, qu'ils n'étaient point prohibés par arrêt du Parlement de Besançon, que l'*Esprit des lois* avait été analysé avec éloge dans le *Journal encyclopédique*, que l'on n'avait saisi chez lui ni critiques contre le gouvernement ni libelles contre les particuliers, que le bruit de sa triste aventure s'était propagé au loin, que les protêts s'accumulaient, que sa ruine s'avançait à grands pas. Fantet avait pris parti pour les exilés en 1759 et contre les jésuites en 1764; il avait des protecteurs dans le Parlement. L'affaire fut renvoyée devant la cour de Dijon, on la laissa sans poursuite, et Fantet finit par revenir exercer en paix son métier.

De nos jours, où la liberté de tout imprimer a pu sans injustice être flétrie d'un autre nom, il nous est difficile de nous expliquer les procédés que nous venons de rappeler ; habitués que nous sommes à la licence des publications de notre époque, aux peintures érotiques de nombre de romans, à la crudité de langage d'œuvres acceptées sans révolte et qui n'ont nullement la prétention de viser à l'immoralité, nous nous étonnons de la rigidité des principes religieux faisant poursuivre des ouvrages qui nous paraissent aujourd'hui ne devoir motiver aucun reproche même de la part de catholiques fervents ; c'est ainsi que l'*Esprit des lois*, tout en étant plus philosophique que chrétien, n'attaque jamais la religion, et rend même parfois un hommage sincère à l'influence bienfaisante du catholicisme.

Pour bien comprendre ces mesures de rigueur, il faut se reporter au temps où elles paraissaient nécessaires. Le protestantisme et le catholicisme ne vivaient point alors dans la paix qui leur est acquise. Il y avait une religion d'Etat, et les dogmes devaient être respectés et protégés comme appartenant à l'ensemble des lois, alors tout imprégnées de l'esprit catholique.

Quant aux livres attaquant les mœurs, en interdire la vente eût été une excellente chose, si cette interdiction eût pu en empêcher la propagation ; mais, nous le voyons constamment, les prohibitions sont sans force contre les tendances du public ; la corruption des mœurs engendre les ouvrages immoraux, et l'interdiction reste inefficace. C'est par l'éducation qu'il faut lutter contre l'immoralité ; c'est en élevant l'âme d'un

peuple qu'on le dégoûte de ce qui est vil et honteux.
Les rigueurs, les pénalités, restent sans effet.

Elles restaient vaines surtout sous Louis XV, grâce
aux presses clandestines qui multiplièrent les livres
interdits, grâce aux libraires qui eurent des magasins
secrets, et formèrent des relations pour recevoir et pour
répandre la contrebande littéraire, grâce à d'habiles
colporteurs qui, luttant d'adresse avec la police, distri-
buèrent les productions désirées, grâce enfin à la faiblesse du gouvernement, qui, tout en créant en 1741
soixante-dix-neuf censeurs, parmi lesquels Crébillon
fils, le célèbre auteur du *Sopha*, donnait parfois l'exemple de la fraude par ses permissions tacites de réimpri-
mer des livres défendus, en mettant sur le titre le nom
d'une ville étrangère. Ajoutons que la censure ne savait
trop ce qu'elle devait interdire ou tolérer, qu'elle n'osait
approuver ni l'*Esprit des lois*, qui pour notre patrie
est un titre de gloire, ni la *Henriade*, sortie de presses
secrètes à Rouen et introduite furtivement à Paris, ni
la louangeuse histoire du *Siècle de Louis XIV*, ni les
Eléments de la philosophie de Newton, qui furent
apportés en France par des contrebandiers. Le livre
utile et le livre dangereux subissaient trop souvent le
même sort. Il y avait de plus des conflits fâcheux entre
les trop nombreuses autorités qui pouvaient sévir contre
un écrivain. Le Parlement faisait parfois saisir des
livres qui sortaient des presses de l'imprimerie royale.
La Sorbonne censurait *Bélisaire*, que le roi et la
magistrature laissaient circuler.

A côté de ces poursuites contre de simples particu-

liers surgissait un procès contre une corporation puissante, le procès contre les jésuites, qui devait se terminer par leur expulsion du royaume et faire éclater des
haines mal contenues.

Au xviii° siècle, la révolution est déjà dans les idées
sinon dans les faits; de toutes parts s'agitent des questions nouvelles, questions religieuses et politiques, et
ces questions, c'est le Parlement qui les soulève avec
une vivacité, une passion, une témérité qui étonne.

Le plus souvent il est en guerre avec la royauté et a
la prétention d'imposer sa volonté dans les affaires
administratives, mais là ne se borne point son ambition; après s'être montré l'auxiliaire de l'autorité religieuse, il devient le surveillant inquiet du clergé et
bientôt son adversaire; il entre en lutte avec lui, il
prétend empiéter sur le domaine spirituel, il prend
parti pour les jansénistes, décrète des prêtres et des
prélats, parce qu'ils refusent les derniers sacrements
aux adversaires de la bulle *Unigenitus*. Puis il reprend
contre la société de Jésus d'anciennes accusations. En
1656, sous le pseudonyme de Louis de Montalte et sous
le titre de *Lettres à un provincial*, avait paru un livre
écrit dans une langue d'une pureté alors inconnue et
qui avait produit la plus grande impression. L'auteur,
Blaise Pascal, en commentant les disputes byzantines
élevées sur des matières religieuses entre les jansénistes et les jésuites, avait frappé ces derniers de l'arme
du ridicule; s'emparant des doctrines de casuistes
espagnols ou hollandais et les attribuant à l'ordre tout
entier, il avait soulevé une répulsion et des inimitiés

que le temps avait aggravées et que la protection donnée par le gouvernement à la compagnie de Jésus, la
faveur dont elle jouissait, sa puissance qui se faisait
sentir partout, avaient envenimées encore. On reprochait
aux jésuites d'enseigner le probabilisme, le système du
péché philosophique; on les accusait d'avoir une morale
autorisant tous les crimes, jusqu'au parricide, jusqu'au
meurtre des rois; on affirmait que cette société redoutable et puissante était étrangère et obéissait aveuglé-
ment à un général étranger lui-même; elle avait des
ennemis nombreux non seulement parmi les philosophes, mais dans le clergé séculier, qui redoutait son
influence et la considérait comme excessive et nuisible;
elle avait contre elle l'antipaphie de la favorite, la
malveillance du duc de Choiseul, l'hostilité du jansénisme : à tous ces adversaires venaient se joindre des
négociants dont la compagnie avait blessé les intérêts.

Le Parlement se fit l'exécuteur des vengeances qui
se préparaient contre la compagnie.

C'est à l'occasion d'un procès que s'éleva, contre la
société de Jésus, la tempête sous laquelle elle faillit
périr. Les jésuites ne se contentaient pas de missions
apostoliques dans toutes les parties du monde; ils fon-
daient des établissements commerciaux, que l'étendue
de leurs relations, la puissance de leurs capitaux, l'intelligence de leurs agents, rendaient le plus souvent prospères. L'un d'eux, le P. Lavalette, supérieur
général des Antilles, avait créé une maison de commerce à la Martinique, défriché et mis en culture de
vastes terrains; à demi ruiné par la guerre avec l'An-

gleterre, il avait emprunté des sommes considérables,
et pour faire face à des échéances, avait expédié en
Europe deux bâtiments chargés d'une riche cargaison.
La capture de ces deux navires par une croisière an-
glaise avait aggravé sa situation, il se voyait poursuivi
par deux négociants de Marseille, en paiement de
1,500,000 livres. En droit, il s'agissait de savoir jusqu'à quel point un ordre religieux, à qui le commerce
est interdit, pouvait être tenu des spéculations, des
opérations, des engagements du supérieur général des
Antilles. En réalité, les deux négociants de Marseille
n'avaient probablement pas songé tout d'abord à considérer l'ordre comme caution du P. de Lavalette, et
le procès était pour eux peu soutenable, mais l'opinion
était défavorable aux jésuites, et ils auraient bien fait
de transiger et de s'épargner l'éclat d'un débat public
par un sacrifice d'argent. Confiants dans la protection
de la reine, du dauphin, de la famille royale, des
grands seigneurs dont ils avaient fait l'éducation et
conservé l'attachement, ils préférèrent résister ; ce fut
une faute. Condamnés à Marseille par les consuls, ils en
appelèrent au Parlement de Paris. Ils soutinrent que
les règles de leur institut leur interdisaient tout commerce. Le Parlement prétexta la nécessité de connaître
leurs statuts, et ordonna le dépôt au greffe, dans le délai
de trois jours, d'un exemplaire imprimé des *Constitutions*, édition de Prague, 1757.

L'alarme fut prompte à se répandre dans toute la corporation, qui n'hésita pas à se refuser énergiquement
à cette communication ; mais ce fut en vain. Partout

on voulait voir, toucher ces institutions mystérieuses, où, d'après l'opinion publique, se trouvait enseigné l'art de diriger les trônes ou de les renverser, et d'arriver à la domination universelle ; les femmes, les jeunes gens eux-mêmes, dit le comte de Saint-Priest, réclamèrent, avec l'ardeur de vieux légistes, ces documents fameux, et les statuts furent livrés à la curiosité publique.

Les jésuites furent tout d'abord énergiquement défendus dans le Parlement ; ils y avaient des partisans, et beaucoup de magistrats éminents estimaient que la persécution était une mauvaise politique, qu'il valait mieux réformer l'ordre que de le détruire. Cette opinion ne fut point écoutée ; on représenta la société comme formant un Etat dans l'Etat, comme subissant en tout l'action de la papauté, comme antifrançaise. On finit par déclarer qu'elle ne pouvait plus être tolérée.

Trois arrêts successifs du Parlement de Paris la frappèrent dans sa doctrine de régicide qu'on l'accusait de professer, dans ses livres et dans son enseignement. L'arrêt de 1762 disait qu'il y avait abus, et prononçait la dissolution de la société ; il était foudroyant pour la compagnie, il déclarait « l'institut inadmissible par sa nature dans tout Etat policé, comme contraire au droit naturel, attentatoire à toute autorité spirituelle et temporelle, et tendant à introduire dans l'Eglise et dans l'Etat non un ordre aspirant à la perfection évangélique, mais un corps politique dont l'essence consiste dans une activité continuelle pour parvenir, par toutes

sortes de voies directes et indirectes, sourdes et publiques, à une indépendance absolue, et successivement à
l'usurpation de toute autorité. »

Le roi se refusa d'abord à toute mesure violente
et tenta de conjurer le danger en faisant proposer au
général Ricci une revision des statuts : « *Sint ut sunt,
aut non sint,* » répondit le supérieur des jésuites.
Cette énergique et magnifique réponse rendait toute
conciliation impossible. Le déchaînement de l'opinion
publique fut violent. A la cour, les jésuites avaient
contre eux Mme de Pompadour et le duc de Choiseul. Le roi, qui préférait les jésuites au Parlement,
mais qui, avant tout, préférait sa tranquillité, finit
par ne plus prêter grande attention aux cris de cinquante évêques qui défendaient les jésuites, et céda devant la crainte de la magistrature et sous l'impression
de l'impopularité qui atteignait la compagnie de Jésus.

Le Parlement de Paris avait donné le signal de l'attaque ; son exemple devait être suivi par la grande
majorité des cours souveraines, disposées à obéir à l'entraînement commun.

A Besançon, sur le rapport du conseiller Simon, la
cour du Parlement, sans se soucier des hésitations du
roi, entra en guerre contre la corporation et prescrivit, le 27 mars 1762, que « dans trois jours, à compter
de la signification de l'arrêt, le supérieur ou, en son
absence, le plus ancien de la maison des jésuites établie à Besançon mît au greffe un exemplaire de l'Institut ou Constitutions de la société, notamment de l'édition faite à Prague en 1757. » Des commissaires furent

nommés avec mission d'examiner les pièces produites, et le conseiller Renard fut chargé du rapport. Dans un travail fort étudié, ce magistrat examina la création de l'ordre, son régime, ses privilèges, son enseignement. Il soumit au Parlement une foule de bulles, de mandements, d'ouvrages de controverse, et conclut à la déchéance de l'ordre. Mais ce rapport, auquel certains parlementaires reprochèrent de manquer de vigueur et d'énergie, fut repoussé par d'autres comme entaché de partialité ; une discussion s'éleva et donna lieu à une scène des plus orageuses. L'opinion s'émut, et comme toujours à cette époque, des libelles circulèrent et vinrent augmenter l'animation publique.

Le registre de la congrégation du collège avait été découvert, révélant les noms de plusieurs magistrats associés à la congrégation, des Talbert, des Caseau, des Simon, des Hugon, des d'Orival, des Chiflet, des de Chaillot ; un pamphlet violent appela l'anathème sur les parlementaires affiliés à la société. « Comment, s'écrie l'auteur, serait-il possible que dans une affaire où il s'agit d'examiner les vices d'un institut, les égarements de la morale et les erreurs de la doctrine des jésuites, les officiers du Parlement qui sont membres des congrégations dites de *Messieurs* pussent rester à leur place et prendre connaissance de l'affaire, surtout après que les congrégations établies dans la direction de la société ont été déférées au Parlement par la dénonciation la plus directe et la plus précise ? » De leur côté, les partisans de la société multiplièrent leurs attaques. Un jésuite, le P. Debiez, originaire de Dole, fit distribuer à Besançon, par des écoliers de physique, un libelle anonyme contenant les injures les plus graves contre les conseillers Petitcuenot et Renard; un autre jésuite répandit dans le public une chanson contre les philosophes et les ennemis de la société de Jésus.

Le Parlement se divisa. L'institut comptait parmi les parlementaires un assez grand nombre d'ennemis. A la mort de Louis XIV, une réaction s'était produite contre les idées religieuses, dont le roi avait été à la fin de sa vie l'ardent et impitoyable défenseur. Cette hostilité contre l'autorité religieuse n'avait envahi que lentement les familles parlementaires et celles appartenant à la noblesse de cour, mais elle y avait cependant pénétré peu à peu. Les principes nouveaux avaient fini par gagner toutes les classes de la société. La plupart des magistrats comtois étaient jansénistes de dogme ou de parti et ne pouvaient oublier l'attitude des jésuites contre le jansénisme; ils acceptaient les idées de la philosophie du temps, et ne pouvaient qu'être défavorables à un ordre qui combattait à outrance et sans faiblir jamais, pour son Dieu et pour sa foi. Enfin quelques-uns regardaient les ordres religieux et en particulier l'ordre des jésuites comme inutiles, sinon dangereux; ils les considéraient comme des ennemis de l'Etat, parce qu'ils défendaient les doctrines de Rome; ils les redoutaient comme leurs propres ennemis, parce qu'ils attribuaient à leur influence la résistance que le pouvoir royal avait opposée aux entreprises des Parlements, parce qu'ils les savaient hostiles à la magistrature et qu'ils les soupçonnaient d'avoir provoqué les mesures prises contre le procureur général de la Chalotais et l'exil de 1759.

Partisans et adversaires de la société se partagèrent à peu près par moitié, et la lutte fut signalée par des incidents multiples et imprévus. Les magistrats hostiles voulurent tout d'abord contraindre certains de leurs confrères à se récuser. Le procès-verbal de la séance nous a été conservé; il est à la date du 19 août 1762 : « Un de messieurs prend la parole et représente à la cour que, s'agissant d'examiner les vices de l'institut, les égarements de la morale, et les erreurs de la doctrine des soi-disant jésuites, il ne croyait pas que ceux de messieurs qui sont membres de la congrégation dite *des Messieurs*, dirigée par lesdits jésuites, pussent opiner et donner leurs suffrages.

» Sur quoi il a été dit qu'aucun de messieurs n'était de la congrégation dite *des Messieurs*, et que le recteur du collège de Besançon avait assuré que ceux des membres de la cour qui étaient de ladite congrégation avaient depuis longtemps été rayés du catalogue.

» En voyant que ceux de messieurs que nous pouvions présumer être de ladite congrégation ne s'expliquaient point, les adversaires des jésuites demandent que la matière soit mise en délibération. »

Le conseiller Petitcuenot n'hésite pas à penser que ceux de messieurs qui sont de la congrégation ne peuvent et ne doivent délibérer : « 1° parce qu'il s'agit des vices et abus de l'institut; 2° parce que la société peut être contraire aux lois de l'Eglise et de l'Etat; 3° parce que les congréganistes sont dans les liens du général et de la société, parce que l'identité des congrégations et de la société est chose sur laquelle il n'est pas possible d'élever un doute raisonnable. » Enfin Petitcuenot argumente des décisions des Parlements de Toulouse, de Metz, d'Aix, qui ont déclaré suspects les congréganistes.

Les arguments n'étaient pas sans valeur; mais la pluralité décida « qu'il n'échéait de délibérer. »

La cour se borna à arrêter « que l'Institut des jésuites en deux volumes in-folio, de l'édition de Prague en 1757, tous les titres d'établissement des maisons de la société, ainsi que le volume des assertions contenant les preuves de la doctrine et de la morale des jésuites, et tous les libelles, seront communiqués au procureur général, pour en être rendu compte à la cour [1]. »

Le procès suivit son cours lentement, la solution ne pouvant être prévue. Deux années s'écoulèrent, puis en 1764 se reproduisit cette même question de suspicion, sans plus de succès. Sur onze magistrats affiliés à la compagnie de Jésus, un seul se récusa; les dix autres résistèrent, s'appuyant sur des motifs et des arguments juridiques. Le premier président ayant annoncé qu'il allait mettre en délibération la proposition de suspicion, un membre lui opposa comme motif d'exclusion pour lui-même le fait de n'avoir point assisté à la séance du 19 août 1762, où cette même proposition avait été l'objet d'un long débat. Voici le récit du P. De-

____

[1] Archives départ. Minutes des délibérations.

biez : il est évidemment fort empreint d'exagération, mais il montre l'ardeur avec laquelle se discutait le procès, ainsi que l'attitude des juges : « Le 18, à trois heures de relevée, M. Chiflet a peu parlé. A sa place, M. Petitcuenot, pendant plus d'une heure, a vomi toutes les horreurs imaginables contre la société. Il a fait le don Quichotte et a fini par déférer les doctrines et la morale des jésuites, leurs congrégations, toutes leurs apologies, le mémoire du P. Prost pour les jésuites de Franche-Comté, requérant qu'il fût informé contre l'auteur, l'imprimeur et les distributeurs. Il a dit, entre autres sottises, que le mémoire avait été distribué furtivement à trois heures après midi par deux inconnus. C'étaient un clerc du palais et le valet du P. Prost qui le portaient.

» Le 19, la séance s'ouvrit par proposer des suspicions contre messieurs qui étaient de la congrégation. Ce fut M. Bourgon qui proposa cette affaire, et il cita l'exemple d'Aix. Il fut vivement relevé par M. Chiflet, M. Vuilleret et M. Perrinot, qui dit qu'il serait à désirer que tous les magistrats fussent de cette congrégation et que lui, qui n'en était pas, voulait s'en faire mettre.

» Finalement, M. le premier président rejeta avec indignation cette suspicion, et il fit pluralité de quarante voix contre quinze. Comme M. Petitcuenot menaçait de dresser procès-verbal sur ce que messieurs de la congrégation ne s'étaient pas retirés, cette menace fut traitée avec mépris par M. Perrinot, qui obligea l'autre de s'asseoir doucement. On vint ensuite aux opinions pour savoir s'il fallait communiquer au procureur général

l'instruction ; MM. Petitcuenot et Renard ayant fait remarquer qu'il faudrait au moins huit mois de délai à
M. le procureur général, qu'ainsi il fallait fixer au
19 novembre au plus tôt, il fut statué, à la pluralité des
voix contre vingt-quatre, qu'on laisserait M. le procureur général maître de prendre le temps qu'il jugerait
à propos. Les jésuites ont grande obligation à tous les
messieurs qui ont bien voulu se déclarer en leur faveur ; ceux qui en particulier ont paru avec le plus d'é-
clat sont MM. Michotey, Pagay, Chiflet, de Camus et
Terrier, présidents ; MM. Boudret, Hugon, Vuilleret,
Perrinot, Damey et de Chamotte, conseillers. MM. Chiflet, Perrinot et de Chamotte se sont les plus distingués
et ils parleront encore. Les jésuites ont des obligations
éternelles à toute la ville, qui a montré pour eux un
zèle au delà de toute expression [1]. »

L'objection tirée de la suspicion n'ayant point prévalu,
les partisans de la compagnie demandèrent que tous
ceux de messieurs que des liens de parenté ou des
affaires personnelles rattachaient à l'ordre des jésuites
ne pussent prendre part au vote. La tactique était
habile, les récusations à exercer furent nombreuses,
elles atteignirent assez de magistrats pour que le Parlement ne fût plus en nombre pour rendre une décision valable. ce qui empêcha toute délibération d'aboutir. Les jésuites se reprirent à espérer, mais leurs adversaires ne désarmaient pas.

Bien que les négociants de Marseille eussent été en

---

[1] Notes trouvées dans les papiers du conseiller Bourgon. Archives départ.

partie payés, et que le 8 mai 1761, le Parlement eût donné acte aux jésuites des acomptes effectués, deux huissiers au Châtelet de Paris, Gisors et Bourdinghain, arrivèrent inopinément à Besançon le 4 novembre 1762, accompagnés de plusieurs cavaliers du guet, se rendirent au couvent des jésuites, saisirent et mirent sous leur main mobilier, denrées et papiers, et même les vases sacrés, puis, craignant d'être décrétés et arrêtés, s'empressèrent de partir. Les élèves qui venaient de rentrer au collège après les vacances de Pâques, et la majeure partie de la population protestèrent contre l'envahissement du collège par les huissiers et les recors. L'émotion populaire fut très vive. Les représentants de la ville, subissant l'influence de l'irritation publique, craignant l'émeute, blessés eux-mêmes de ce que l'on traitait avec autant de rigueur un collège qui contribuait à la prospérité de la cité, qui avait été fondé par les anciens gouverneurs, vinrent demander justice au Parlement, prétendant dans leur requête « qu'il était de leur devoir de prendre des précautions pour assurer les biens et revenus qui, par leur destination naturelle, sont invariablement affectés à la subsistance et entretien des religieux du collège, au bien de la religion et à l'instruction publique ; ajoutant que la saisie était irrégulière et aventureuse, qu'elle confondait les intérêts des jésuites et ceux de la cité, qu'elle était vicieuse et touchait à des choses inaliénables, à des personnes qu'aucun jugement n'avait atteintes. »

Le conseiller d'Orival fut chargé du rapport : il fit valoir les arguments de la ville, flétrit la conduite de l'huissier Gisors : « L'auguste sacrement de nos autels, dit l'honnète magistrat, n'a point été à l'abri de la curiosité de cet huissier ; il a porté la témérité jusqu'à pénétrer dans le sanctuaire et à exiger qu'on lui ouvrît les portes du tabernacle pour jeter un regard audacieux sur les vases qui voilent les saints mystères, et il les a sacrilègement compris dans sa saisie. » Le 24 novembre 1762, le Parlement donna gain de cause à la ville.

L'arrêt était de nature à rassurer les jésuites, mais de nombreux collèges, plus de quatre-vingts sur cent vingt-quatre, se fermaient ; d'innombrables pamphlets provoquaient l'exclusion de l'ordre. La corporation ne pouvait être que fort inquiète. Le 11 février 1763, le P. Garnier écrivait de Dole au P. Rouvier : « La nouvelle de l'arrêt d'Aix qui nous proscrit n'est pas la plus mauvaise ; il y a une déclaration du roi qui est annoncée comme le dernier coup porté à la société, elle ordonne que les biens des jésuites seront vendus au profit de leurs créanciers, que les bénéfices unis seront provisoirement régis par l'économat pour fournir aux appointements des nouveaux maîtres et aux pensions qu'on donnera aux anciens. Nous n'avons point encore vu cette déclaration ; il est certain qu'elle a été enregistrée à Paris. Reste à savoir si elle regarde tout le royaume ou seulement les ressorts où les jésuites ont été proscrits, car on nous assure que le roi laisse aux Parlements, qui n'ont pas encore prononcé, la liberté de nous conserver. Quoi qu'il en soit, il n'y a pas de temps à perdre, il faut vendre tout ce qu'on pourra ; voyez si vous pourriez faire cette affaire dont vous m'avez parlé.

Tout cela doit se faire sans bruit et sans éclat, comme bien vous comprenez. Tout n'est pas absolument désespéré, mais il ne faut pas se dissimuler que le danger est plus grand que jamais [1]. » Dans une autre lettre, la même recommandation de vendre se retrouve : « Les choses, dit le P. Garnier, ne vont pas si vite qu'on le croyait. Les délais sont à présent tout ce qui peut nous arriver de mieux. Si vous pouvez continuer à vendre quelque chose, faites-le à petit bruit, c'est le plus sûr. » Enfin, le 19 février, dans une troisième lettre, il écrit : « Rien de nouveau, mais toujours grands sujets de trembler ; vendez tout ce que vous pourrez et comme vous pourrez, sans bruit s'il se peut [2]. »

Heureusement pour la société, la majorité des magistrats lui était encore acquise. Le Parlement ne voulut pas suivre le mot d'ordre de la magistrature de Paris, et tint bon pendant près de deux années encore en faveur des exilés. Le président Terrier fut de ceux qui les défendirent avec le plus de talent ; il prétendit « qu'un citoyen, et encore moins un nombre considérable de citoyens, ne pouvait être condamné sans avoir jamais été accusé, sans connaître son crime ; que si les jésuites avaient enseigné une doctrine parricide, séditieuse ou meurtrière, il fallait décréter les coupables, les entendre, confronter les témoins ; qu'une corporation établie légalement, fondée sur les titres les plus inviolables, ne pouvait être détruite que par les mêmes voies qui l'avaient

(1) Archives du Doubs. Collège des Jésuites, B. 3802.
(2) Idem.

constituée, par lettres patentes du roi. » Il examina les statuts. « L'obéissance, telle qu'elle se pratique chez les jésuites, ne saurait nous alarmer ; en aucun temps un jésuite n'a commis un crime pour obéir à ses supérieurs ; le seul effet sensible qu'elle ait eu parmi nous a été de les voir entreprendre pour la gloire de Dieu des choses qui paraissaient au-dessus des forces naturelles et que le vœu d'obéissance pouvait seul rendre possibles. » Il montra que toutes les accusations portées contre les écrits des jésuites n'étaient que mensonges inspirés par la haine. « Si quelqu'un, il y a dix ans, eût osé proposer dans un libelle de détruire les jésuites, à cause des vices de leur institut, de la perversité de leur doctrine et du scandale de leur conduite, il eût certainement passé pour un calomniateur extravagant et eût été puni comme tel ; je ne puis croire que les choses étant dans le même état, nous devions porter un jugement différent. »

La majorité se rangea de son avis. L'agitation se calmait, l'apaisement se produisait dans l'opinion, lorsqu'en novembre 1764, le roi signa l'édit d'exclusion.

L'édit était-il bien définitif ? Le roi ne reviendrait-il pas sur une aussi grave détermination ? Des évêques, des magistrats, tentèrent encore des démarches, portèrent au roi de respectueuses représentations. Le Parlement décida qu'il lui serait adressé des remontrances dans le but d'obtenir sinon l'annulation, du moins la modification de l'édit.

Ces remontrances longues et détaillées ne peuvent guère s'analyser. Le Parlement rappelle l'installation en Franche-Comté de la compagnie de Jésus, les services rendus à l'éducation de la jeunesse dans les collèges de Dole, de Besançon, de Vesoùl, de Gray, de Pontarlier, de Salins, l'efficacité de son enseignement, l'impossibilité d'abuser de son autorité. Il invoque le témoignage de l'archevêque, de l'université, du magistrat, les vœux de la population : « Daignez, Sire, vous rendre aux vœux empressés des peuples de notre ressort ; ils méritent vos bontés ; vous n'avez nulle part de plus fidèles sujets ; ils redoutent les innovations ; leur zèle pour la religion a appelé la société des jésuites en Franche-Comté pour la défendre des ennemis qui l'environnent ; ils espèrent que le même motif l'y soutiendra [1]. »

Le roi resta inflexible. Le 20 janvier furent transmises au Parlement des lettres de jussion conçues dans cette forme impérative et absolue : « Nous n'avons eu aucun égard à vos remontrances du 12 de ce mois et nous avons résolu de procéder sans délai à l'enregistrement pur et simple de notre édit. »

Toutefois les jésuites obtinrent un délai jusqu'au 1er mai 1765. Le Parlement nomma des commissaires pour procéder à l'inventaire de tout ce qu'ils possédaient dans leurs collèges et communautés de la province, et désigna le marquis de Chaillot et C.-Joseph Bourgon pour Besançon, J.-B.-Bonaventure Alviset pour Vesoul, les conseillers Renard et Courlet de Boulot pour Dole, le conseiller Joseph Faure pour Pontarlier, le conseiller Maire, seigneur de Bouligney, pour

______

[1] Archives du Doubs.

Salins. Les commissaires députés se rendirent, dans les premiers jours de février 1765, dans ces différentes villes, pour s'acquitter de la triste mission à eux confiée ; on a dit qu'après une longue perquisition ils n'avaient rien trouvé et rien inventorié ; mais les minutes des inventaires constatent que le mobilier, les livres, les tableaux, le linge, les denrées, n'avaient point été détournés dans la plupart des collèges. L'inventaire dura huit ou dix jours. A Besançon, tout fut confié à la garde et au pouvoir de MM. d'Orival et Couthaud, députés du bureau d'administration ; à Vesoul, le conseiller Alviset n'oublia rien et décrivit tout avec soin, depuis les vases sacrés jusqu'aux coiffes de nuit [1].

Cette opération terminée, le Parlement mit en régie les biens de la compagnie ; un sieur Besson, marchand connu par une faillite, fut chargé de cette administration sous la surveillance de commissaires du Parlement [2]. Le 1er avril 1765, les jésuites furent définitivement exclus de la Franche-Comté. Dans la plupart des provinces et à Paris, les jésuites s'étaient dispersés depuis deux années ; Barbier écrivait en décembre 1762 : « Il y a toujours un grand nombre de jésuites en cour, habillés en simples ecclésiastiques, soit en habit long, soit comme des abbés, et un assez grand nombre de retirés dans les maisons particulières de seigneurs ou gens riches ; mais il n'y a à peu près que les jésuites connus et de réputation qui aient trouvé ces secours et

(1) Archives départ. Collège des Jésuites, B. 3802 et 3803.
(2) Archives municipales.

ces retraites. Tous les jésuites qui étaient dans les différentes provinces et villes du ressort auront trouvé difficilement de pareilles retraites [1]. »

Les Parlements de Besançon et de Douai avaient été des derniers à se prononcer. Huit ans après, vaincu par les instances de la diplomatie européenne, Clément XIV ordonnait lui-même la suppression définitive de cette corporation.

Le bannissement de la société de Jésus, que nous avons retracé le plus brièvement possible et qui pourrait motiver des volumes d'analyse et d'appréciations, nous montre à quelles passions aveugles obéissent parfois toutes les classes de la société. En réalité les doctrines, l'enseignement, les livres de la compagnie, n'étaient qu'un prétexte et n'expliquent pas les haines dont elle était l'objet; jamais, dans ses livres, l'ordre des jésuites n'a enseigné de doctrines régicides. Ces livres, on ne les connaissait même pas, personne ne les lisait. L'hypocrisie qu'on lui reprochait ne peut fonder rien de grand ni de durable; ce qui préoccupait l'opinion, ce qui motivait la vivacité des hostilités, c'étaient les doctrines ultramontaines, dont les jésuites étaient les agents actifs et infatigables; c'était la puissance d'un ordre dont la main se retrouvait partout; c'était l'influence dont il jouissait. On oubliait les services qu'il avait rendus au catholicisme et à la civilisation, notamment en Amérique, chez des peuples où tout était à créer et à organiser. On condamnait cette société, non pour

______

[1] Journal de Barbier, vol. 4, p. 445.

le mal qu'elle avait fait, mais pour celui qu'elle pouvait
faire par suite de son organisation ; on la considérait
comme redoutable parce qu'on savait l'ardeur et la sincérité de la foi qui l'animait, parce que l'obéissance
absolue faisait de chacun des membres de la compagnie un esclave dévoué, n'ayant qu'un but, la gloire
de Dieu. Là était pour les Etats le véritable danger,
celui qui frappait et inquiétait les masses. La domination du monde serait assurée à une nation qui pourrait
s'approprier dans l'ordre civil de pareils principes.
Aujourd'hui, les jésuites sont pauvres, comme au temps
où le duc de Saint-Simon leur faisait l'aumône. Ils sont
sans influence, isolés, disséminés sur le sol français,
mais ils continuent à propager les doctrines, les œuvres
de Dieu. Le peuple se défie d'eux. Le gouvernement
leur fait la guerre, parce que le gouvernement s'attaque
aux faibles, aux Sœurs des hôpitaux, aux Frères
ignorantins, à d'humbles prêtres, mais ils vivront ; une
réaction se manifeste : leurs noviciats se remplissent,
et leurs maisons d'éducation luttent avec succès contre
l'instruction laïque et universitaire.

L'opinion publique ne fut pas unanime à applaudir à
ces mesures de rigueur. Les philosophes s'en réjoui-
rent ; ils comprirent que cette persécution était un coup
porté à la religion. D'Alembert écrivait à Voltaire, le
4 mai 1762, que « les Parlements, en croyant servir la
religion, servaient la raison sans s'en douter et étaient
les exécuteurs de la haute justice pour la philosophie,
dont ils prenaient les ordres sans le savoir. » Beaucoup
de catholiques gémirent et protestèrent contre une per-

sécution qu'ils considéraient comme souverainement inique, puisqu'elle atteignait des hommes qui avaient contribué à la grandeur de la France, qui avaient planté la croix en Chine et au Japon, couvert l'Europe de collèges supérieurs, d'après Bacon, à toutes les écoles connues, et qui avaient accompli les plus grandes choses du monde. Les évêques prirent ouvertement parti pour les expulsés, autant par sympathie pour eux que par humeur contre le gouvernement, qu'ils soupçonnaient vouloir aller plus loin. Les classes pauvres restèrent indifférentes; comme le dit Duclos dans son *Voyage en Italie*, « le peuple proprement dit ne prit aucune part à cet événement. »

L'opinion s'émut davantage lorsqu'il s'agit de réorganiser l'enseignement en Franche-Comté. Choisirait-on des ecclésiastiques, une communauté religieuse ou un personnel laïque pour remplacer les exilés? Le Parlement du Dauphiné avait demandé une réforme radicale de l'éducation publique, l'enseignement confié à « des hommes vivant comme les autres hommes. » Mais ce vœu restait sans écho. Comment recruter parmi les laïques un corps enseignant suffisamment nombreux? L'Université, les officiers des bailliages, les notables, les conseillers des quatre villes à pourvoir de collège, Besançon, Vesoul, Dole et Gray, se déclaraient nettement en faveur des prêtres; le Parlement décida, par arrêt du 6 mars 1765, « que les collèges seraient agrégés au séminaire de Besançon, et qu'à dater du 1er avril prochain lesdits collèges seraient desservis par des ecclésiastiques logés et vivant en commun, sous l'autorité spirituelle du diocésain [1]. Le lendemain, le Parlement prit soin d'exposer les motifs de cette grave détermination ; il exliqua qu'il n'avait fait que céder au vœu manifesté par les représentants des populations, qu'il avait voulu sauvegarder la religion et les mœurs, base de l'éducation publique et privée ; il vanta le dévouement, la sollicitude, le zèle du clergé : « Souvent distrait par des occupations étrangères, comment le maître laïque s'assujettira-t-il à cette assiduité gênante qui seule peut enchaîner la légèreté naturelle de l'élève ? Comment lui prodiguera-t-il son attachement et ses soins, si l'embarras d'une famille absorbe la meilleure partie de l'attention qu'il doit sans réserve à sa classe ? Que sera-ce si dans un collège, asile du recueillement, de la retenue, le dangereux mélange de tous états, de tout sexe, de tout âge, expose l'innocence à périr chaque jour et pour ainsi dire à chaque instant ? »

Malgré le zèle du Parlement et son empressement à organiser les nouveaux collèges, l'éducation publique se ressentit du bannissement des jésuites. Des plaintes générales s'élevèrent bientôt contre les écoles de l'Université, dont les inconvénients n'étaient plus amoindris ou évités par la rivalité de maîtres habiles et aimés. La plupart des établissements municipaux ou privés n'étaient pas suffisamment subventionnés et n'avaient que des ressources précaires ou insuffisantes. La routine des classes se continura comme par le passé. La haine détruit, mais ne réédifie pas.

____

(1) Archives départ. Délibérat. de la Cour.

En réalité la cour aurait sagement agi en se refusant à livrer une société puissante aux haines de la secte philosophique des Parlements ; elle avait intérêt à les soutenir, et elle allait avoir à lutter contre des adversaires bien autrement redoutables, contre les philosophes, contre le peuple. Ajoutons qu'en expulsant les jésuites, le Parlement facilitait l'œuvre du chancelier Maupeou. Les adversaires de la magistrature comprirent que s'il était si facile de supprimer une société qui semblait des plus redoutables, il serait encore plus facile de remplacer par l'abus de la force les grandes compagnies judiciaires.

Cette poursuite contre les jésuites avait été précédée d'un procès qui n'était pas sans importance pour toute une classe de parlementaires, les substituts du Parlement. En 1746, le fils du doyen des substituts, Antoine Legier, ayant été appelé à prêter serment en qualité de noble, afin de certifier l'honorabilité d'un candidat aux fonctions de conseiller au bailliage de Salins, vit cette qualité contestée par le commissaire de la cour chargé de recevoir son serment. Le père, Charles-Emmanuel Legier, s'émut de cet incident qui avait eu de la publicité, et qui avait été connu, non seulement au Palais, mais dans toute la province, et il n'hésita point à présenter au Parlement une requête tendant à conserver le droit et le privilège de noblesse attaché à la charge dont il était revêtu. Sa requête rappelle les anciens édits de 1586, 1690, et la déclaration royale de 1704, par laquelle le roi ordonne « que les substituts soient compris au nombre des officiers de la cour, et concède la no-

blesse à leurs enfants et descendants, pourvu que lesdits substituts aient servi vingt années ou décèdent
revêtus desdits offices. » Le requérant invoque en outre
plusieurs arrêts. La prétention était fondée, et sur le
rapport du conseiller de Courbouzon, la cour, par arrêt
du 30 juillet 1746, reconnut que la noblesse attachée
aux charges de substitut du procureur général était
transmissible et héréditaire.

A peu près à cette même époque, en 1760, le Parlement eut à se prononcer sur le mode d'élection annuelle
du maire et des échevins ; il décida qu'il serait établi
un livre des notables sur lequel ne seraient inscrits que
des gens vivant de leurs revenus et des commerçants
étant ou ayant été juges consuls ; les noms de ces notables devaient être placés dans une boîte, et vingt
d'entre eux tirés au sort pour être convoqués avec le
corps municipal, à l'effet d'élire parmi les conseillers
de ville deux personnes à présenter au roi, conjointe-
ment avec le maire en exercice ; le roi choisissait parmi
ces trois candidats celui qui lui paraissait le plus
digne d'exercer les fonctions de maire. L'année suivante, l'opération du tirage au sort devait être présidée
par deux conseillers au Parlement [1].

En 1764 intervenait un autre arrêt réglementant
l'organisation du corps municipal ; le corps de ville
dut se composer de quatre échevins et de huit conseillers
élus pour deux années ; ils devaient être assistés de

<hr>

[1] Registre des délibérat. et Archives municip., BB. 173, casier 1,
rayon 11, registre in-fol.

vingt-six notables nommés pour une année et non
rééligibles. Dans ces vingt-six notables, qui devaient
avoir au moins trente ans d'âge et dix ans de résidence
à Besançon, devaient figurer deux membres du Parlement, un chanoine de la métropole et un autre ecclésiastique, deux gentilshommes, un suppôt de l'Université, deux officiers du bailliage, quatre avocats, un
notaire, un procureur au Parlement, un au bailliage,
trois rentiers, trois négociants et trois autres habitants.

De grandes familles, que distinguaient leur nom ou
leur fortune, intentèrent ou eurent à soutenir des procès
qui préoccupèrent vivement l'attention.

Dans les premières années de son installation, de
1695 à 1700, le Parlement dut statuer sur plusieurs conflits suscités par les prétentions du comte de Montbéliard. Georges de Wurtemberg prenait la qualité de
souverain dans les terres de Blamont, Châtelot, Clé-
mont, etc., qui lui avaient été rendues depuis les derniers traités, et voulait même les soustraire au recouvrement des impositions ordinaires. Le lieutenant
général à Baume, M. de Bassaud, le procureur général
Boisot, soutenaient qu'il n'était pas même souverain du
comté de Montbéliard, qu'il ne portait dans le texte du
traité de paix d'autres qualités que celle de prince de
l'Empire, dont jouissaient aussi dans la province l'archevêque de Besançon comme prince de Mandeure, et
M. l'abbé de Morbach comme prince de Lure.

La seigneurie de Beaumont, établie dans les montagnes du Doubs, ensevelie aujourd'hui dans l'obscurité
sous les sapins de la forêt du Bélieu, motiva un litige

d'une haute importance entre la famille de Mérode et les princes d'Orange. Philippe de Mérode, époux de Jeanne de Montmorency, revendiquait Beaumont contre Maurice de Nassau. Le procès commença en 1621; la guerre, l'invasion suédoise l'interrompit forcément, puis Isabelle de Mérode, fille unique de Philippe et veuve du comte d'Isenghien, le reprit en 1650. Elle obtint gain de cause. En 1657, le prince d'Orange fut condamné à restituer les terres en litige avec leurs revenus. Une transaction intervint en 1662 pour six cent mille florins. Lorsqu'il fallut payer une somme aussi élevée, le prince d'Orange se reconnut dans l'impossibilité de tenir ses engagements. Le prince d'Isenghien se pourvut devant le Parlement, qui ordonna la confiscation, puis la vente des biens de la maison de Chalon dans le comté de Bourgogne. Le prince d'Isenghien les acheta en 1684 pour un million trois mille francs; pendant treize années, Mme d'Isenghien et ses enfants jouirent en paix de Beaumont et des autres terres de Franche-Comté; mais en 1697, à la suite du traité de Ryswick, qui n'admettait aucun changement dans la principauté d'Orange, le roi d'Angleterre émit la prétention de prendre possession des biens de la maison de Chalon. Des débats judiciaires suivirent des tentatives de transaction, et il fallut un arrêt du conseil du roi, en date du 4 avril 1730, pour maintenir les biens en la possession de la famille de Mérode, d'où ils passèrent aux Lauraguais, puis aux d'Aremberg. Le procès avait duré cent dix-neuf ans.

Une contestation qui n'est pas sans quelque analogie avec celle que nous venons de rappeler s'éleva en 1770, devant le Parlement, entre messire de Falcoz, comte de la Blache, colonel du régiment de Royal-dragon, maréchal de camp, demandeur dans le débat, et le marquis de Choiseul, le comte de Mirepoix, le marquis d'Espinchal et le sieur de Dortan. En 1622, Philibert de la Baume, comte de Saint-Amour, de qui tous les plaideurs descendaient originairement par Catherine de la Baume, sa fille, voulant conserver dans sa maison le comté de Saint-Amour, avait décidé par testament qu'en cas de décès de son héritier Nicolas de la Baume, le comté retournerait par droit de substitution à ses enfants mâles et aux enfants mâles de sesdits enfants, préférant toujours « l'aîné au puîné et le plus prochain des derniers descendants et possesseurs. » C'étaient ces derniers mots qui donnaient lieu au procès. Le comte de la Blache était bien l'aîné plus prochain du dernier possesseur, mais le marquis de Choiseul, en qualité d'héritier de Jacques-Philippe de la Baume, soutenait que l'auteur de la substitution ne possédait point librement le comté de Saint-Amour, et qu'il n'avait pu en disposer, que la substitution était de plus éteinte par le défaut de sujets capables d'y aspirer. Le comte de Mirepoix prétendait, d'un autre côté, que la substitution ne pouvait profiter qu'à la branche aînée, dont il descendait par les femmes, et que le degré de parenté n'était point à considérer. Enfin le marquis d'Espinchal se joignait aux deux autres plaideurs pour dire que le fidéicommis n'appelait que les enfants mâles de Catherine de la Baume, et qu'il était éteint, faute de descendant par mâle et de mâle en mâle.

Ce fut Thevenot d'Essaule qui vint devant le Parlement de Besançon soutenir les prétentions du marquis
de Choiseul.

Un procès de moindre gravité, qui fit cependant grand
bruit, fut celui que poursuivit la marquise douairière
de Staal-Cairo, née comtesse de Reinach, contre Michel
de Larue. A la mort de son mari en 1783, la marquise de Staal s'était trouvée sous le poids de difficultés
de diverses natures, des réclamations nombreuses lui
étaient adressées par les héritiers du marquis; on semblait l'accuser d'avoir détourné ou dissipé des sommes
considérables. Un prêtre, Michel de Larue, bachelier
de Sorbonne, chanoine régulier de l'ordre de la Sainte-
Trinité, aumônier du régiment de Bourgogne, prit soin
de ses intérêts. Si l'on en juge par quelques lettres de
Mme de Staal, il se serait montré tout d'abord digne de
la confiance de cette dernière, et son appui ne lui aurait
pas été inutile. Mais après avoir témoigné au chanoine
toute sa satisfaction, Mme de Staal ne tarda pas à se
plaindre de ses procédés. Elle l'accusa de l'avoir forcée
à payer pour lui une somme considérable, d'avoir essayé de lui voler 48,000 livres, de lui avoir fait supporter les frais d'un voyage de Bâle à Besançon, d'avoir
essayé de détourner des lettres, des titres de propriété
et d'autres documents. Le reproche était d'autant plus
grave qu'il s'adressait à un prêtre. Aussi celui-ci re-
poussa l'accusation avec autant d'énergie que d'indignation; il se plaignit à son tour, et de Mme de Staal et de
ses amis, parmi lesquels figure le professeur Courvoisier: il leur reprocha d'avoir, dans le domicile de la mar-

quise, essayé de le jeter par la fenêtre, de l'avoir injurié et frappé. Le mémoire que publia Michel de Larue, avec cette épigraphe : *Post tenebras spero lucem*, est un mélange de phrases déclamatoires et pompeuses, à côté de sentiments élevés noblement exprimés. « Je ne m'attacherai pas, dit-il, à présenter ce qui doit flétrir mes ennemis, mais ce qui doit assurer ma justification ; ministre d'un Dieu qui pardonne, j'oublie leur attentat et leurs fureurs pour ne m'occuper que de l'honneur du sacerdoce, et si j'expose des actions noires, des témoignages faux, des entreprises abominables, ce n'est point à dessein de perdre ceux pour lesquels j'implorerais moi-même la clémence du tribunal ; mais je suis contraint de faire connaître mon innocence, et par conséquent de détruire les faits qui pourraient laisser quelque tache sur l'habit dont je suis revêtu. »

Michel de Larue invoque souvent devant les magistrats sa qualité de prêtre, il s'en fait un argument contre ses ennemis ; rappelant avec amertume l'agression dont il a été victime, il s'écrie : « O Dieu ! Dieu de l'innocence ! cette main, consacrée au service de vos autels, qui offre le sacrifice de paix, qui immole l'agneau sans tache, la victime non sanglante ; cette main, vous le savez, Seigneur, n'en est pas moins pure pour être aujourd'hui mutilée, ensanglantée ; elle ne s'est point prêtée au crime et à l'injustice, elle a défendu la veuve abandonnée ; elle a tracé les plans qui ont assuré son triomphe ; et l'ingratitude lui a fait ces affreuses plaies. Le sang qui en coule est innocent, il ne souillera pas votre sanctuaire. »

Etranger à la province, sans relations influentes, sans appui, il se défie de l'intégrité de ses juges, il fait appel à leur esprit d'équité, à leur impartialité, en des termes dignes d'être cités, si le plus souvent ils ne manquaient de mesure. Pour avoir voulu exagérer le pathétique, l'abbé de Larue touche au burlesque, défaut fréquent à une époque où le ton déclamatoire se rencontrait dans toutes les plaidoiries. C'est ainsi qu'après avoir rappelé l'accusation de vol portée contre lui, il ajoute : « O impudence, ô atrocité d'une cabale abominable ! mon âme, qui a demeuré douce et tranquille sur le bord de l'abîme, ne peut plus à présent contenir sa juste colère Je vois des faux témoins qui s'offrent aux désirs de l'accusatrice, ou plutôt qui lui inspirent ces accusations monstrueuses, qu'ils promettent de sceller de leur coupable serment. Je les entends et je frémis, etc. »

Les noms de Mirabeau et de Monnier retentirent souvent au Palais à cette même époque. M. de Monnier, qui appartenait à une famille noble, et était en 1760 premier président de la cour des comptes, domaines et finances du comté de Bourgogne, avait épousé Antoinette d'Arvisenet, et avait eu de cette union une fille unique. Le bonheur de cette enfant était l'objet constant des préoccupations de M. et Mme de Monnier, et ils étaient sur le point de la marier à M. de Bersaillin, lorsque le bruit d'une intrigue entre Mlle de Monnier et M. Lebœuf de Valdahon se répandit dans le public. M. de Valdahon, qui était alors âgé de trente-deux ans, était parvenu à se faire aimer; une correspondance avait été échangée entre les deux jeunes gens; des

entrevues mystérieuses avaient eu lieu, et M. de Valdahon avait été sur le point d'enlever la jeune fille du
domicile paternel. Cette aventure avait été connue de
toute la ville, elle s'était grossie de nombreux détails
imaginaires et blessants pour Mlle de Monnier.

Dans cette situation le premier président n'hésita
pas à porter plainte : il soutint que M. de Valdahon
s'était rendu coupable de rapt et de séduction, crimes
qui, d'après la législation de cette époque, entraînaient
la peine de mort. Un jugement condamna le ravisseur
à dix ans d'absence hors de la province, et à 1,000
livres de dommages-intérêts envers M. de Monnier.
Sur l'appel de ce dernier, la cour, par arrêt du
18 mai 1764, doubla le temps de l'exil et le porta à
vingt ans.

Après avoir lutté contre M. de Valdahon, M. et
Mme de Monnier eurent à combattre contre leur propre
fille. Durant le cours du procès, Mlle de Monnier s'était
retirée aux Tiercelines, à Dole. Les lettres qu'elle adressait à sa famille exprimaient la plus tendre affection
filiale, et elle pratiquait tous les actes de la plus grande
piété, lorsque M. et Mme de Monnier reçurent, en
février 1769, sommation de la part de leur fille de consentir à son mariage avec M. de Valdahon.

Grande fut l'indignation du premier président; il
refusa nettement, et fit de longs mémoires pour établir
qu'un intérêt de fortune avait été le seul mobile qui
avait porté M. de Valdahon à séduire sa fille, « que
celle-ci ne pouvait épouser « l'infracteur des lois publiques, l'ennemi des mœurs, le contempteur de l'autorité

paternelle, le perturbateur de la tranquillité des familles, le violateur de l'asile sacré des maisons, le calomniateur de la vertu, etc. » Il n'est pas d'injure que, dans une irritation d'ailleurs légitime, il ne déversât sur M. de Valdahon et sur sa famille. Il alla jusqu'à prétendre qu'un nommé Lebœuf, condamné à la peine capitale et mis à mort quelques mois auparavant à Lons-le-Saunier, pouvait bien être le parent de son adversaire. Les mémoires qu'il publia, et sur lesquels l'avocat Monnot apposa son nom, eussent pu être touchants. M. de Monnier plaidait la cause d'un père outragé dans ses droits les plus respectables et frappé dans ses affections les plus chères: ils ne furent guère qu'emphatiques. La violence, l'injustice des accusations de M. de Monnier, lui enlevèrent les sympathies qui naturellement devaient s'attacher à sa cause.

Tout ce bruit, tout l'éclat de ce procès, sur lequel la position des deux familles, le rang de M. de Monnier, appelaient l'attention, n'empêcha par Mlle de Monnier de devenir Mme de Valdahon.

Là ne s'arrêta point le malheur du premier président de la cour des comptes : comme père il avait eu à défendre sa fille ; comme mari il eut à poursuivre contre sa femme et contre Mirabeau l'injure la plus grave qui pût lui être faite. Il avait eu le tort d'épouser, à l'âge de soixante-sept ans, une jeune fille de seize ans, qui devait devenir une femme au langage cynique, sans moralité aucune. Elle se signalait déjà par le dévergondage de ses mœurs et l'excessive liberté de ses allures, lorsqu'elle fit la rencontre de Mirabeau et se laissa séduire sans difficulté. Le roman, commencé en France, devait se continuer en Suisse, en Hollande et à Paris. Un beau jour, le 24 août 1776, tous deux s'enfuirent en Suisse, puis en Hollande, emportant plus de 25,000 fr. au mari.

Mais ils étaient bientôt arrêtés à Amsterdam par un inspecteur de la police française. Mirabeau était renfermé à Vincennes, où sa détention se prolongeait plus de trois années. Dès le début le Parlement de Besançon avait été saisi de la poursuite et avait déclaré Mirabeau coupable de rapt, en ordonnant qu'il serait décapité en effigie. A sa sortie de Vincennes, Mirabeau entreprit de faire tomber l'arrêt qui le condamnait à la peine capitale, et se constitua dans la prison de Pontarlier afin de purger sa contumace.

C'est alors que de nombreux mémoires furent produits en son nom comme au nom de M. de Monnier. Le jour même de l'enlèvement, une lettre avait été apportée des Verrières-Suisses à une dame Barbaud, à Pontarlier, avec mission de la remettre à Mme de Monnier. Cette lettre, qui paraissait écrite par Mirabeau, indiquait à Mme de Monnier le moyen d'arriver à une évasion ; mais au lieu d'être transmise à destination, elle fut confiée à M. de Saint-Mauris, commandant du fort de Joux, qui la communiqua à M. de Monnier. Il s'agissait de savoir quel en était l'auteur et quelles conséquences on pouvait en déduire. D'un autre côté, Mirabeau se plaignait d'être retenu dans la prison de Pontarlier, et demandait son élargissement provisoire. Il eut pour conseils Courvoisier, Rainguet et Lombard ;

mais s'il leur laissa le soin de discuter des points de droit, ce fut lui-même qui se chargea de sa défense. Il y apporta la fougue, l'énergie et le talent qui le distinguaient. Son style est déjà ce qu'il sera un jour : c'est le lion qui rugit.

Mirabeau le premier sentait la valeur de ses écrits. « Si ce n'est pas de l'éloquence inconnue à nos siècles barbares, disait-il, je ne sais ce que c'est que ce don du ciel si séduisant et si rare. » Il n'attaque pas et ne pouvait attaquer M. de Monnier, mais il lui fallait des victimes, et c'est l'avocat du roi Pion, c'est M. de Saint-Mauris, c'est le substitut Lombard qu'il poursuit de sa haine et de sa fureur. Il s'en prend surtout au substitut; il soutient qu'il est cousin de M. de Monnier au quatrième degré, et il le montre, malgré cette parenté qui lui ordonnait de se récuser, jouant le rôle principal dans la revision du procès, s'opposant à l'élargissement ; il le qualifie de magistrat prévaricateur. Les premières pages du troisième mémoire sont dignes d'être citées : « Nous lasserons le comte de Mirabeau, a dit l'avocat de M. de Monnier, à l'audience du 27 avril, et ces mots indiscrets qui lui sont échappés dévoilent mieux les vues de mes adversaires que ne le pourraient faire des volumes entiers. Non, vous ne me lasserez point, et vous ne me verrez pas plus abattu par l'adversité qu'enflé par la fortune. Mais quels sont donc vos triomphes, que je doive être consterné? Quels sont vos moyens, que je doive trembler? De quelles preuves nouvelles prétendez-vous m'accabler? Je n'ai point obtenu mon élargissement provisoire? Eh bien?

les juges étaient les maîtres d'accorder ou de refuser
cette faveur entière ent indifférente au fond du procès.
Ils ont ordonné la vérification de la lettre. Que m'importe ? Cette lettre n'est pas de moi et ne prouve rien,
puisqu'elle est contradictoire à l'évasion de Mme de Monnier. La chambre de la tournelle m'a renvoyé à d'autres
sièges. Avais-je donc beaucoup à me louer des premiers?
Vos moyens vous paraissent-ils invincibles? etc. » Mirabeau discute ces moyens et continue ainsi :

« Voilà donc vos trophées! voilà les motifs de la pré-
somptueuse confiance qui vous a fait prédire votre victoire complète, comme vous avez annoncé l'arrêt de
messieurs de la tournelle trois jours à l'avance! Eh bien!
écoutez moi : je porte ici la paix ou la guerre, ai-je dit
en commençant, et l'on m'en a fait un reproche. Cependant si l'on m'eût répondu comme à Fabius : choisis-
sez vous-même ; j'aurais choisi la paix, car des raisons
sans nombre me faisaient un devoir de la modération,
que j'ai toujours regardée comme une vertu d'autant
plus haute que mon caractère me la rend moins naturelle. Mais après tant de calomnies et d'outrages, après
trois mois d'une détention si indécente et si cruelle, je
réclame avec confiance le droit qu'a tout opprimé de
montrer à ses oppresseurs une inflexible fierté, et je
dis à M. de Monnier, à ses défenseurs : Je me ris de
votre verbiage, de vos sophismes, de vos intrigues, de
vos succès; vous ne sortirez pas du cercle que je vous
ai tracé, et c'est à vous désormais à recevoir la loi. »

Un jour Eschine, emporté par son admiration pour
l'éloquence de Démosthène, contre lequel il avait plaidé

dans le procès de la couronne, se mit à lire devant son école le discours de son adversaire. Les disciples, entraînés par l'art admirable de ce plaidoyer, ne purent retenir leurs applaudissements.

« Que serait-ce, s'écria Eschine, si vous eussiez entendu le lion lui-même? »

Il faudrait avoir entendu Mirabeau lui-même, cette voix vibrante d'indignation et de colère, avoir vu cette tête superbe de laideur, s'éclairant du feu du génie, pour se rendre compte de l'effet produit sur l'auditoire par le terrible jouteur.

Les mémoires de l'adversaire de Mirabeau sont clairs, précis, corrects, comme le pouvaient être des pièces signées des noms de Seguin, de Quirot, d'Ordinaire, de Blanc; mais quelle différence entre cette froide argumentation et le torrent déchaîné de cette passion qui subjugue !

Le Parlement n'eut pas à statuer. Un plein succès couronna l'audace de Mirabeau; une transaction vint lui donner cette paix qu'il offrait, et mettre à néant toute cette procédure.

Une autre contestation, portée devant les tribunaux pendant la dernière partie du litige entre deux présidents du Parlement, fit scandale.

En 1747, le président de Châtillon, créancier hypothécaire du premier président Boisot, fit saisir et arrêter entre les mains du payeur des gages la somme qui lui était due. Le premier président se pourvut en mainlevée de la saisie, et fit valoir de nombreux arguments puisés dans le livre de Loiseau, qui ne laisse rien à dire

en cette matière et qui établit qu'avant la vénalité les
gages ne pouvaient être saisis ; mais le président de
Châtillon répondit qu'aucun texte ni loi n'interdisait la
saisie ; il s'appuya sur la jurisprudence, sur une con-
sultation d'un professeur de l'université de Toulouse, et
la saisie des gages finit par être validée [1].

Autre procès curieux intenté par un conseiller au
Parlement, le fameux Langrognet, le trop zélé partisan
de M. de Boynes. Langrognet eut l'étrange idée de
poursuivre un ferblantier qui avait loué une boutique
vis-à-vis de sa maison et voulut le contraindre de s'établir ailleurs. Il invoqua le droit romain, notamment
une loi portant que le bruit et le tumulte ne peuvent
distraire ceux qui se livrent à l'étude de la philosophie
et de la jurisprudence. Il invoqua des arrêts et une
plaidoirie de l'avocat d'Expilly ; il soutint que le ferblantier était propriétaire d'une maison dans la ville, qu'il
était venu s'installer dans son quartier par inimitié,
pour le rendre inhabitable. L'avocat du ferblantier ne
fut pas à court d'arguments. Les arts de toute espèce
ne sont-ils pas nécessaires dans les villes policées ? Ne
serait-ce pas bannir d'une ville tous les ouvriers ? N'y
a-t-il pas partout des magistrats, des avocats, des écoliers ? « La Cour, dit Chiflet, prit le parti d'appointer
les parties en droit, beaucoup moins par la difficulté à
résoudre que pour donner le loisir à un confrère de ré-
fléchir sur une contestation aussi hasardée [2]. »

(1) Manuscrits Chiflet. *Recueil de jurisprudence*, p. 39.
(2) Manuscrits Chiflet, *Recueil de jurisprudence*, p. 75.

En 1767, long débat entre la ville de Besançon et un brasseur, Jean-Baptiste Silvant, qui est assez maltraité par le Parlement. Silvant, qui entend fabriquer la bière en grande quantité, qui a envoyé un de ses fils faire un apprentissage à Strasbourg, a établi une brasserie dans les environs de Besançon, à une lieue de la ville, sans se douter des difficultés qui l'attendent, persuadé que ses produits circuleront et se vendront librement ; mais lorsqu'il veut faire entrer sa bière dans la ville, les municipaux s'en emparent. Silvant proteste et réclame, mais en vain ; il se résigne à porter ses plaintes devant le bailliage ; il croit au succès ; alors la ville argumente de l'intérêt public, de la nécessité de ne pas augmenter les brasseries, dans l'intérêt des vignobles ; elle ajoute qu'elle possède le monopole de la fabrication. Silvant répond « que l'art de fabrication des choses communes appartient à tous les sujets, que l'intérêt de ceux qui avaient des vignes ne pouvait balancer ceux de la multitude ; » mais il n'en est pas moins débouté de sa demande, et c'est seulement devant le conseil d'Etat, le 19 août 1778, qu'il finit par obtenir justice.

A cette même époque une contestation qui eut un grand retentissement fut celle que soulevèrent quelques communes du Jura soumises à la mainmorte au profit de l'abbaye de Saint-Claude. Sept communes situées dans le voisinage de cette abbaye, revendiquant leurs libertés, présentèrent en 1770 à Louis XV une supplique à laquelle le conseil des dépêches répondit en les renvoyant à se pourvoir devant le Parlement de Besançon. Le chapitre noble de Saint-Claude, représentant l'abbaye, invoquait des titres qui furent en partie reconnus faux et supposés ; il se fondait sur des traités dans lesquels quelques habitants se reconnaissaient mainmortables. Les communes invoquaient de leur côté des titres d'affranchissement donnés par différents seigneurs ou abbés, tout en reconnaissant que postérieurement à ces chartes, elles s'étaient trouvées réduites en mainmorte, sans qu'il fût possible de dire en vertu de quel droit elles avaient subi ce nouveau servage. Elles repoussaient les traités particuliers invoqués par l'abbaye, établissant qu'ils ne s'appliquaient point à la généralité des communes, mais étaient spéciaux à quelques individus.

Christin, avocat à Saint-Claude, prêtait aux communes l'appui de son talent et de son caractère. Voltaire passionnait le débat par des lettres où sa verve railleuse déversait l'injure sur les adversaires des communes. Ainsi tout contribuait, aussi bien que l'époque elle-même et les idées de liberté qui commençaient à germer dans les esprits, à appeler sur cette lutte l'attention publique. L'arrêt du Parlement n'en condamna pas moins les communes. L'appel porté par elles au conseil d'Etat fut rejeté lui-même le 23 décembre 1777, et la révolution de 1789 vint seule mettre un terme au servage.

L'opinion se préoccupa aussi très vivement d'une poursuite criminelle intentée contre un représentant d'une vieille famille aristocratique de Franche-Comté. Messire Thomas Maigret, seigneur de Desnes, qui était d'une bonne noblesse du XVIe siècle, avait été condamné

par défaut en 1785, par le bailliage de Lons-le-Saunier,
à être rompu vif pour avoir voulu tuer dans un trac,
d'un coup de feu, le sieur Abri d'Arcier, demeurant à
Arlay. Se disant innocent et voulant purger sa contumace, il vint, le 14 juillet de cette même année, se constituer prisonnier. Comme il était gentilhomme, il demanda à être jugé par la grand'chambre. Les magistrats de cette chambre, tous les présidents et deux commissaires de chaque chambre examinèrent ses titres de
noblesse, reconnurent le bien fondé de sa requête et
procédèrent à l'examen du fond. La victime n'avait été
blessée qu'au poignet, mais la Cour déclara qu'il y avait
eu tentative d'assassinat, que le coupable aurait la tête
tranchée par l'exécuteur des hautes œuvres. L'arrêt
reçut son exécution sur la place des casernes. De Maigret mourut bravement, en héros, dit un manuscrit
du temps [1] ; il s'assit tranquillement sur la chaise où
il devait subir le dernier supplice, et fit preuve de la
plus grande fermeté. Il fut inhumé à la paroisse Saint-
Paul, avec toute la pompe due à un homme de son
rang [2]. Cette condamnation fit une impression profonde, et des placards diffamatoires contre le Parlement
furent affichés le lendemain sur les murs, notamment
à l'hôtel de ville.

Enfin, dans la dernière année du Parlement, le maréchal de Lorges eut à soutenir un procès en captation.

---

(1) Archives du Doubs. Manuscrits. *Besançon de 1774 à 1791*, publié par
M. Gauthier, en 1891, dans l'*Annuaire du Doubs.*

(2) Toute la procédure est déposée aux Archives du Doubs. Procès criminels, année 1785.

Le maréchal avait épousé en 1728 Mlle de Poitiers, qui lui apportait en dot tous les biens de sa maison ; après de nombreuses années de mariage, en 1772, alors que le duc et la duchesse de Lorges avaient perdu leur fille unique, la duchesse fit à la nièce du maréchal, la duchesse de Lorges, une donation de 600,000 livres. Cette donation fut attaquée au décès de la donatrice par ses héritières, la duchesse de Ligniville et la duchesse de Choiseul la Baume, comme œuvre de captation, et comme constituant un avantage indirect, un fidéicommis de la maréchale à son mari. Les marquises de Ligniville et de Choiseul ne craignirent pas de se répandre en invectives et en attaques de toute nature contre le maréchal : elles le représentèrent comme ayant exercé durant son mariage une influence sur la duchesse et comme ayant abusé de son ascendant pour faire passer la fortune de sa femme dans sa propre famille, sur la tête de ceux qui devaient continuer le nom de de Lorges. Leur argumentation s'appuyait sur des faits qui n'étaient pas sans gravité. En 1748, le maréchal avait déjà obtenu de sa femme une donation de 300,000 livres au profit de son neveu, le vicomte de Lorges, et cela au détriment de la fille de la donatrice. La maréchale avait de plus sacrifié sa propre légitime aux volontés de son mari; elle avait laissé sa fille rédiger un testament qui la dépouillait en faveur du maréchal. C'était là un ensemble de circonstances qui, jointes à la correspondance du maréchal, montraient combien il était jaloux de perpétuer son nom, puisqu'il laissait sa femme avantager son neveu aux dépens de

sa fille, et qui prouvaient en outre son ascendant et ses vues intéressées. De nombreux et volumineux mémoires furent publiés de part et d'autre. A toutes ces attaques le maréchal répondait que sa femme avait eu pour sa nièce un constant et sincère attachement, que cette amitié avait été le motif déterminant de la donation. Il produisait, lui aussi, toute une correspondance de la maréchale, qui n'avait pas été inspirée par lui et qui établissait ces sentiments d'affection. Plusieurs avocats du barreau de Paris prêtèrent aux parties en cause l'appui de leur talent et de leur renommée. Martineau, Boucher d'Argis, d'Outremont, Doillot, Target, etc., signèrent plusieurs mémoires pour la duchesse de Lorges. Tronchet appuya la demande de Mmes de Lignivilie et de Choiseul. Au barreau de Besançon, Me Sabarot fut le conseil de ces dernières. Seguin et Courvoisier defendirent les prétentions de Mme de Lorges, chacun d'eux dans la nature de son talent; Seguin discutant froidement et au point de vue légal, Courvoisier avec le style imagé qui le distinguait, et dont le passage suivant donnera bien l'idée : « Il est des hom-
» mes, écrivait-il en 1787, en terminant un de ses mé-
» moires, qui, séduits par leur imagination, donnent trop
» de confiance à des rêves; il est des hommes qui, trom-
» pés par des mœurs austères, croient trop aisément à
» la fraude. Mais à l'exemple de la loi, dont il est le
» ministre, le magistrat suppose la bonne foi, et les
» signes qui la manifestent à ses yeux ne sont point
» obscurcis par le voile dont l'intérêt et le mensonge
» s'efforcent de la couvrir. Des chimères peuvent bien

» éblouir un instant les yeux du vulgaire, elles vol-
» tigent en vain autour du temple de la justice. »

Le procès dura douze ans. La donation fut devant les
premiers juges déclarée valable, et il fut décidé que la
duchesse de Lorges n'était point personne interposée,
que sa tante avait eu la volonté de l'avantager personnellement. Devant le Parlement, il y eut tout d'abord
partage d'opinions, puis, sur le rapport de M. de Tré-
villers, le Parlement, par arrêt de mai 1787, donna
gain de cause à la duchesse de Lorges.

La magistrature se préoccupait non seulement de
rendre bonne justice, de veiller aux intérêts généraux
du pays, à l'administration de la province ; elle voulait
que l'honneur, la réputation des magistrats, fussent
sans tache ; elle se montrait sévère à juste titre pour
ceux de ses membres contre lesquels pouvaient s'élever les plus légers soupçons. En 1770, le conseiller
Quirot fut signalé dans l'opinion publique comme accapareur. On lui reprochait d'avoir amassé dans ses greniers à Salins une énorme quantité de blé. Interrogé
par le président de Chatillon, M. Quirot soutint qu'il
n'avait jamais fait le commerce de grains, que les blés
qu'il possédait provenaient de ses domaines, qu'il les
réservait pour servir de ressource à la ville de Salins
en cas de disette, qu'il en avait fait vendre deux cents
mesures, mais que, voyant que la spéculation inspirait
les acheteurs, il avait suspendu la vente, qu'il lui restait trois à quatre mille mesures « sur l'emploi des-
quelles il était prêt à se conformer aux prescriptions de
la compagnie. » Ces explications ne parurent point

acceptables et il fut décidé que M. Quirot comparaîtrait devant la cour et que le président Chiflet lui parlerait en ces termes : « Peu satisfaite de votre conduite en ce que, dans un temps de cherté et de disette, vous avez conservé dans vos greniers un amas considérable de blé, la cour vous ordonne de livrer aux officiers municipaux de la ville de Salins celui que vous avez actuellement, au prix de sept livres dix sols l'émine de soixante livres. Elle vous permet d'en garder la quantité nécessaire à votre consommation, et vous lui justifierez dans la huitaine de la vente que vous en aurez effectuée. » Cette notification faite en présence de toutes les chambres assemblées, M. Quirot protesta et soutint de nouveau qu'il n'avait jamais eu l'intention d'augmenter le prix du blé, qu'il voulait surtout approvisionner la ville de Salins ; il demanda qu'un procès lui fût fait sur le prétendu commerce de blé, et que les dénonciateurs lui fussent nommés. L'arrêt de la cour mérite d'être cité. Il est ainsi conçu :

« La cour, considérant que l'instruction d'une procédure criminelle est réservée pour la poursuite des crimes, dont la seule idée répugne à des magistrats, et que la juridiction qu'elle a le droit d'exercer par forme de discipline sur chacun de ses membres est faite pour leur rappeler que les sentiments honnêtes et désintéressés qui conviennent à leur état leur imposent des obligations d'autant plus étendues qu'ils doivent, par leur conduite, servir d'exemple aux autres citoyens, a arrêté qu'il sera fait registre de tout ce qui s'est passé dans la présente et précédente séance, notamment des ordres notifiés à M. Quirot; qu'il lui sera enjoint de les exécuter dans le temps y porté, et de s'abstenir de l'entrée en la cour jusqu'à ce qu'il lui eût apporté la preuve de la livraison de ses grains aux officiers municipaux de la ville de Salins. » Puis, la cour charge le président Chiflet de signifier à M. Quirot ses volontés.

Certaines pénalités, que nos codes ont conservées dans des cas exceptionnels, étaient fréquemment appliquées. C'est ainsi que le Parlement prononçait souvent la peine du bannissement. En 1776, plusieurs officiers de la maîtrise des eaux et forêts de Besançon, notamment les sieurs Baverel, maître particulier, et Brullot, garde-marteau, reconnus coupables d'abus de confiance, furent condamnés à un bannissement temporaire hors de la province. En septembre 1777, les sieurs Peschard, Voirin, Madoz, Exibard, ayant été atteints et convaincus d'avoir « coupé en délit chacun une charge à col de bois propre à faire des échalas pour la vigne et d'avoir fait rébellion à des gardes forestiers, » furent punis d'un bannissement de neuf années hors du ressort des forêts de la maîtrise de Besançon.

Enfin, le Parlement était souvent en conflit avec les autres compagnies judiciaires. En 1771, un garde de contrebande, ayant tué un fraudeur, fut arrêté et conduit à Besançon, où les juges des Fermes commencèrent l'instruction de son procès. Informé de ces faits, le Parlement s'empressa de requérir du procureur du roi de la Ferme, M. Brenot, la translation du prévenu dans les conciergeries du Palais, mais il s'y refusa, et le Parlement lança contre lui un décret de prise de corps qu'il évita en se rendant à Paris. Pendant que les parlementaires faisaient d'actives démarches pour obtenir le droit de juger les délits de contrebande, M. Brenot continuait de résider à Paris, lorsque le premier président de Grosbois fut mandé pour affaires de sa compagnie. Le chancelier saisit cette occasion pour obtenir du président de Grosbois la promesse que M. Brenot rentrerait à Besançon sans courir aucun risque; il y revint et s'y montra publiquement; mais comme il causait dans la rue devant le domicile de l'avocat Goux, il eut le malheur de se trouver au passage du conseiller Bourgon, qui se rendait au Palais. Celui-ci se plaignit avec amertume devant ses collègues du mépris que l'on semblait avoir pour l'autorité parlementaire et pour ses décrets, qu'un simple particulier bravait impunément. Après une rapide délibération, quatre huissiers de la Chambre vinrent saisir Brenot et le conduisirent en prison, où il resta plus d'un mois. Le ministère fit casser le décret et ordonna au maréchal de Lorges d'employer la force pour élargir le détenu. Blanchard, aide-major de la place, enfonça les portes de la prison, s'empara de Brenot et le confia à la maréchaussée pendant qu'on préparait des chevaux de poste. M. le maréchal le fit escorter au delà des limites de la province. Brenot n'osa rentrer à Besançon qu'en 1772, après la suppression et l'exil du Parlement. Il obtint alors du ministère une indemnité de 12,000 livres et une pension viagère de 3,000, payable sur la caisse des Fermes.

C'est vainement qu'en parcourant les recueils d'arrêts, on chercherait des poursuites et des condamnations contre les sorciers et les possédés. Beaucoup de gens y croyaient encore ; c'est ainsi qu'au XVIII° siècle, en 1732, on vit paraître à Paris un *Traité sur la magie*, par Dangis, appelant toute la rigueur des lois sur les sorciers et même sur les incrédules qui niaient l'existence et le pouvoir du sortilège et de la magie ; mais, heureusement, on laissait en paix les coupables du prétendu crime de sortilège, et le bon temps des possédés était passé. La tournelle ne retentissait plus des mots d'enchantement, de diable et de sabbat ; le Parlement qui, à Dole, avait condamné comme sorciers les mélancoliques, les hystériques, les monomanes, n'eut pas à juger, à Besançon, une seule affaire de sortilège.

Le résumé que nous venons de retracer est loin d'être complet. Comment analyser en un chapitre les décisions judiciaires contenues dans les volumineuses archives du Parlement ? Nous n'avons rien dit des nombreuses poursuites intentées par des corporations, notamment par les médecins plaidant contre les empiriques. Nous ne pouvions insister plus longtemps, mais il était utile de rappeler la différence des temps et des idées ; les plaideurs étaient alors admis à solliciter leurs juges ; la cause se plaidait presque en dehors de l'audience ; on allait voir les magistrats non seulement pour expliquer son procès, mais pour se servir auprès d'eux de toutes les recommandations, de toutes les influences. Les grands, les ministres, les princes, ne craignaient point d'intervenir en faveur de leurs amis ou de leurs protégés. Mémoires, visites et cadeaux influençaient parfois l'esprit des magistrats et pouvaient peser sur leurs décisions. La lenteur des procédures, l'étendue des plaidoiries, le langage déclamatoire du barreau, étaient aussi à signaler; certaines contestations étaient interminables. L'emphase dominait dans tous les débats d'audience, même parmi les avocats les mieux doués, les plus célèbres. Il était nécessaire de montrer les habitudes judiciaires, les mœurs, les tendances, les passions, qui dominaient au xviiie siècle ; bien qu'oubliés, ces procès avaient une importance, présentaient encore un intérêt, et devaient figurer dans notre cadre, prendre place dans ce récit.

CHAPITRE X

DERNIÈRES LUTTES DU PARLEMENT

Hostilité croissante du Parlement contre le pouvoir royal. — Le Parlement demande des poursuites contre Lamoignon, Brienne et Calonne. — Il se refuse aux réformes les plus sages. — Convocation des États généraux. — Discussion sur le mode de composition des États. — Arrêts du Parlement des 21 et 27 janvier 1789. — Exaspération de l'opinion contre les magistrats. — Attaques des plus vives. — Libelles nombreux et violents. — Le Parlement essaie de se défendre. — Le conseiller Droz et son livre. — Misère publique. — La famine. — Emeute contre les magistrats. — Attitude du marquis de Langeron. — Troubles et anarchie à Paris et dans les provinces. — Pillage du château de Quincey. — Information judiciaire. — Insurrection dans la garnison de Besançon. — Les Parlements sans autorité. — L'Assemblée nationale et les Parlements. — Leur suppression. — Abolition de l'ordre des avocats.

Le 20 octobre 1788, les Parlements étaient réintégrés dans leurs fonctions, aux applaudissements de la population, au milieu des acclamations d'une multitude enthousiaste ; mais leurs jours étaient comptés : deux années encore, et l'institution des Parlements aura pris fin. Nous arrivons à l'heure de la lutte suprême entre le roi et la magistrature, entre les magistrats et l'Assemblée nationale.

La guerre avec le pouvoir royal fut immédiate.

Le gouvernement avait espéré tout d'abord que les

parlementaires se montreraient modérés, oublieux du
passé. L'illusion ne fut pas de longue durée. Ils
revenaient animés des mêmes rancunes, des mêmes hostilités, hautains, tels qu'ils étaient partis,
rapportant avec eux les souvenirs, les rancunes que
la persécution traîne avec elle, l'esprit de résistance
qui suit toujours un acte d'oppression, irrités par
les souffrances amères de l'exil, ne dissimulant leurs
sentiments de défiance, de vengeance et de haine ni
contre le ministère, ni contre les présidiaux qui mo-
mentanément avaient pris leur place. Enivrés de leur
triomphe, inconscients des modifications apportées
par le temps dans leur autorité et dans l'opinion
publique elle-même, n'apercevant pas les dangers qui
les menaçaient, ils commencèrent par protester en
termes pleins de véhémence contre les arrêtés du gouvernement. La première pensée du Parlement de Paris
fut d'ordonner une instruction judiciaire « sur les excès,
violences et meurtres commis dans la ville de Paris
depuis le 28 août, » puis d'autres informations sur les
crimes d'Etat imputés aux deux ministres déchus,
Brienne et Lamoignon. Fier vainqueur, le Parlement
de Franche-Comté voulut, lui aussi, revendiquer et bien
établir ses prérogatives ; c'est contre l'enregistrement
forcé auquel avait procédé le commissaire de Caumartin
de Saint-Ange qu'il s'éleva. Le 20 octobre, le jour de
son installation, après avoir affirmé son respect et son
amour pour le roi, il déclara « que par un abus sans
exemple du pouvoir arbitraire, les lois du royaume, les
privilèges, les capitulations des provinces, avaient été

anéantis, les cours interdites, dispersées, les magistrats chassés du temple de la justice par des soldats armés, les juges inférieurs revêtus d'un pouvoir qui ne leur appartenait pas, la vie, l'honneur des hommes livrés à des tribunaux avilis avant même que d'être formés. »

Il traça de la situation le tableau suivant : « Pendant quatre mois on a vu des ministres audacieux environner de pièges et de surprises un prince juste, profaner son auguste nom, prodiguer les rigueurs, remplir les cachots de victimes, faire couler le sang français, accabler les magistrats et les gens de bien sous le poids de vingt mille lettres de cachet imprimées, datées du même jour, et confiées aux caprices des porteurs de leurs ordres, complices aveugles de leurs crimes.

» De pareils excès, ajoutait le Parlement, en éteignant l'amour et la confiance dans le cœur du peuple, en répandant partout le désordre et la terreur, en aggravant encore l'état déplorable des finances, auraient bientôt entraîné la ruine de la monarchie, si les cours, quoique dispersées, le clergé, la noblesse, tous les ordres de l'Etat, n'eussent pas réuni tous leurs efforts pour faire parvenir la vérité au trône, si le roi, mieux éclairé, n'eût éloigné ses sinistres conseillers. »

Enfin, considérant « que tout ce qui s'était passé les 8 et 9 mai portait l'empreinte ineffaçable de la surprise, de l'infidélité et du despotisme ministériel, que toutes les lois de l'Etat et de l'équité naturelle, toutes les formes de la monarchie avaient été violées, que s'il était possible que de pareils attentats se renouvelassent jamais, la vie, l'honneur, la propriété des citoyens, se trouveraient sans défenseurs et que le trône serait ébranlé jusque dans ses fondements, » le Parlement déclara nuls les transcriptions et enregistrements faits sur les registres par le maréchal de Vaux et le commissaire départi de Caumartin de Saint-Ange :

1° De l'édit concernant ceux qui ne faisaient pas profession de la foi catholique.

2° Des lettres patentes ordonnant l'exécution d'une convention conclue entre le roi et le duc de Wurtemberg relativement aux limites du comté de Montbéliard, du 18 octobre 1786.

3° D'une déclaration pour la conversion de la corvée en une prestation en argent, du 27 juin 1787.

4° D'un édit portant prorogation du second vingtième pour les années 1791 et 1792, en date du mois d'octobre 1787.

5° D'un édit portant suppression du droit de mainmorte et de servitude dans le domaine du roi et abolition générale du droit de suite sur les serfs et mainmortables.

6° D'une déclaration pour la liberté du commerce des grains, du 13 juin 1787.

7° Des lettres patentes du 23 juin 1787 qui annulaient les modifications insérées dans l'arrêt rendu en la cour le 3 décembre 1786.

8° D'un édit portant création d'assemblées provinciales.

9° De lettres patentes du 2 novembre 1787 concernant la desserte du collège de Dole.

10° D'une ordonnance du roi sur l'administration de la justice.

11° D'un édit portant suppression des tribunaux d'élection.

12° D'une déclaration relative à l'ordonnance criminelle.

13° D'un édit portant rétablissement de la cour plénière.

14° D'un autre édit portant réduction d'offices du Parlement.

15° D'une déclaration portant que le Parlement sera en vacances jusqu'à ce qu'il en soit autrement ordonné.

Le Parlement fit défense d'exécuter ces édits, déclarations et lettres patentes, attendu qu'ils n'avaient jamais été revêtus d'un enregistrement après libre vérification.

L'arrêt rendu, un de messieurs appela l'attention du Parlement sur la loi transcrite le 8 mai, qui avait pour objet d'établir « la liberté de l'exportation des grains comme devant être l'état habituel et ordinaire dans le royaume. » Puis, invoquant « la médiocrité de la récolte, la cherté des grains, les plaintes de la classe indigente, » il demanda l'interdiction de l'exportation. La cour rendit un arrêt conforme.

Enfin un autre de messieurs s'exprima avec la plus grande véhémence.

Il exposa que M. de Lamoignon, garde des sceaux, et M. de Brienne, principal ministre, avaient tenté d'enlever au souverain le cœur et l'amour de ses sujets, qu'ils avaient suspendu le cours de la justice, mis le désordre dans les tribunaux, nommé des juges in-

dignes, multiplié les actes arbitraires en y employant
le faux, la force, la violence, les armes, les exils et la
prison, et qu'ils avaient ainsi commis les plus grands
crimes que des ministres puissent commettre.

Il ajouta qu'un autre ministre s'était rendu coupable
de crimes d'une nature différente, que le sieur de Calonne avait dissipé par ses profusions et ses déprédations les finances de l'Etat dont il était administrateur.

Il conclut en disant « que tous ces crimes ne devaient
pas rester impunis, qu'un exemple était nécessaire.

Après délibéré, la cour arrêta « que le roi sera supplié de laisser à la justice le libre cours des procédures
commencées au Parlement de Paris contre les sieurs de
Lamoignon, de Brienne et de Calonne; et qu'il lui sera
représenté qu'il est de son intérêt et de sa gloire,
comme de l'intérêt et de l'honneur de la nation, que
ces ministres soient punis [1]. »

Deux jours après, le 22 octobre, le Parlement ordonna
l'enregistrement de la déclaration royale qui avait con-
voqué les Etats généraux et rappelé les Parlements,
mais en persistant dans ses arrêtés et protestations des
18 et 26 mai de la même année; et en déclarant que les
termes de l'édit ne prouvaient point que le Parlement
eût besoin d'un rétablissement pour reprendre des fonctions que la violence seule avait suspendues. Il était
difficile de se mettre plus ouvertement en lutte avec
l'autorité royale et d'usurper avec plus d'audace une

---

[1] Délibérat. de la cour. Archives du Doubs. *Révolution de Franche-
Comté*, vol. 1. Biblioth. du chapitre.

partie des attributions de la royauté; mais si l'on pouvait voir dans une telle attitude un symptôme de la faiblesse de la monarchie, on ne pouvait pas, en revanche, y trouver une preuve de l'habileté des Parlements. Sans comprendre que la royauté était leur seule force, ils la sapaient dans la base, en s'opposant aux mesures même les plus équitables, les plus libérales, perdaient en même temps l'appui de la faveur populaire qui longtemps les avait soutenus et le secours qu'ils pouvaient espérer de la royauté. Leur aveuglement était profond. La plupart des édits qu'ils se refusaient à enregistrer étaient une conception heureuse, et attestaient un louable effort vers l'unité de législation, vers l'égalité entre citoyens, vers la liberté.

L'édit relatif aux protestants constituait un progrès notable auquel devaient nécessairement applaudir tous les hommes à idées larges et généreuses. Durant tout le règne de Louis XIV, les religionnaires avaient été traités avec une rigueur extrême, avec une iniquité révoltante. Sans tenir compte de leur qualité de citoyens français, on leur refusait la jouissance de leurs droits civils. Leurs mariages étaient déclarés nuls aux yeux de la loi, leurs enfants étaient considérés comme illégitimes, et leurs collatéraux plus ou moins avides étaient en droit d'attaquer ces mariages, d'en demander la nullité. On comprend combien il en était résulté de procès; plus humaine que la loi, la jurisprudence permettait seule aux enfants des protestants, dépouillés par la révocation de l'édit de Nantes de tout état civil, de recueillir l'héritage de leurs pères. Sous Louis XV et

sous Louis XVI, cette situation lamentable s'était continuée. Religieux observateur de la menaçante formule
du serment du sacre, qui ordonnait *hæreticos exter-
minare*, catholique fervent et timoré, Louis XVI
s'était refusé tout d'abord à rien modifier, puis sa piété
éclairée, tranquillisée, avait compris que donner à des
Français des droits civils ne serait point offenser Dieu,
et à la demande de Malesherbes, il avait fini par accorder aux protestants, qui formaient la vingtième partie
de la nation française, un moyen légal d'assurer l'état
de leurs enfants. Comment le Parlement de Franche-
Comté eut-il la malheureuse inspiration de repousser
une décision aussi sage, qui permettait à des Français de
devenir citoyens? On comprend son opposition à la
prorogation du vingtième, à la réduction des offices, au
rétablissement de la cour plénière; il défendait les droits,
les intérêts du peuple, en repoussant l'impôt; il défendait les prérogatives parlementaires en se refusant à
la création d'une grande cour; on ne saurait excuser sa
résistance à la liberté religieuse; elle provenait peut-
être de ce que l'édit sur les protestants était présenté à
l'appréciation des magistrats avec d'autres édits destinés à anéantir les Parlements.

On ne s'explique pas mieux l'opposition de la magistrature aux ordonnances royales sur la mainmorte,
sur la suppression des tribunaux d'élection, sur la procédure criminelle. N'était-ce pas un beau spectacle que
celui d'un roi, successeur immédiat de Louis XV, abo-
lissant la dernière trace du servage, mettant la justice
à la portée de tous, et affranchissant la législation des

procédés barbares qui la déshonoraient? La conscience du pays devait se sentir soulagée en voyant disparaître des lois iniques. Mais le Parlement ne comprenait, malgré sa science et ses vertus, ni les généreuses visées de Louis XVI, ni les grands projets de Turgot, de Malesherbes et de Necker. Il faut lire les délibérations de la haute compagnie pour bien saisir l'esprit politique qui l'animait. L'émotion est universelle, les populations s'agitent, la fermentation est partout; la démocratie prend naissance; favorisée par l'aristocratie elle-même, elle deviendra bientôt démagogie; l'opinion publique se rend compte que la France est à la veille d'un bouleversement. Les esprits les plus éminents du clergé, de la philosophie, de la politique, des finances, désirent et demandent des réformes, certains magistrats les sollicitent. L'avocat général Servan se fait l'interprète du sentiment public, et, dans un discours sur la justice criminelle, proteste avec une vigoureuse éloquence contre l'iniquité, la barbarie de la question appliquée par le bourreau, il accuse la législation d'arbitraire; un autre magistrat, Dupaty, avocat général à Bordeaux, réclame, avec plus d'ardeur même que Servan, d'importantes modifications aux lois sur la procédure criminelle. Ces réformes, le pouvoir, qui sait que le temps presse, voudrait les hâter, mais le Parlement les entrave, il demeure immobile au milieu de la marche de l'esprit humain, il repousse les mesures les plus sages, les conceptions, les réformes les mieux préparées, il ne comprend pas les nécessités du temps, pas même la tolérance, et ce n'est que par des lettres d'enregistrement forcé que Louis XVI arrive à faire transcrire les ordonnances qui ont pour but d'abolir un abus ou de consacrer un progrès. Cette opposition n'aurait pu se justifier sous Louis XV; elle devenait coupable au plus haut degré sous une monarchie battue en brèche de tous côtés et travaillant elle-même à se désarmer; on doit l'attribuer à l'attachement de la magistrature aux vieilles franchises, aux anciennes coutumes locales. Les efforts de l'autorité royale vers l'unité, vers la liberté, étaient suspects aux magistrats comme autant d'entreprises dirigées contre leurs plus chères institutions. Enfermés dans leur foi, dans leur famille, dans leurs affections, dans leurs travaux, les magistrats regardaient peu dans la société qui s'agitait autour d'eux. Le peuple ne comptait pas encore, bien que la philosophie du xviiie siècle le préparât pour son rôle et lui enlevât ses croyances. Les parlementaires n'abaissaient pas leurs regards jusque-là, et n'avaient aucun pressentiment de l'avenir. Ils étaient éclairés et humains, mais ils étaient associés à la justice routinière d'un grand corps immuable dans la barbarie du vieux droit. Ajoutons, pour expliquer leur quiétude et leur aveuglement, que la France entière s'agitait sans savoir où Dieu la menait; que personne, parmi les plus habiles, n'avait une juste prévision des grands événements qui allaient se produire.

Le mode de composition des Etats généraux devait être l'occasion de nouveaux conflits. Le 1er novembre 1788, Louis XVI rendait une ordonnance qui, conformément au vœu du Parlement, annonçait l'ouverture prochaine des Etats dans leur ancienne forme ; quelques jours après, le 27 de ce même mois, les Etats de Franche-Comté se réunissaient à l'hôtel du commandant militaire [1] en trois chambres séparées, et selon les règles observées en 1666 lors de la dernière assemblée qui avait précédé la conquête. L'archevêque Raymond de Durfort était le président-né de l'ordre du clergé, le prince de Bauffremont était le président élu du corps de la noblesse, et le lieutenant général du bailliage d'Amont, Roux de Raze, était le président-né de l'ordre du tiers. Malheureusement il devint impossible de s'entendre sur le mode de composition de cette assemblée, sur le nombre de mandataires attribués au clergé, à la noblesse, au tiers état. Les Parlements et les privilégiés voulaient les vieilles formes aristocratiques de 1614 ; ils n'admettaient pas l'élection par la population, ils demandaient qu'elle fût faite par les Etats de la province. Le tiers soutenait que sa représentation devait être égale à celle des deux ordres privilégiés ensemble, que les votes devaient être pris par tête. La question ne se serait probablement pas soulevée si Necker avait eu une opinion arrêtée, s'il avait pris soin, avant de former les Etats, de décider quel serait le nombre des députés de chaque ordre, quelles conditions seraient exigées pour élire et pour être élu ;

---

[1] Les Etats siégeaient à l'hôtel du commandant militaire, lorsque l'arrivée du marquis de Langeron, nommé commandant supérieur en remplacement du maréchal de Vaux, obligea les Etats à évacuer l'hôtel du commandant et à s'installer dans les bâtiments du collège (décembre 1788). Archives municip. BB. 199, casier 1, rayon 12.

mais Necker, incertain, avait eu le tort de temporiser, de répondre d'une manière évasive; ce fut une faute grave qui affaiblissait l'autorité; il eut en outre le tort de convoquer les notables afin de les consulter sur les questions relatives à la formation des Etats, ce qui permettait à l'effervescence, à l'intrigue, d'agir, à l'exaltation de s'accroître, aux haines de s'envenimer. Bien que le roi eût tranché la question à Versailles en faveur du tiers état, bien que la décision du roi eût été rendue publique le 27 décembre 1788, on continuait à discuter partout. La France entière s'agitait, il n'y avait qu'un sujet de conversation : les affaires publiques; on en parlait avec feu jusque dans les plus petites villes. Les Etats particuliers de Franche-Comté devinrent le théâtre d'une guerre des plus vives. Telle était la situation lorsque parut, le 27 décembre 1788, un arrêté du conseil du roi tranchant la question dans le sens le plus libéral et attribuant au tiers une représentation égale à celle de la noblesse et du clergé. L'arrêté souleva les approbations les plus chaleureuses dans les classes moyennes, des protestations non moins ardentes de la part des ordres privilégiés; la protestation de la noblesse eut lieu le 6 janvier, et fut déposée le lendemain au greffe du Parlement. La noblesse ne fut cependant pas unanime à s'élever contre l'arrêté royal; vingt-deux membres, donnant leur adhésion aux volontés du Roi, demandèrent que le tiers eût un nombre de députés égal à celui des deux autres ordres réunis. Parmi eux se distinguaient le prince de Saint-Mauris, fils du prince de Montbarrey, ministre de la guerre, le marquis de Grammont, l'ingénieur d'Arçon, le marquis de Lezay-Marnésia, le comte de Raincourt, le marquis de Froissard de Bersaillin, MM. de Toulongeon [1].

Le collège se divisa. Les prêtres des campagnes n'hésitèrent pas à faire cause commune avec le pouvoir royal, tandis que les hauts représentants du clergé, à l'exception de neuf de ses membres, se refusaient aux innovations des ministres. Enfin l'opinion publique se prononça énergiquement en faveur du tiers état. Le 16 janvier 1789, le magistrat de Besançon, les notables représentant la cité, désirant exprimer au roi « leur amour, leur inviolable dévouement, » lui envoyèrent une adresse où nous lisons ces lignes : « Nous avons vu avec un transport de gratitude inexprimable le résultat du conseil de Votre Majesté du 27 décembre 1788, nous en avons admiré la sagesse; nous nous sommes empressés à en adopter toutes les dispositions; nous avons prononcé anathème contre les abus de crédit et d'autorité des corps et des individus malintentionnés, assez téméraires pour rendre illusoires des dispositions dictées par la bienfaisance. Daignez, Sire, couronner un ouvrage commencé sous les plus heureux auspices et à l'entière satisfactien des peuples [2]. » En même temps la municipalité décida que des hommages seraient rendus aux vingt-deux gentilshommes et aux neuf membres du clergé qui avaient soutenu le

---

(1) *Révolution de Franche-Comté*, vol. 1. Biblioth. du chapitre.

(2) Lettres du magistrat et de quatre-vingts notables, délibérées en assemblée générale à l'hôtel de ville, le 16 janvier 1789.

tiers état (1). Elle protesta contre un arrêt du Parlement qui avait fait saisir chez un notaire l'acte d'adhésion aux vues du roi, arrêt qui, en janvier 1789, devait être cassé par le conseil d'Etat et désapprouvé par le roi.

Tous ces événements avaient profondément impressionné la population, l'agitation était grande. « Les esprits, disait la *Feuille hebdomadaire* imprimée à Besançon le 5 janvier 1789, sont en Franche-Comté dans la plus violente fermentation, et des villes l'effervence s'est répandue dans les campagnes, plusieurs cantons ont arrêté de refuser tous subsides et redevances jusqu'à ce que les affaires aient décidément changé de face. On y est au moment d'une insurrection générale. »

En présence de cette surexcitation, le Parlement eût usé de prudence en ne manifestant pas son opinion; il commit la faute d'intervenir dans le débat; il avait demandé la convocation des Etats, sans paraître comprendre qu'avec les Etats la révolution commençait. Lorsqu'ils furent à l'œuvre, il fut pris de repentir et de peur; en face de ces assemblées menaçantes et formidables, il crut naïvement qu'il était temps encore d'agir, que la victoire pouvait échapper au tiers état, et ne voulant tenir compte ni des vœux du tiers et du clergé des campagnes, ni de l'état de l'opinion, ni des appréciations de la grande majorité des habitants de la ville de Besançon, il rendit un arrêt ordonnant la suppression des délibérations où les vingt deux mem-

______

(1) Archives municip. BB. 200, casier 1, rayon 12.

bres de la noblesse et les neuf membres du clergé acceptaient, conformément à la volonté royale, la double représentation du tiers. Cet arrêt était quelques jours plus tard, le 21 janvier, cassé par le conseil ; mais le Parlement refusait de se soumettre et prononçait, le 27 de ce même mois, une nouvelle décision plus longuement motivée confirmant la première. Il commençait par constater que la fermentation régnait dans le royaume, qu'elle y était entretenue par de nombreuses publications tendant à engendrer l'insurrection, à ébranler, peut-être même à renverser la monarchie ; que les maux qui affligeaient la France provenaient du désordre des finances, qu'il importait de déterminer la dette de l'Etat, d'entraver toutes dépenses inutiles. Il s'expliquait sur les droits féodaux, démontrait la nécessité légale, l'équité d'un rachat. Puis il rappelait son dévouement aux classes indigentes, aux artisans, aux habitants des campagnes. Rien à reprendre dans tous ces considérants : mais le Parlement arrêtait qu'il tiendrait pour maximes : « 1° qu'il n'était pas permis aux Etats de la province d'en changer la constitution, qu'elle ne pourrait l'être que par la nation assemblée par individus ou par ses députés ; 2° que les Etats généraux devaient être convoqués dans la forme de 1614 [1]. » C'était protester contre toute innovation, dénier aux Etats généraux des droits unanimement reconnus ; c'était prendre parti contre la population, contre le

____

[1] Délibérat. de la cour. *Révolution de Franche-Comté*, vol. 1. Biblioth. du chapitre.

tiers état, pour les classes privilégiées ; c'était demander le triomphe de la noblesse, l'anéantissement du
tiers ; c'était manquer de netteté et de franchise. Depuis
plusieurs années, les Parlements n'avançaient que pour
reculer ; ils demandaient la liberté, les Etats généraux,
et le jour où leur requête était accueillie, ils travaillaient
à les rendre nuls, en les calquant sur la forme des vieux
Etats impuissants. L'esprit de corps, développé par
une longue tradition, devient naturellement exclusif
et absolu. Le Parlement subissait le vertige commun
qui poussait tout vers l'abîme ; il se montrait plus hautain, plus défiant que jamais ; après avoir résisté à la couronne, il résistait aux populations qu'il avait jusqu'alors
énergiquement défendues, et se tournait contre le peuple, dont il se considérait tout d'abord comme le défenseur dévoué.

Cet arrêt devait être pour le Parlement un arrêt de
mort, et les magistrats tuaient, en un jour, toute leur
popularité. Non seulement dans la bourgeoisie, mais
dans le clergé, dans la noblesse, dans l'assemblée des
notables, on se prononçait en faveur de la double représentation [1], on vantait les lumières, les mœurs du
tiers état ; on n'admettait point que vingt-quatre millions de Français n'eussent pas un nombre de représentants égal à celui de quatre ou cinq cent mille de
leurs compatriotes. Des horizons nouveaux s'ouvraient
en France pour les classes moyennes, et au lieu de con-

[1] Voir lettres du magistrat et de quatre-vingts notables représentant la
commune de la cité de Besançon, délibérées en assemblée générale tenue à
l'hôtel de ville, le 16 janvier 1789.

sidérer le maintien de la vieille constitution provinciale comme un résultat suffisant, les populations aspiraient à d'autres conquêtes. Par un retour de fortune qui n'est point rare, les magistrats acclamés quelques mois auparavant sombrèrent sans retour. Le vide se creusa autour d'eux. Le peuple les avait appuyés tant qu'ils avaient défendu ses passions ou ses intérêts; il se tourna contre eux lorsqu'il ne sentit plus en eux un soutien, un appui nécessaire. Les classes moyennes, qui avaient vu leur retour avec froideur, leur devinrent presque hostiles. Des pamphlets répandus à profusion depuis plusieurs mois mirent en défiance toute la population. L'effet de l'arrêt fut subit, comparable à celui de la foudre. Le Parlement fut signalé comme ne voulant autre chose que la continuation ou même l'aggravation des charges dont le pays était grevé. Aux cris de joie, aux applaudissements succédèrent des cris d'étonnement, puis des malédictions. Comment le Parlement, qui parle sans cesse de liberté, résiste-t-il à tout progrès libéral? Comment trompe-t-il à ce point l'espoir du peuple? Comment le peuple se fierait-il au pouvoir judiciaire? On accusa les magistrats de n'avoir demandé les Etats que pour avoir raison des ministres, pour obtenir de plus grands pouvoirs et pour mieux tenir la nation en servitude et le gouvernement en échec. On lui imputa de ne point savoir se déprendre de privilèges devenus odieux aux masses, d'être hostile aux réformes que la nation demandait à grands cris. Debout au milieu d'un passé qui s'écroulait tout entier, le Parlement, considéré jusqu'alors comme la plus haute expression des sentiments et des aspirations du pays, sembla désormais n'être plus que la personnification d'un régime contre les défauts duquel il avait pourtant bien souvent protesté. Ce fut partout une éruption de libelles. Chaque jour vit paraître un nouvel écrit, attaquant, de la manière la plus violente, les magistrats. Dans une « Lettre à Messieurs du Parlement de Franche-Comté, » en date du 8 février 1789 [1], on leur imputa « d'être plus attachés à l'autorité de leurs places qu'aux devoirs qu'elles imposent, d'apprécier leurs qualités de nobles et de propriétaires privilégiés mieux que les noms augustes de magistrats, de préférer régenter une province par la crainte plutôt que de s'en faire adorer par la modération et par la justice ; » on leur imputa « d'avoir, dans l'énumération des maux qui affligent la France, omis un grand nombre de calamités qui ne sont pas les moins réelles, telles que l'inutilité, la paresse, le luxe insultant du haut clergé, la morgue, l'arrogance, le despotisme des cours souveraines, la vénalité des offices, la lenteur et les frais de la justice. » Dans les *Considérations sur les intérêts du tiers état*, on imprimait ces lignes : « Les lumières pénètrent tard dans les Parlements, ils sont comme les salles antiques où ils s'assemblent, où le grand jour n'arrive qu'à midi et lorsque le pays est tout éclairé dès le matin.... Antiquité est pour eux synonyme de vérité. » La *Feuille hebdomadaire* traitait le Parlement de « corps usé, posé malheureusement sur des pieds d'argile et dont tout

____

[1] Bibliothèque du chapitre.

semble avoir conspiré la perte, » et ce journal ajoutait :
« Le Parlement s'est lui-même porté les premiers coups.
Oui, le voile est rompu et le peuple n'aperçoit plus que
des tyrans dans ces hommes qui se pavanaient à ses
yeux, parés du vain titre de Pères de la patrie. » Toutes
ces attaques étaient lues avidement ; le peuple, dans
son réveil subit, était curieux de tout connaître, de tout
lire. Les *Révolutions de Paris*, que rédigeait Loustalot,
étaient tirées jusqu'à deux cent mille. L'irritation devint extrême. L'occasion se présentait pour les ennemis du Parlement de satisfaire de vieilles haines. Et
les ennemis étaient nombreux : noblesse, clergé, tiers
état, quel était l'ordre de citoyens que l'omnipotence,
la hauteur, la morgue parlementaires n'eussent pas
blessé. La bourgeoisie moqueuse et irritée, les avocats eux-mêmes qui, lors de la crise de 1788, s'é-
taient, en haine de l'arbitraire ministériel, hautement
déclarés pour les anciennes lois menacées, qui, de
tout temps, avaient fait cause commune avec les magistrats, et qui leur avaient donné des témoignages de
sympathie des plus vifs, se déclarèrent contre eux et
les abandonnèrent. Le clergé, les ministres, qui cherchaient avant tout la popularité, les municipalités,
qui se composaient en grande partie d'agriculteurs,
de commerçants, d'hommes appartenant au tiers état,
n'hésitèrent pas à prendre parti contre le Parlement.
Le commandant de la province lui-même n'osa le soutenir. La magistrature voulut se défendre, ramener
à elle l'opinion. Droz, un des conseillers les plus érudits, composait alors un livre sur l'histoire du droit

public en Franche-Comté ; on le pria de hâter son travail. Le livre parut, montrant les travaux du Parlement, la confiance qu'il inspirait aux peuples, son opposition à l'arbitraire, aux dépenses excessives, ses exils, son érudition et son zèle, son dévouement aux classes pauvres, à la noblesse, au clergé, au tiers état, les injustes attaques dont il était l'objet. Il était écrit par un érudit avec l'accent de la conviction, dans le style déclamatoire de cette époque. Mais l'opinion publique était formée. Quelle impression pouvait produire l'œuvre de Droz ? L'écrivain demandait aux populations de se montrer reconnaissantes pour la magistrature. Comment compter sur la reconnaissance dans ces temps troublés, chez un peuple à qui on faisait espérer la liberté et la suppression de tous les abus ? Une circonstance fortuite acheva d'exaspérer les esprits. La crise monétaire commençait à sévir et allait bientôt forcer Louis XVI, la reine, les ministres et quelques citoyens à leur exemple, à fondre leur vaisselle plate. L'or, l'argent et même le cuivre se dérobaient à la circulation, rentraient sous terre ou passaient les frontières. Les riches ajournaient toute dépense. L'Etat, qui pouvait à peine payer l'armée, tentait de réaliser des économies. Partout, cessation presque absolue de tous travaux d'utilité publique comme d'intérêt privé. Plus de travail pour l'ouvrier des villes, pour l'habitant des campagnes, et pour le pauvre, la faim. La misère était si grande que le 15 octobre 1789, un appel patriotique était adressé aux habitants de Besançon par la municipalité, qui leur demandait de faire don de leurs boucles

de souliers en argent, afin d'acheter, avec leur valeur,
du blé à distribuer aux indigents [1]. A la même époque,
sur la proposition de Necker, un décret imposait à tous
les habitants du royaume une contribution extraordinaire fixée au quart du revenu de chacun, et qui devait
être acquittée par tiers, en trois années. La commune
de Besançon, s'associant au vœu de l'Assemblée nationale, engageait toutes les personnes ayant plus de
400 livres de revenu à en abandonner le quart à la
patrie [2]. Le décret de l'Assemblée, confiante dans les
sentiments d'honneur et de désintéressement de la nation, avait déclaré qu'il ne serait fait aucune inquisition ni recherche pour découvrir si chaque citoyen
avait fourni une contribution en rapport avec ses
moyens. Mais des abus s'étaient révélés, et les municipalités avaient été chargées de vérifier et de rectifier
les déclarations notoirement infidèles. On comprend de
quelles précautions durent s'entourer ceux qui se trouvaient exposés à ce contrôle inquisiteur. Il y eut une
sorte d'émulation de pauvreté. Enfin, les gelées du
printemps avaient détruit la plupart des récoltes. Le
pain devenait hors de prix. Pour surcroît de malheur,
les provinces voisines de la Comté, la Lorraine, le duché de Bourgogne, la Champagne, non moins cruellement éprouvées, fermaient leurs marchés. Le peuple
souffrait de la faim; on ne l'alimentait que jour par
jour, et à grand'peine. L'hiver était des plus rigou-

(1) Archives municip. BB. 201, casier 1, rayon 12.
(2) Archives municip. BB. 201, casier 1, rayon 12.

reux, le froid des plus intenses. Le Doubs fut gelé pendant deux mois, puis survinrent, dans la nuit du 26 au 27 janvier 1789, des inondations subites, qui emportèrent le pont de Bregille [1]. Les blés n'arrivaient à Besançon que difficilement, et l'approvisionnement de la ville ne se faisait qu'avec une lenteur inquiétante. Aussi le blé se vendait-il 7 livres 10 sols la mesure de 36 livres. Le Parlement, l'assemblée générale de la commune, multipliaient leurs décisions pour empêcher la sortie des grains. Les magistrats, dont l'une des principales préoccupations était d'empêcher la disette, redoublaient surtout de vigilance, autorisant les simples citoyens à saisir les grains, farines et légumes dans tous les cas de contravention aux règlements, excitant la vigilance, proposant pour récompense la moitié des grains confisqués. Il y eut, dans les classes riches, un grand mouvement de charité, de bienfaisance, de générosité pour le pauvre.

Mais toutes ces mesures n'empêchaient pas les appréhensions, la crainte de la famine. L'exaltation était fort vive et ne faisait que grandir. Dès les premiers jours de mars, le bruit se répandit que le Parlement avait contribué à la disette ; on citait des propos au moins imprudents, attribués à certains parlementaires ; on prétendait que l'un deux, voyant en 1771 un rassemblement devant la boutique du boulanger Léchine, rue Saint-Vincent, avait demandé si cette canaille était faite pour manger du pain « de froment ; » on affirmait que

____

(1) Archives municip. BB. 200, casier 1, rayon 12.

certains magistrats avaient leurs greniers remplis de grains, insinuations perfides que rien ne justifiait, que la cour n'était point fâchée de propager pour dépopulariser les Parlements, mais que l'opinion publique acceptait. Un peuple qui souffre, qui se demande s'il mangera demain, accueille aisément les bruits les plus invraisemblables, les dénonciations les plus calomnieuses. Rien de plus facile dans les grandes détresses publiques, où tout le monde est irrité et alarmé, que de provoquer les haines, de désigner au peuple malheureux un nom, un homme ou une corporation responsable de la misère. On accusa les parlementaires de ne pas se soucier des intérêts du pays, de ne rien faire pour lui venir en aide ; et cependant la plupart des magistrats ouvraient leur bourse à l'indigence, fréquentaient les bureaux de charité de la ville, et, secouant tout préjugé, essayaient de secourir les pauvres, les malades, jusque dans leur domicile, dans les réduits les plus affreux. Le 29 mars 1789, vers cinq heures, un rassemblement d'environ cent cinquante personnes se forma près de l'hôtel du président de Vezet. Une émeute éclata et signala les conseillers à la vindicte publique. Leurs maisons furent marquées pour le pillage ; l'un d'eux, Bourgon, faillit être massacré ; il avait soixante-douze ans, il avait consacré quarante années d'une vie active et laborieuse aux pénibles fonctions de la magistrature et surtout à la défense des droits de ses concitoyens ; mais son intégrité, sa sévérité comme juge, ses énergiques protestations contre les excès du pouvoir, lui avaient créé des ennemis. Il

était, à sept heures du soir, chez sa parente, Mlle de La-
cour, lorsque la maison fut assaillie à coups de pierres,
envahie par des forcenés ; menacé de mort, il put à
grand'peine, après avoir prudemment changé de costume, gagner une habitation voisine et se réfugier
chez le premier président. Cette scène de violences, de
menaces, de vociférations, avait duré trois quarts
d'heure, pendant lesquels la demeure du conseiller
Bourgon, placée rue du Clos, avait été le théâtre du plus
horrible brigandage, pillée, saccagée ; ses meubles, son
linge, ses vêtements, ceux de sa famille, son argenterie, ses papiers, ses titres de propriété, avaient été
volés. Ses enfants, fort jeunes, avaient dû être enlevés
par-dessus les murs pour échapper à la rage des assail-
lants (1).

D'autres magistrats, de simples citoyens, furent aussi
victimes de violences plus ou moins graves. La maison
du président Talbert, qui était située Grande-Rue, en
face de l'église Saint-Maurice, eut ses fenêtres brisées et
fut envahie par le peuple, qui le considérait comme un
accapareur. La famille de ce magistrat fut contrainte de
fuir en franchissant un mur de clôture à l'aide d'une
échelle (2). Chose étrange, l'armée, qui se composait de

(1) Extrait des registres du Parlement, séance du 31 mars 1789. (*Annales
françaises de Sallier*, édit. 1813, p. 301. *Moniteur* du 28 au 29 juillet 1789.)

(2) D'autres émeutes occasionnées par la cherté des grains s'étaient déjà
produites à Besançon. En 1740, un attroupement composé en majeure partie
de femmes de Battant, de Charmont et d'Arènes, se porta chez plusieurs habitants pour y trouver des dépôts de blés, entra à Charmont chez un
conseiller au bailliage, M. Jobard, brisa les meubles, pilla les denrées. Le
régiment de Picardie dut intervenir. Il y eut de nombreuses arrestations;

quatre régiments, n'essaya même pas de s'opposer à ces scènes scandaleuses de violence, de réprimer ces odieux abus de la force. Il y avait sur la place Saint-Maurice, d'après le *Journalier* de Charles Varin du Fresne, un piquet de cavalerie qui, ne recevant pas d'ordres, restait l'arme au bras et laissait la populace agir à sa volonté et satisfaire ses haines personnelles. La garnison était commandée par un homme dévoué aux idées nouvelles, qui voyait dans les magistrats sinon des factieux, du moins des adversaires plus ou moins redoutables, et qui prenait plaisir à les terroriser. Le marquis de Langeron joua dans cette journée un assez triste rôle ; dévoué au roi, mais désireux de conquérir la popularité, il eut le tort de faire cause commune avec les émeutiers et de ne point comprendre que son devoir était avant tout d'empêcher des scènes de sauvagerie, de défendre des femmes et de malheureux enfants. Il était arrivé à Besançon avec des préventions, avec le désir de soumettre tout le pays à son despotisme, à ses volontés arbitraires, et ne dissimulait point son mépris pour les habitants, qu'il appréciait en ces termes : « Quand on connaît le caractère des Comtois, on ne doit point s'embarrasser de leur fougue ; ils sont impétueux,

une femme Brodot fut condamnée et appliquée au carcan, une autre femme fut pendue. On conduisit dans les prisons de Lyon le pâtissier Nicole et le perruquier Muneret, prévenus d'avoir tenu des propos inconvenants contre l'intendant, M. de Vanolles, d'avoir montré une gravure où cet intendant figurait avec un sac de blé sur ses épaules. Les préventions contre M. de Vanolles étaient si vives que M. de Mailly, passant sur le pont au moment de l'émeute, le peuple, croyant voir en lui l'intendant, faillit le précipiter dans la rivière. (Manuscrits Quirot.)

colères, sans éducation ni instruction, ils n'ont aucune suite dans la tête ni en affaires. » Obéissant aux mouvements de l'opinion, il fit tous ses efforts pour mettre les bailliages et les municipalités en hostilité avec le Parlement, pour susciter aux magistrats des difficultés et eut, sur les événements de cette époque troublée, une influence funeste.

Irrité à juste titre de l'agression dont avaient failli être victimes plusieurs de ses membres, le Parlement s'empressa de se réunir le 31 mars, flétrit tous ces désordres et essaya de les réprimer. Il manda devant lui le marquis de Langeron ; le procès-verbal de la séance nous donne de nombreux détails. Le marquis s'excusa, en prétendant « qu'il ne devait prêter main-forte que lorsqu'il en serait requis ; que les armes des troupes ne lui paraissaient devoir être offensives que contre les ennemis de l'Etat ; que vis-à-vis des citoyens, elles étaient simplement ostensibles et faites pour en imposer aux personnes mal intentionnées : » raisonnement pitoyable, digne d'un homme tout prêt à pactiser avec l'émeute. Le marquis de Langeron ajouta « qu'il lui était parvenu une liste des maisons destinées au pillage, à la tête de laquelle étaient celles de plusieurs membres de la cour, qu'il avait pourvu à la sûreté de quelques-unes de ces maisons. » Puis le premier président invita le conseiller Bourgon à faire le récit des événements qui lui avaient été personnels [1]. » Ce récit terminé, les magistrats ne ménagèrent pas au

____

(1) Archives du Doubs. Délibérat. de la cour.

marquis les observations sur son étrange, sa perfide attitude: ils représentèrent « que les délais qu'entraînerait la nécessité de la réquisition des tribunaux exposeraient une ville entière aux plus affreux désastres, que la demeure d'un citoyen était sacrée, qu'au premier cri de celui qui se voit menacé d'une invasion dans cet asile inviolable, le devoir de tout autre citoyen était de voler à son secours, que ce devoir était surtout imposé à ceux qui exercent la profession aussi noble qu'utile de défendre la patrie [1]. » Le marquis parut comprendre la gravité de la situation. Le Parlement l'invita et au besoin le requit « de donner des ordres tellement positifs, qu'au premier danger, la force militaire fût efficacement et surtout avec promptitude opposée aux entreprises de la sédition. » Le conseiller Varin complète ces détails dans son *Journalier*, et s'exprime ainsi : « Messieurs et surtout votre serviteur représentèrent si fortement au marquis les conséquences fâcheuses de pareils ordres, qu'aussitôt il s'y rendit; mais ils n'ont pu être exécutés que vers le soir du même jour, 31. Les excès continuèrent sous prétexte de visiter les maisons à bled; des méchans, ayant mis des enfans en avant armés de bâtons, se rendirent au palais dans la séance de la matinée. M. le commandant et M. le premier président les arrêtèrent et les désarmèrent par la force de la persuasion; plusieurs particuliers de la ville furent victimes de ces

______

(1) Archives du Doubs. Délibérat. de la cour. *Révolution de Franche-Comté*, vol. 1. Biblioth. du chapitre.

insensés; les bons citoyens gémissaient et s'apprêtaient à les repousser par la force. Le 1er avril ne fut pas si orageux, mais il pouvait être plus cruel par un genre d'attaques imprévu. On a trouvé chez les Pères Bénédictins des torches allumées, chez d'autres des traînées de poudre; on en a été quitte pour la peur. On a calmé les esprits par des secours de bled [1]. »

Le Parlement avait pris des mesures immédiates; le 31 mars il avait rendu un arrêt prescrivant une information; plus de cent cinquante témoins avaient été entendus. L'information avait établi que « la cherté du blé n'avait été que le prétexte et non le vrai motif des désordres, puisque les maisons livrées de préférence aux excès de la multitude ne renfermaient point de blé, que, de l'aveu même du commandant en chef, une liste parvenue jusqu'à lui désignait les maisons vouées au pillage, et qu'à la tête des proscrits se trouvaient plusieurs magistrats; mais le Parlement ne crut pas devoir se réserver la solution définitive de la poursuite, et le 22 avril 1789, il écrivit au roi pour demander l'attribution à une autre cour du jugement des accusés. « Dans ces moments de trouble et d'effervescence, écrivait le Parlement, où toutes les passions sont en jeu, les principes méconnus et les meilleures intentions calomniées, votre Parlement, Sire, voudrait prévenir jusqu'à la possibilité même de la défiance la plus injuste; il désire que Votre Majesté le dispense

____

(1) Le *Journalier* de Thomas Varin d'Audeux, continué par Charles Varin du Fresne, appartient à M. Varin d'Ainvelle. M. Gauthier l'a publié dans le *Recueil de l'Académie* de 1836.

d'exercer ses droits dans toute leur plénitude [1]. »
C'est à la cour de Metz que fut attribuée la connaissance du procès. L'information n'eut pas de suite. La
prise de la Bastille entraîna l'élargissement des inculpés. Les pièces de la procédure furent transmises à
Besançon et brûlées de la main du président de Courbouzon [2].

Les événements marchaient. Les hommes chargés de
gouverner, Necker lui-même, étaient au-dessous de leur
tâche. Grâce à l'impéritie des ministres, à l'inexpérience,
à l'inhabileté du roi, la Révolution était non seulement
dans les idées, mais dans les faits. La raison et les
passions étaient en présence : la raison succombait. Le
moment où il avait été possible de diriger la Révolution
avait été court, il était passé ; l'ancienne monarchie
était encore debout, mais elle était morte ; les passions
s'exaltaient d'heure en heure. Les écrits, les pamphlets
les plus violents se succédaient, stigmatisant les magistrats comme oppresseurs du peuple, signalant, exagérant leurs torts anciens et nouveaux, s'attaquant à la
noblesse, au clergé, à la monarchie elle-même. Des
voies de fait, des scènes de pillage, se produisaient, se
multipliaient dans toute la France. Dans certaines provinces, notamment en Normandie, des hordes de bri-
gands armés parcouraient le pays, forçant les maisons,
les presbytères par excellence, y faisaient main basse
sur tout ce qui leur agréait. Des scènes tumultueuses,

(1) *Révolution de Franche-Comté*, vol. 1. Biblioth. du chapitre.

(2) Lettre du Parlement au roi. Archives du Doubs. Délibérations des
assemblées générales de la commune de Besançon.

des séditions provoquées par la rareté, la cherté du blé, terrorisaient les honnêtes gens. Les réunions démocratiques dirigeaient le pays. Le gouvernement était, à Versailles, dans la plus complète anarchie morale; Paris était bouleversé, abandonné, délaissé de toute autorité légale. C'est un fait terrible et certain que, dans cette ville de huit cent mille âmes, il n'y eut aucune autorité publique, trois mois durant, de juillet en octobre, ni police, ni pouvoir municipal, ni justice régulière. L'effervescence se manifestait chaque jour avec une audace nouvelle; le Palais-Royal était un vaste club, une émeute éclatait au faubourg Saint-Antoine, on ne poursuivait pas les coupables; partout la carrière du crime était libre. Tous ces excès, auxquels l'impunité était acquise, avaient leur contre-coup en Franche-Comté.

En juillet 1789, trois mois après les scènes de pillage qui avaient eu lieu à Besançon et avaient mis en danger la vie du conseiller Bourgon, le château d'un autre magistrat, M. de Mesmay, était envahi, dévasté, incendié, et M. de Mesmay était condamné sans ménagement comme sans preuves au tribunal de l'opinion prévenue, et son nom grossissait la liste des illustres scélérats non seulement en France, mais dans toutes les contrées de l'Europe.

On a beaucoup écrit sur le drame qui se passa à Quincey le 19 juillet. Les préventions, les haines politiques, ont empêché la manifestation de la vérité.

L'opinion publique avait vu avec une très vive irritation la retraite de Necker. Le 18 juillet, un courrier

arriva à Vesoul, annonçant que le ministre chéri de la
nation était rappelé; aux mouvements de la colère se
mêlèrent aussitôt les éclats de la joie. Le vin des seigneurs du voisinage fut destiné par le peuple à célébrer
son triomphe. Le lendemain dimanche, une troupe
nombreuse se porta au château de Navenne et au château de Noidans, où elle ne commit de désordre que
dans les caves. Une autre troupe plus nombreuse encore, grossie par plusieurs soldats de la garnison de
Vesoul, alla, vers les sept heures du soir, s'établir au
château de Quincey, dont les caves étaient principale-
ment en réputation, et dont le propriétaire était absent
depuis le jeudi 17 juillet.

A leur approche, les femmes de service prirent
l'épouvante et s'enfuirent; les envahisseurs furent re-
çus par un sieur Siblot, officier de milice, honnête
habitant du village de Quincey, et le concierge et le
sommelier pourvurent à la distribution du vin. Mais
la fête devait dégénérer en orgie. L'ivresse troubla
les esprits. Le peuple envahit bientôt la majeure partie
du château, au milieu d'un tumulte confus. Vers mi-
nuit, trois soldats, appartenant au régiment de chas-
seurs, entrèrent avec une chandelle allumée dans une
chambre à four où se trouvait un tonneau de poudre.
Que cherchaient-ils? Que comptaient-ils trouver? Comment le feu se communiqua-t-il à la poudre? personne
ne peut le dire, mais ils furent les victimes de leur imprudence et de leur état d'ivresse. L'un sauta dans les
airs et alla retomber au loin dans un verger du village, les deux autres furent mis en pièces et leurs

membres jetés autour du bâtiment. Le feu consuma leurs vêtements; sur leur corps s'imprimèrent la couleur et les traces de la poudre qui les avait fait périr. Le toit fut emporté, les débris des murs renversés occasionnèrent la mort d'un jeune homme de seize ans, et blessèrent quatre autres personnes (1).

Au bruit de cette soudaine explosion, à la vue de ces membres déchirés, dispersés, la fureur s'empara de tous les assistants, on sonna le tocsin dans la ville de Vesoul, et sans vouloir comprendre qu'il n'y avait rien de commun entre un soldat ivre qui mettait le feu à un tonneau de poudre et un ancien magistrat qui depuis trois jours avait quitté sa demeure, théâtre de cette scène tragique, on se rappela les antécédents de ce magistrat coupable, aux yeux du peuple, d'avoir adopté sur la constitution des Etats généraux une opinion contraire aux intérêts du tiers état, et signalé depuis longtemps, par les diverses fonctions qui lui avaient été confiées, comme l'un des plus zélés partisans de l'ancien régime; on le signala comme un monstre, comme l'auteur d'un crime prémédité, le plus atroce et le plus odieux.

Quatre cavaliers de la maréchaussée étaient accourus de Vesoul dans la nuit, et leur procès-verbal contribua à égarer l'opinion. « Arrivés au château, nous avons, disent ces cavaliers, trouvé M. le curé qui assistait un homme qui expirait; ayant demandé la cause de l'état

(1) Mémoire de M. de Mesmay. Biblioth. du chapitre. *Révolution de Franche-Comté*, vol. 2.

de cet homme, on nous a répondu que, depuis plusieurs jours, M. de Mesmay avait fait dire que tous les
habitants de Vesoul pouvaient aller à Quincey en son
château, qu'il avait donné l'ordre qu'on les fasse bien
boire ; que, pour lui, il était obligé de partir pour trois
raisons : la première, qu'il était protestant, la seconde,
parlementaire, et la troisième, secrétaire de l'assemblée
protestante ; qu'en conséquence, hier, on a donné à
boire aux personnes qui se sont présentées, qu'on les
a conduites dans un bosquet où on les a fait asseoir,
et feignant d'aller chercher du vin, on est allé mettre
le feu à la mèche d'une mine artistement préparée à
côté du bosquet, qui correspondait à une autre placée
dans une chambre à four, dont l'explosion a renversé
tous ceux qui étaient placés dans l'entre-deux, et celle
placée dans la chambre du four étant partie, a lancé les
matériaux qui ont écrasé une partie des autres et estro-
pié le reste.... » Et le procès-verbal ajoutait : « Que la
populace, indignée du crime atroce commis sous l'aus-
pice de la bonne foi, avait aperçu le feu dans le château,
sans pouvoir dire si l'incendie provenait des domes-
tiques ou de l'effet de la mine [1]. »

Tout ce procès-verbal fut accepté comme vrai sans
contrôle. Il ne reposait que sur des témoignages qui se
produisaient dans la chaleur de l'ivresse et le premier
mouvement de la colère ; il n'en fut pas moins considéré
comme une preuve décisive.

L'état extérieur du terrain et des bâtiments démen-

---

[1] Biblioth. du chapitre. *Révolution de Franche-Comté*, vol. 2.

tait les assertions accusatrices. Aucune mine n'existait ;
le toit et les murs de la chambre à four avaient été renversés, mais sans altération dans les fondations, sans
excavation dans le sol. Le pavé même était resté à sa
place. Puis le feu avait été mis au tonneau de poudre
par trois soldats pris de vin, portant une lumière, qui
avaient voulu voir ce que contenait ce tonneau, et avaient
payé de leur vie leur curiosité et leur imprudence. Ces
soldats portaient encore, sur leurs membres noircis et
brûlés, des preuves non équivoques de l'action immédiate de la poudre et du feu.

La haine est aveugle. Non seulement le nom du seigneur de Quincey fut l'objet de l'exécration générale,
mais la milice bourgeoise, spontanément formée pour
maintenir l'ordre dans la ville de Besançon, dut garder
nuit et jour la maison de l'inculpé [1]. Le Parlement
lui-même fut de nouveau dénoncé comme contre-révolutionnaire ; ses arrêtés furent une fois de plus attaqués
comme hostiles.

M. de Mesmay aurait voulu se justifier, comparaître
devant des juges ; il n'osait, il ne pouvait revenir en
France. Il avait le devoir de se défendre, il publia, le
3 septembre 1789, un long mémoire qui pourrait être
l'œuvre de Courvoisier, et rappelle le style un peu
emphatique du brillant avocat ; on ne pouvait lui refuser une information judiciaire, elle eut lieu de concert
avec le Parlement et les magistrats de la ville de
Vesoul ; il fut reconnu, par une expertise émanée de

---

[1] Archives municip. BB. 201, casier 1, rayon 12.

l'architecte contrôleur des bâtiments de cette ville, « qu'il n'y avait eu ni mines ni machinations quelconques, » et M. de Mesmay réussit enfin, sur la plaidoirie du professeur Courvoisier, à se faire réhabiliter ; il avait perdu son château, ses fermes, un mobilier précieux, ses vins, cent mille écus ; sa famille avait vécu dans d'horribles angoisses, il était condamné à habiter loin de sa patrie ; son innocence fut du moins reconnue. La commune de Besançon envoya au Parlement une députation ayant à sa tête M. de Narbonne, avec mission de proclamer que l'inculpé n'était, en aucune façon, coupable des faits qui lui étaient reprochés. M. de Narbonne affirma nettement cette appréciation et protesta en même temps de son respect, de son attachement, de sa confiance pour la vieille cour souveraine ; mais ces scènes d'orgie et de pillage n'en produisirent pas moins une perturbation dans tout le pays ; elles se propagèrent dans les environs de Vesoul ; ce fut le signal de la guerre aux châteaux ; des bandes armées parcoururent la campagne, elles brûlèrent plusieurs riches habitations aux environs de Lons-le-Saunier et de Besançon, saccagèrent le château d'Avilley sur la limite du Doubs et de la Haute-Saône, menacèrent les abbayes de Lure et de Clairefontaine, détruisirent le château de Vauvillers, pillèrent le château de Mollans, les villages de Fougerolles et de Sceaux [1]. Le président Talbert fut attaqué par le peuple de Besançon et par les paysans du village de Nancray. Partout se déchaîna une hosti-

---

[1] Biblioth. du chapitre. *Révolution de Franche-Comté*, vol. 2.

lité ardente contre les nobles, les prêtres, les magistrats. Les populations semblaient croire que la brusque suppression des droits féodaux devait être le signal de l'abolition de tous les autres et de la propriété elle-même, le signal de tous les excès.

En août de cette même année, le 17 au soir, une insurrection, racontée avec détails dans les registres des délibérations de la municipalité, éclata parmi les soldats de la garnison de Besançon. Le palais de l'Intendance fut mis au pillage, et l'intendant, M. de Caumartin, fut obligé de fuir sous un déguisement; les bureaux de l'octroi furent détruits; le lendemain 18, des soldats allèrent rançonner des villages autour de la ville. Comme à toutes les époques troublées, tout respect de l'autorité avait disparu, d'autant plus que l'autorité, sans énergie, tolérait la rébellion. Au lieu de réprimer avec vigueur tous ces désordres, le marquis de Langeron et le comte de Narbonne eurent recours à un étrange remède. Sur leur demande, la garde nationale convoqua les rebelles à une grande fête à Chamars. La ville, le séminaire, les maisons religieuses, payèrent les frais. Cinq mille hommes environ trouvèrent commode de se faire nourrir et abreuver largement. Le colonel de Narbonne, dans un brillant discours, fit appel à la discipline, célébra la concorde et l'union entre militaires et citoyens; mais, la fête finie, les troubles recommencèrent. Le 20 août, un grand nombre de soldats envahit de nouveau la campagne. Les chefs militaires comprirent enfin la nécessité de sévir; la garnison pouvait être débordée par l'émeute et entraînée par

elle. Les pillards furent arrêtés par la cavalerie restée
fidèle; le 20, on pendit un soldat et un bourgeois sur
la place Saint-Pierre; le 21, deux soldats et deux bourgeois sur cette même place, et deux autres soldats sur
la place Neuve, et le calme apparent se rétablit [1].

Le 19 septembre, la municipalité provoqua une nouvelle élection d'un corps de notables, à raison de douze
notables par quartier ou bannière, au total 84.

Le 22 du même mois, la milice nationale s'organisa
dans la ville de Besançon et arrêta son règlement et son
service de discipline. Le même jour, la municipalité décida qu'un comité permanent, composé de deux conseillers de ville et de deux notables de chacun des quartiers,
c'est-à-dire de seize membres, continuerait à siéger.

Le 22 octobre de cette même année 1789, les maire,
échevins, conseillers au magistrat et notables se réunirent à l'hôtel de ville, et le chanoine Millot, qui, pour
raison de santé, avait donné sa démission de député à
l'Assemblée nationale et avait été remplacé par l'abbé
Demandre, curé de Saint-Pierre, invoquant les besoins
les plus urgents de l'Etat, demanda à tout citoyen ayant
un revenu de plus de quatre cents livres de donner
à la patrie le quart de ses ressources, sacrifice considérable, mais nécessaire. « Les finances de l'Etat, disait
l'orateur, sont dans un désordre effrayant. Le Trésor
royal est vide, son crédit est nul, un emprunt reconnu
indispensable ne peut le remplir. »

____

[1] Archives municip. BB. 200, casier 1, rayon 12. — Journal de Laviron
déposé aux Archives.

L'anarchie allait croissant. L'ordre matériel ne tenait qu'à des gardes nationales et à des administrations sans force réelle. L'exécution de lois odieuses bouleversait la province. La déchéance du roi était accueillie avec bonheur par ceux-là mêmes qui avaient protesté la veille de leur fidélité, de leur attachement au souverain, notamment par le maire de Besançon, Louvot, avocat d'opinions qualifiées modérées. La Terreur approchait; les communications entre provinces cessaient, la disette allait croissant. Les nobles fuyaient ou faisaient leurs malles à petit bruit, ramassant à la hâte le montant de leurs fermages. Le marquis de Toulongeon, qui commandait Besançon, ne partageant point les idées de son frère cadet, dénoncé à l'Assemblée législative, sortait de la ville avec son régiment, le 22e de cavalerie, royaliste comme lui, pour gagner la frontière et émigrer à l'étranger; le général de Wimpfen, suspect de royalisme, était, lui aussi, forcé de quitter Besançon et était remplacé par Charles Hesse, énergumène de lignée princière : chacun vivait inquiet, anxieux, dans l'attente des événements,

Depuis longtemps l'autorité des Parlements n'existait plus. Convoqués par une lettre du roi le 27 avril 1789 [1], les Etats généraux avaient commencé leurs travaux le 25 mai; le 17 juin ils avaient pris le titre d'Assemblée nationale constituante et avaient absorbé toute l'omnipotence des cours de justice, avec la volonté bien arrêtée de détruire leur influence, puis de saisir le moment

____

(1) *Révolution de Franche-Comté*, vol. 1. Biblioth. du chapitre.

favorable pour les supprimer. Les parlementaires ne
se faisaient aucune illusion, ils sentaient non seulement
que leur étoile pàlissait, mais qu'ils étaient perdus;
c'était pour ces magistrats, ardents royalistes, une
douleur amère, un désespoir profond, d'autant plus
profond qu'ils avaient eux-mêmes sollicité, provoqué
la réunion des Etats; pendant de longues années ils
avaient été l'avant-garde de la résistance aux volontés
de la cour, ils avaient savouré la popularité, l'enthousiasme public, et ils se voyaient tout à coup abandonnés
et même détestés; frappés à mort, ils n'avaient plus
d'autres fonctions que de rendre quelques arrêts et
d'enregistrer les décrets qui leur étaient expédiés. Un
instant ils espérèrent, de concert avec la noblesse, obtenir du roi la dissolution de cette Assemblée nationale
dont la marche hardie leur faisait tant de peur; ils
promirent au roi leur concours, ils lui offrirent un
dévouement, une obéissance absolue à tous les édits
qui auraient pour but de combler le déficit. Le roi ne
voulut pas écouter ces propositions, soit par loyauté,
soit par crainte et par faiblesse. Puis le Parlement de
Paris s'inclina devant cette Assemblée qu'il haïssait, il
lui députa, le 22 juillet 1789, son premier président
Bochard de Saron, qui vint, morne et tête basse, en écolier balbutiant, offrir à l'Assemblée maîtresse « les res-
pects et les remerciments de la compagnie. »

Le Parlement de Franche-Comté montra plus de
dignité; il se refusa à suivre le triste exemple des
magistrats de Paris et ne voulut point s'abaisser devant
le pouvoir de l'Assemblée nationale; mais il resta sans

autorité, insulté parfois, menacé, dénoncé. Il était privé de son chef, le premier président, qui menait à Paris une vie inquiète et tourmentée ; il ne songeait même plus à délibérer sur les événements. Le palais était le plus souvent désert. La commune prenait de plus en plus l'autorité, et le conseil municipal et électoral exerçait sans titre et avec despotisme les pouvoirs les plus divers, les plus étendus.

L'institution des Parlements devait elle-même disparaître légalement, mais auparavant on dépouilla les victimes vouées à un prochain sacrifice. Le décret du 11 août 1789 abolit la vénalité des offices de judicature.

Un autre décret déclara que « toutes résignations, tous traités de cession d'offices, ne seraient plus regardés que comme de simples transports de finances ; qu'aucune délivrance de provisions ne s'en pourrait ensuivre ; qu'en un mot il ne serait plus expédié ni scellé de provisions sur résignation, vente ou autre genre de vacance des offices de judicature. » C'était, entre l'ancien régime et le nouveau, une guerre à mort qui devait se terminer fatalement par le triomphe des idées nouvelles. L'Assemblée nationale voulait la suppression intégrale des anciennes cours souveraines ; elle voulait l'anéantissement de tous les magistrats qui y avaient siégé ; ses sentiments d'hostilité, d'acharnement, éclatent chaque fois que Mirabeau, Thouret, Lameth et autres orateurs attaquent la magistrature. Le nom seul des Parlements était en horreur à la populace. On le vit bien le 6 octobre 1789, lorsque des poissardes et des portefaix avinés envahirent l'Assem-

blée, y siégèrent à côté des députés humiliés et y hurlè-
rent le cri : « A bas les Parlements! » On le vit mieux
encore le 3 novembre de cette même année 1789, lorsque Alexandre de Lameth prononça à la Constituante
ces paroles énergiques : « Tant que les Parlements
conserveront leur ancienne existence, les amis de la
liberté ne seront pas sans crainte et ses ennemis sans
espérance. La constitution ne sera pas solidement
établie tant qu'il existera auprès des assemblées nationales des corps rivaux de leur puissance, accoutumés
à se regarder comme les représentants de la nation,
des corps dont la savante tactique a su tourner tous les
événements à l'accroissement de leur puissance; qui
sans cesse seraient occupés à aggraver nos fautes, à
profiter de nos négligences et à attendre le moment
favorable pour s'élever sur nos débris [1]. » C'est vainement que certains députés essayèrent de prendre la
défense des Parlements et insistèrent pour leur maintien jusqu'à l'installation des juridictions nouvelles.
Rewbel, qu'indignaient ces délais, fit peur à ses collègues de la rentrée des Parlements, de leur messe rouge,
rappela leur influence; une longue et vive discussion
se termina par un décret portant que « les Parlements
étaient supprimés et que la cessation de leurs fonctions serait fixée au 30 septembre 1790. »

Mirabeau avait déjà prononcé leur déchéance en ces
termes : « Ils sont en vacances, qu'ils y restent pour
n'en plus sortir; il n'y aura pas de rentrée, et le

____

[1] *Moniteur*, 3 et 5 nov. 1789.

moment venu, ces corps passeront, sans qu'on s'en soit aperçu, de l'agonie à la mort : » paroles qui provoquèrent, sur les bancs de la majorité, des transports, des cris de joie, et de l'autre côté des signes d'abattement et de frayeur. Le 10 avril 1790, Sieyès confirmait l'appréciation de Mirabeau en disant : « La machine judiciaire n'existe plus ; » langage aussi vrai que vulgaire. Quand la Révolution le renversa, le Parlement était déjà mort dans l'opinion.

Tous les pouvoirs publics allaient être réorganisés sur de nouvelles bases. Les juges devaient être élus à temps par le peuple et la justice révolutionnaire, excitée par la démagogie, ne devait pas tarder à se porter aux plus effroyables excès.

La plupart des Parlements obéirent et se séparèrent sans mot dire ; quelques-uns, comme celui de Dijon, s'étaient déjà démis et avaient été remplacés par des cours supérieures provisoires. A Douai, à Nancy, à Colmar, les magistrats firent transcrire et publier l'édit, mais en déclarant qu'ils obéissaient à la force ; à Grenoble, ils refusèrent l'enregistrement ; à Toulouse, ils rendirent un arrêté solennel non seulement contre le décret de suppression, mais contre tous ceux rendus depuis l'ouverture des Etats généraux. A Aix, il y eut une mêlée sanglante. Le jour de la dernière audience, Pascalis et d'autres avocats eurent le courage de se rendre à la grand'chambre pour faire leurs adieux à la cour ; Pascalis déclara que l'ordre des avocats mettait sa gloire à partager les travaux et les disgrâces des magistrats, et que, décidé à s'ensevelir avec la magistrature, il entendait vivre et mourir en bon et fidèle sujet du roi : nobles paroles qui exaspérèrent la foule à ce point qu'elle commit la lâcheté de pendre aux arbres du Cours le courageux et dévoué Pascalis et deux autres royalistes. A Metz, les magistrats temporisèrent, protestèrent tout d'abord « contre le décret et contre une sanction arrachée au monarque, » puis ordonnèrent l'enregistrement provisoire jusqu'à ce que l'opinion du peuple français fût fixée. A Paris, ils obéirent au décret et enregistrèrent sans protestation ; il est vrai qu'ils rédigèrent immédiatement après une protestation secrète qui, renouvelée une année plus tard en termes plus énergiques encore, devait, en 1793, conduire à l'échafaud les seize magistrats qui l'avaient approuvée. A Besançon, les parlementaires qui n'avaient pas quitté la ville, et qui étaient encore au nombre de quarante environ, protestèrent contre tout ce qui s'était fait depuis le 1er mai 1789 ; mais cette protestation, œuvre du président de Vezet, et qui aurait pu motiver l'arrestation des signataires, ne fut jamais produite ; on la chercherait vainement aujourd'hui, on ignore même où elle fut déposée.

Du reste, toute réclamation devait rester vaine en présence de l'immense mouvement populaire qui se déclarait partout, et toute résistance devenait impossible. Les protestations de la magistrature n'eurent même d'autre résultat que d'exciter l'indignation de l'Assemblée nationale et de provoquer les accusations les plus véhémentes. Le 8 janvier 1790, Mirabeau accabla les Parlements de ses sarcasmes, de sa colère, de ses dédains.

C'est le 30 septembre 1790 que le décret des 16 et 24 août supprimant les Parlements fut exécuté. La municipalité, naguère si attachée à la magistrature, se transporta au Palais, assistée de la force armée, ferma les salles d'audience et apposa les scellés sur les portes des greffes. Elle devait être désormais maîtresse absolue dans la ville et exercer un pouvoir, une prépondérance que l'opinion lui décernait, que nul ne pouvait à cette heure lui disputer. Cette apposition de scellés s'accomplit dans le plus grand calme.

Ainsi prit fin, après une durée de cinq siècles, cette institution des Parlements, pouvoir énorme sans cesse accru au détriment de l'autorité royale. Elle contribua à la grandeur de la monarchie, puis elle finit par être fatale au pouvoir royal, qui eut, de son côté, le tort de ne pas la supprimer ou tout au moins de ne pas la maintenir dans le cercle de ses attributions. Déserté depuis plusieurs années par l'esprit bourgeois qui faisait sa force, n'ayant plus à lutter contre la puissance féodale, privé de l'appui de l'opinion publique, le Parlement perdait chaque jour sa raison d'être ; il s'éteignit dans le silence, ou, pour mieux dire, disparut dans la tombe de l'oubli. Il fallait au peuple plus de liberté que ne voulait lui en donner la royauté, plus de garanties que ne pouvait lui en offrir l'autorité parlementaire.

Des historiens ont prétendu qu'avec plus d'habileté le Parlement eût été capable, même en 1789, en favorisant de sages réformes, en s'associant aux idées nouvelles, de diriger le mouvement des esprits et d'éviter la Révolution. Mais, à cette époque, les traditions de l'ancienne monarchie disparaissaient ; le pouvoir royal était sans force, sans prestige, hors d'état de résister, il ne pouvait plus innover avec prudence et mesure. Toute conciliation était alors impossible, toute concession inutile, on attaquait tout parce qu'on voulait tout détruire, et le torrent révolutionnaire devait tout emporter. C'est en 1774, lors du Parlement Maupeou, que l'épreuve eût pu être tentée, en convoquant les Etats généraux, en faisant appel à l'honneur, au dévouement de la noblesse, en invitant à la concorde la nation entière, en liquidant les anciens offices de judicature, en récompensant par des pensions ou par des emplois les services des magistrats, en restreignant les Parlements à des fonctions purement juridiques. Avec des hommes nouveaux, sans rancunes contre le passé, sans préventions contre les exigences du présent et de l'avenir, avec une monarchie puissante et respectée, la Révolution aurait pu s'accomplir sans secousse et sans violence ; mais en 1789, la guerre au despotisme, à l'autorité royale, aux classes privilégiées, était déclarée, les hostilités étaient ardentes ; l'action du Parlement ne pouvait être qu'inefficace.

La magistrature n'était pas seule atteinte par le décret de 1790. L'ordre des avocats, qui était né avec les Parlements et avait grandi avec eux, ne devait pas leur survivre. Entraînée par un irrésistible mouvement de réaction contre les privilèges de toute nature, la Constituante, qui voulait l'unification absolue, abolissait l'ordre des avocats comme toutes les corporations d'industrie et de métier. L'article 16 du décret de 1789 portait : « Tout privilège en matière de juridiction est aboli ; tous les citoyens sans distinction plaideront en la même forme, devant les mêmes juges en les mêmes cas ; » et le décret du 2 septembre 1790, après avoir réglé le costume que devaient porter les membres du nouvel ordre judiciaire, ajoutait que « les hommes de loi, ci-devant appelés avocats, ne devant former ni ordre ni corporation, n'auraient désormais aucun costume particulier dans leurs fonctions. » La robe noire avec un peu de blanc, emblème de la justice, qui noircit beaucoup et blanchit peu, était elle-même bannie.

L'erreur de la Constituante fut de confondre l'ordre des avocats avec les compagnies judiciaires et avec les corporations, dont la suppression était nécessaire. Le barreau lui apparut comme une institution secondaire ayant eu les torts et devant porter les fautes des Parlements. Parmi les juristes qui faisaient partie de l'Assemblée, nul, à l'exception de Robespierre, ne défendit l'ordre des avocats, et Thouret, Merlin, Duport, Tronchet, Threilhard, gardèrent le silence.

A partir de cette époque, les avocats se trouvèrent confondus avec la foule des défenseurs officieux. Toute confraternité disparut, et le barreau cessa de constituer une corporation et d'être retenu par ces liens de discipline qui avaient fait sa force et sa grandeur.

CHAPITRE XI

AVOCATS AU XVIIIe SIÈCLE SOUS LA MONARCHIE

———

L'histoire du barreau se confond avec celle du Parlement. — Les avocats
alliés fidèles et dévoués des magistrats. — Le barreau abandonne Dole
pour Besançon. — Conflits avec la magistrature. — Répression de divers
abus. — La confrérie de Saint-Yves. — Le barreau se constitue en corps
légal. — Délibérations sur la discipline, le costume. — L'assistance judiciaire, le stage, la brièveté dans les plaidoiries. — Nouveaux conflits
avec la magistrature, avec la municipalité. — Protestations du barreau
contre les abus de pouvoir. — Avocats rayés du tableau. — La composition du barreau. — Avocats en renom, François-Ignace Dunod, Seguin,
Belon, Guillemin, Dunod de Charnage, Binétruy de Grandfontaine, Perreciot, Grappe, Courvoisier. — Le tableau des avocats. — Le langage
judiciaire. — Mercuriales.

Le barreau tient de trop près à la magistrature, il
s'est trop constamment associé à ses destinées, il a trop
partagé ses épreuves pour que nous ne donnions pas
un souvenir à ces jurisconsultes aussi fidèles qu'ardents, à ces hommes de cœur toujours dévoués qui
venaient, comme récompense d'une longue et honorable carrière, s'asseoir sur les blancs fleurdelisés du Parlement. Ils étaient les alliés des magistrats; quand
ceux-ci guerroyaient avec les ministres, leur front de
bataille s'appuyait sur le barreau. Lorsque la magistra-

ture présentait des remontrances ayant pour but de porter au pied du trône les plaintes et les griefs des populations, lorsqu'elle résistait par le refus d'enregistrement aux édits qui chargeaient le peuple, aux aggravations d'impôts, lorsqu'elle était frappée dans une fraction plus ou moins considérable de ses membres, le barreau faisait cause commune avec les exilés et ne paraissait plus aux audiences, supportant sans murmure cet état de choses, dans l'espérance d'une amélioration et d'un progrès, se considérant comme atteint par les mesures prises contre les magistrats; il leur était uni en effet par un patriotisme commun, par l'amour du sol natal, par la volonté de conserver à la province ses prérogatives, ses privilèges et ses franchises. L'histoire du barreau est le complément de l'histoire du Parlement.

Cette histoire du barreau peut se diviser en deux périodes bien distinctes; jusqu'à la Révolution, les avocats se bornent à exercer leurs fonctions dans le calme et le recueillement, ils restent dans le rôle modeste qu'ils ont à remplir auprès d'une cour souveraine; leur carrière est uniforme, leurs travaux laissent peu de traces; mais à partir de 1789, la vie paisible de certains d'entre eux se transforme; il en est qui désertent le palais pour les régions politiques, et qui acquièrent une notoriété plus ou moins heureuse. Les uns deviennent des sectaires, d'autres des victimes des violences populaires.

Dès les premières années de la conquête, la magistrature n'avait guère hésité à offrir son dévouement à

la puissance nouvelle et à se déclarer pour la France ;
il en fut de même des avocats. En 1679, à l'occasion
de la proclamation de la paix de Nimègue, qui consom-
mait l'annexion de la Franche-Comté, un *Te Deum* fut
chanté aux Cordeliers, et l'avocat Boisot prononça une
harangue sur les avantages que la cité de Besançon
était appelée à retirer de sa nouvelle situation [1]. La
plupart des avocats partageaient les sentiments de Boisot. Toutefois ils hésitèrent tout d'abord à quitter Dole
et ne vinrent s'établir à Besançon que lentement, sans
se hâter et seulement en petit nombre ; mais le barreau
s'accrut rapidement en importance, quand, en 1691,
Besançon se trouva doté dé l'Université. Les professeurs de droit s'installèrent dans cette ville, où ils
devaient occuper le premier rang parmi leurs confrères et jouir du privilège de plaider et de donner des
consultations sans avoir besoin de se faire inscrire au
tableau [2]. Ils inaugurèrent leurs leçons avec solennité.
Henri de Charnage, premier professeur de droit canon,
prononça, le 14 novembre 1691, un long discours, et le
10 décembre suivant, le recteur magnifique, le professeur de Desnes, fit sa première harangue [3].

Comme par le passé, les avocats se montrèrent pleins
de respect pour les parlementaires, et des rapports
journaliers, résultant de l'assistance aux audiences,

---

(1) Registre in-folio 230. Archives municip., casier 1, rayon 7.

(2) Les professeurs furent dispensés de s'inscrire et obtinrent la permission « de consulter, écrire et avocasser avec les mêmes prérogatives qu'à
Dole, » et cela malgré l'opposition des membres du barreau. (Biblioth. Richelieu, manuscrits, fonds Moreau, 902, fol. 213.)

(3) Registre 304. Archives municip., casier 1, rayon 8.

créèrent entre eux, malgré la différence d'origine et de prérogatives, des liens qu'il était de l'intérêt de tous de conserver aussi étroits que possible ; mais on aurait tort de croire que jamais l'ombre d'un nuage n'est venue troubler la bonne harmonie entre la magistrature et le barreau. La solidarité qui les lie se montre infailliblement quand il s'agit de lutter contre le pouvoir royal pour obtenir une extension d'attributions ou s'opposer à l'établissement d'impôts écrasants. Ils font alors cause commune contre une autorité dont les circonstances font pour eux un ennemi commun; mais ils ne sont cependant pas animés du même esprit. Issu plus immédiatement du peuple, vivant au milieu des masses, s'inspirant de leurs idées. le barreau obéissait à un sentiment d'indépendance qui ne pouvait être celui d'un corps appartenant à la noblesse ou en ayant les prérogatives. Aussi cette solidarité disparaît-elle dès que la dignité de l'un ou de l'autre se trouve compromise. Les magistrats exigeaient des égards, des hommages, ils se montraient à bon droit susceptibles sur tout ce qui pouvait effleurer la considération dont ils avaient besoin pour eux-mêmes et vis-à-vis des populations. Les avocats, hommes instruits et habiles, entendaient de leur côté faire respecter leur indépendance, leurs privilèges et leur liberté; ne nous étonnons point si nous les rencontrons souvent aux prises avec les parlementaires. Les heurts, les conflits sont fréquents. Le premier s'engage sur une question qui nous paraît aujourd'hui futile, qui n'en atteignit pas moins les proportions d'une lutte sérieuse.

A Dole, les parlementaires étaient dans l'usage de se
faire qualifier du titre pompeux de *Nosseigneurs*, que
l'on décernait non seulement aux conseillers, mais au
parquet des gens du roi. En 1692, au moment où la
vénalité s'établissait, les avocats, habitués aux allures
républicaines de leur ville natale, ne voulurent plus se
conformer à l'usage du barreau de Dole, et donner du
nosseigneurs en plaidant ; ils prétendirent « qu'ayant
perdu toute son autorité politique sur le gouvernement
de la province, le Parlement n'était plus qu'un tribunal français, et n'avait plus le droit de s'attribuer,
exclusivement aux autres cours du royaume, une qualification inconnue en France. » Cette qualification dont
le Parlement avait joui sous le gouvernement espagnol,
les avocats ne refusaient point de l'employer dans leurs
écrits, mais ils soutenaient qu'elle n'était point due
dans leurs plaidoiries.

Le Parlement s'émut et la contestation devint fort
vive.

En mai 1695, le barreau décida d'envoyer une députation au premier président ; le 12, les avocats Guyenard,
Reynaud, Maillot, Neveux, d'Orival l'aîné et Baulier se
présentèrent chez ce magistrat, mais comme il était à la
campagne, ils se rendirent chez le président Philippe,
qui les accueillit « froidement et leur déclara que leur
prétention était une nouveauté mal fondée (1); » il essaya
de les calmer, mais sans succès. Quelques jours après,
les mêmes avocats se présentèrent « à la communauté

_____

(1) Manuscrits Chiflet, vol. 63, p. 103. Biblioth. de Besançon.

des procureurs pour les déterminer à faire cause commune avec eux, et les lier ensemble avec eux ; mais les procureurs ayant refusé, les avocats s'absentèrent du barreau et abandonnèrent leurs parties, sans vouloir plaider les causes dont ils étaient chargés [1]. »

Le procureur général Doroz considérant cette attitude « comme une sédition, un soulèvement des membres du barreau contre leurs supérieurs, » présenta « une requête de plainte. » La cour y fit droit et décréta d'ajournement personnel contre quatre avocats, notamment contre le bâtonnier Guyenard, puis en référa aux ministres, qui partagèrent l'avis du procureur général, tout en demandant « que l'on ne continuât plus les poursuites commencées contre les avocats, qu'on les libérât des amendes adjugées et que les ajournements personnels fussent anéantis après que les avocats interdits auraient fait leurs excuses à M. le premier président et à messieurs les présidents [2].... » Convoqués devant le procureur général, les avocats se montrèrent disposés à obéir aux ordres de Sa Majesté, mais insistèrent pour voir ces ordres et les montrer à leurs confrères. Sur le refus du procureur général, ils se résignèrent, et le 14 juillet se rendirent en robe à l'audience, où, sur leur requête et après conclusions favorables du parquet, « le Parlement fit remise de toute condamnation pécuniaire [3]. » Il faut reconnaître que la résistance n'était point possible. Le 3 juillet 1695, le

(1) Manuscrits Chiflet, vol. 63, p. 105.
(2) Idem, p. 106.
(3) Idem, p. 107. Extrait des registres du Parlement.

chancelier avait écrit au premier président : « Sa Majesté veut et entend, suivant vos anciens usages, que les avocats continuent en plaidant à donner la qualité de nosseigneurs à messieurs du Parlement, quoique ce ne soit pas l'usage dans ce royaume et pour les punir de leurs indues assemblées ; Sa Majesté veut bien, nonobstant leurs fautes, pour leur faire sentir sa clémence et la douceur de son règne, que vous sursoyiez toutes les poursuites faites à la requête du procureur général et les déchargiez des amendes [1]. »

A cette même époque, cédant au désir d'user de représailles et de faire sentir son omnipotence, le Parlement résolut de se rendre maître du tableau des avocats et de les soumettre à son autorité souveraine. Le 14 juin 1695, il prit un arrêté qui « défendait aux avocats de s'assembler et de délibérer à peine de 500 fr. d'amende, et leur enjoignait de présenter requête à la Cour pour être admis sur le tableau qui serait dressé par le procureur général du roi. » C'était enlever aux avocats leurs prérogatives les plus précieuses, les mieux justifiées ; c'était dépouiller le barreau du droit incontesté jusqu'alors de composer lui-même la liste de ses membres. Les avocats le comprirent et, avec cette fermeté qui les distingue dans tout le cours du XVIIIe siècle, aucun d'eux ne se présenta pour former le tableau prescrit par l'arrêt du 14 juin. Le 5 septembre 1695, le procureur général se plaignait de n'avoir reçu aucune demande. Le chancelier Boucherat

<hr>

[1] Manuscrits Chiflet, vol. 63, p. 109.

dut intervenir ; après avoir donné gain de cause aux magistrats relativement à la qualification de nosseigneurs, il valida les prétentions des avocats quant à la composition de leur tableau.

De longues années devaient s'écouler sans nouvelles difficultés. Dans cette même année 1695, le Parlement entreprit de réprimer certains abus qui s'étaient peu à peu introduits dans la corporation des avocats depuis son installation à Besançon. Il les signala en ces termes : « De graves irrégularités se sont glissées dans le barreau de Besançon ; il n'est plus nécessaire d'avoir la qualité d'avocat pour en exercer la profession ; une infinité de personnes se mêlent de faire des écritures et des factums ; plusieurs avocats prêtent sans scrupule leurs noms à quiconque le souhaite, déguisement pernicieux expressément repoussé par l'ordonnance. »

Pour arrêter le désordre, le Parlement rendit en 1695 deux arrèts contraignant les avocats à rejeter des procès et des taxes toutes écritures qui ne seraient pas composées et signées par avocats inscrits ; mais les abus se maintinrent ; c'est alors que les avocats rédigèrent eux-mêmes des statuts qu'ils présentèrent au Parlement, et que les magistrats s'empressèrent d'approuver : « Il y va, disait le Parlement, de la justice et du bon ordre que ceux qui veulent travailler au barreau, loin de rougir de la dénomination d'avocat, se fassent honneur de ce titre ; il faut qu'il y ait entre eux une union et une correspondance qui maintienne la discipline et fasse fleurir la profession. » Les avocats furent

en même temps invités à être assidus aux audiences et
« à assister au rôle du matin en robe et habit décent ; »
on leur fit entendre « qu'on ne les souffrirait point aux
audiences en habit noir et autrement qu'avec leurs
robes et bonnets. »

Quelques années après, en 1707, soit que les avocats
ne fussent pas sans quelque inquiétude sur leurs droits,
soit qu'il y eût encore à réagir contre des irrégularités
fâcheuses, les avocats jugèrent à propos de devenir un
corps légal et de faire homologuer leurs propres statuts.
De nombreuses réunions eurent lieu et on convint d'un
règlement composé de vingt-cinq articles. Les avocats
devaient former entre eux une communauté sous le
nom de confrérie de Saint-Yves. Cette corporation devait
être placée sous la direction ou surveillance d'un bâtonnier, de deux syndics, d'un secrétaire et d'un trésorier. Le plus ancien suivant l'ordre de réception au
Parlement devait être nommé bâtonnier, à tour, chacun
une année ; il était le chef de la corporation. Dans le
règlement de 1707, nous retrouvons une autorité dans
la corporation, celle du bâtonnier, l'assistance judiciaire,
la nécessité d'un stage, nous retrouvons même en
germe les recueils d'arrêts qui de nos jours sont dus
à l'énergie individuelle et ont illustré les noms de leurs
auteurs. A côté de ces prescriptions s'en plaçaient
d'autres sur le costume, sur la manière de plaider ;
nous croyons qu'il n'est pas superflu de citer, même à
notre époque, quelques passages de cette importante
délibération.

Les avocats commencent par déclarer « qu'ils feront

corps sous le bon vouloir et plaisir de la cour et établiront entre eux une confrérie sous l'invocation de saint Yves, dont ils célébreront la fête le même jour que les seigneurs du Parlement [1]. »

Le jour de cette fête, ils assisteront à une grand'messe « dans l'église qui sera choisie à la première assemblée, » et le lendemain, à une messe pour les défunts.

Le règlement détermine les pouvoirs du bâtonnier, le lieu des délibérations.

« Le bâtonnier, dit l'article 7, sera chef de la compagnie, les assemblées se tiendront chez lui, il proposera, recueillera les voix et conclura dans toutes les affaires, il donnera vingt livres à la bourse commune en sortant d'exercice. »

Quant aux syndics, « ils veilleront à l'observation des statuts (article 8), donneront avis au bâtonnier des contraventions et pourront remontrer dans toutes les assemblées ce qu'ils trouveront expédient pour qu'étant proposé par le bâtonnier, il soit délibéré sur les moyens d'y pourvoir avec l'agrément de la cour. »

Enfin, « le secrétaire écrira ce qui concerne les affaires des corps, aura le dépôt de tous les papiers et titres. »

L'article 12 crée ce que nous appelons l'assistance judiciaire et aussi le recueil des arrêts : « Le samedi après la Saint-Martin et le samedi avant le dimanche des Rameaux, seront choisis à pluralité de voix quatre

---

[1] Archives du Doubs. Intendance, Carton 125, C. 633.

avocats qui seront obligés de servir les pauvres gratuitement pendant le semestre, et quatre autres qui auront soin de recueillir les arrêts qui se rendront dans les quatre chambres du Parlement sur les questions douteuses de droit et de coutume, et pour leur faciliter le travail, tous les avocats qui auront écrit et plaidé dans de pareilles causes leur en donneront les factums avec une note de l'arrêt. »

Puis vient l'organisation du stage : « Aucun de ceux qui se feront inscrire à l'avenir au Parlement n'aura voix dans les affaires du corps et ne pourra en être officier s'il n'a fréquenté pendant deux années les audiences publiques. » On le voit, *nil sub sole novum.* Comment ne pas constater avec quelle facilité s'établissent et se perpétuent les institutions vraiment utiles? A côté de toutes ces décisions s'en plaçait une autre non moins curieuse : « Les avocats, disait l'article 25, seront courts et nets dans leurs plaidoiries et leurs écritures; ils plaideront avec modestie et sans invectives, sans se piquer les uns les autres par écrit ou de paroles, ni rien dire et faire contre l'honneur de leur profession, et au cas que quelqu'un y contrevienne, les syndics en avertiront le bâtonnier, qui en reprendra l'avocat en particulier, et au cas de récidive, l'avocat en sera repris sur l'avis des syndics par le bâtonnier à la première assemblée. »

La recommandation de plaider sans invectives était fondée sur une ordonnance de François Ier, de 1533, qui défendait aux avocats, par son article 40, « d'user de contentions et d'exclamations les uns envers les autres,

de parler plusieurs ensemble et de s'interrompre. »
Elle n'était, paraît-il, pas inutile, les avocats se montrant souvent d'une extrême violence, et s'adressant à l'audience et dans leurs écrits les expressions les plus injurieuses et les plus blessantes.

Cette délibération se composait de trente-deux articles; elle fut soumise au Parlement, qui fit quelques observations [1]. Il demanda au barreau d'indiquer sommairement, lors des classement des causes, la nature et l'importance des procès; il concéda aux procureurs le droit de plaider eux-mêmes les causes d'instruction, c'est-à-dire les causes incidentes au procès; il insista sur la nécessité de la concision et de la brièveté. La réponse des avocats est à noter : « Pour ce qui est de la brièveté que Mgr le premier président exige dans les plaidoiries, comme c'est un talent particulier que la nature n'a pas donné à tout le monde, il est très humblement supplié de ne pas exiger une si grande brièveté, qui pourrait rendre peu intelligibles ceux qui n'ont pas naturellement le don de s'expliquer en peu de paroles : *Obscurus fio, dum brevis esse laboro.* Il paraît d'ailleurs que si l'on se restreignait à une simple déduction du fait, l'on rendrait les plaidoiries sèches et stériles, dénuées d'érudition et des agréments d'éloquence, ce qui rendrait les audiences désertes et ôterait à la justice cet éclat majestueux, sans lequel elle ne doit point paraître. »

(1) Bibliothèque de Besançon. Manuscrits Chiflet. Archives du Doubs. Intendance, C. 633, carton 125.

Parlementaires et avocats se mirent d'accord. Un arrêt du 23 décembre 1707, sur le rapport du conseiller doyen Jean de Mesmay, confirma la délibération du barreau.

La communauté des avocats était, à cette époque, déjà nombreuse et se composait d'hommes ayant une certaine notoriété; les registres de 1711 nous donnent les noms de la plupart d'entre eux. Nous copions textuellement [1].

Extraict du livre des délibérations de la communauté des avocats, du samedi deuxième may 1711, en la maison de Monsieur Maillot, bâtonnier.

Présens : M. Maillot, bâtonnier.

Courchetet l'aisné, doyen, d'Orival l'aisné, Renard père, Antoine, Libry, d'Orival puisné, Brun, Belon, Gallet, Dunod, Bouhelier, Lagrandfame, de Surmont, Camusat, Favière, Maire, Huguenet, Alviset, Boudret, Perreaud, Renard fils, Perrin l'aisné, Caseau, Arnoux, Durand puisné et Barré, secrétaire.

En 1722, le barreau s'émut, non sans raison, de la concession d'une université à Dijon. Depuis longtemps la Bourgogne voulait avoir son université. Les Etats de Bourgogne la demandaient avec de vives instances et n'entendaient pas être dans l'avenir tributaires des Comtois. Besançon se défendait et soutenait « que l'on devait lui tenir compte de ses sacrifices pécuniaires, s'é-

---

[1] Archives du Doubs, avocats. Non classé.

levant à 150,000 livres, que l'université comtoise avait
toujours été d'un grand lustre dans la province, qu'il
était très avantageux pour le service du roi de la maintenir dans un tel état. » La municipalité et l'université
voulurent se faire défendre à Paris, et y envoyèrent des
représentants ; mais le professeur Bret trahit ses compatriotes et songea surtout à se conquérir une bonne
place bien payée dans l'université de Bourgogne, qu'il
était chargé de combattre. Le conseiller de ville,
Pouhat, plus honnête, s'acquitta avec zèle de son man-
dat [1], mais sans succès ; la ville de Besançon n'était
guère plus favorisée qu'aujourd'hui, et Dijon l'emporta
sur une rivale dont les droits étaient pourtant supérieurs aux siens.

L'année 1723 vit la suppression de la fête de saint
Yves, patron du Palais. Primitivement, on célébrait
saint Yves sans grand bruit ; mais peu à peu, il fut
admis que le bâtonnier donnerait, à l'occasion de cette
fête, une somme d'argent qui varia entre 100 et 300 livres, et qui devait être employée à dire des messes, à
secourir les pauvres, à garnir le coffre de la compagnie. Avocats, clercs et procureurs s'emparaient de
cette dernière somme pour se donner des festins « et
faire ripaille. » Le plus souvent, la joie devenait
tellement bruyante, le désordre si grand, que l'on finit
par surveiller de près la basoche et par interdire « repas et collation [2]. »

(1) Archives municipales, BB. 135, casier 1, rayon 9.
(2) Manuscrits Chiflet, vol. 64, primo, p. 53. Règlement pour repas de
Saint-Yves.

Dans les années qui suivirent, plusieurs délibérations concernant la discipline, le costume, furent encore prises par le barreau ; c'est ainsi qu'en 1729, sous le bâtonnat de Barré, l'avocat Lochard, premier syndic, exposa « qu'il était du bien public et de l'honneur du barreau qu'un certain nombre d'avocats assistassent aux audiences publiques, que rien n'était plus indécent que de voir, dans le temps des audiences, le parquet des avocats vide et plusieurs d'entre eux sans robe, et dans des habits peu convenables, se placer ailleurs que dans le banc qui leur était destiné ; il fut en conséquence décidé « que les vingt avocats inscrits en dernier ordre sur le tableau assisteraient aux audiences, qu'ils ne pourraient s'y présenter qu'en robe, et dans le banc à eux assigné, enfin, qu'aucun avocat ne pourrait plaider, écrire dans les procès, ni jouir des privilèges de la communauté des avocats qu'il ne soit inscrit sur le tableau. »

Cette inscription conférait de notables avantages, notamment l'exonération de la capitation imposée aux bourgeois. Pour échapper à cet impôt onéreux, beaucoup de gens, qui avaient seulement subi avec succès leurs examens, s'empressaient de prendre le titre d'avocat ; des plaintes se produisirent. Le Parlement intervint, et en 1734 ordonna de n'inscrire que « les gradués qui plaident, consultent ou fréquentent le barreau, et cela afin d'éviter que des gradués s'y fassent inscrire à la seule fin de se soustraire au paiement de la capitation. »

L'année 1733 vit se renouveler la prétention du barreau de supprimer dans les plaidoiries le titre de « nosseigneurs ; » mais cette fois, ce fut au roi lui-même que les avocats crurent devoir s'adresser. En 1734 ils présentèrent une requête signée de Gobbe de Marsondale, qui nous montre l'importance qu'ils s'attribuaient et toute l'estime dont ils voulaient être entourés. « Les avocats au Parlement, porte cette requête, remontrent très humblement à Votre Majesté que s'étant fait un principal devoir dans l'exercice de leur profession, depuis que cette province est remise à la couronne, de se montrer ses zélés et fidèles sujets, ils n'ont pas songé à ce qu'il y a de plus intéressant pour eux dans cette même profession, c'est-à-dire aux prérogatives et distinctions qui en ont fait un emploi si relevé et qui en font aujourd'hui en France un état si honorable. »

Après avoir parlé du désintéressement, de la probité de ses confrères, de leur dévouement au roi, M. de Marsondale attaquait les magistrats en ces termes : « Le Parlement de Besançon, qui a si parfaitement dépouillé les affections et les mœurs espagnoles, en a conservé à l'extérieur un reste avec lequel ne peut compatir la noble émulation qui guide en tout les avocats. Ce vestige se rencontre dans le titre fastueux de nosseigneurs que cette compagnie veut qu'on lui donne à l'audience, ambition condamnée par la modestie de tous les autres Parlements. »

L'avocat au conseil continuait ainsi : « Mais à présent que la justice rendue depuis près de soixante ans, au nom de Votre Majesté, dans le Parlement de Besançon, y a jeté des racines profondes, et qu'on ne distingue plus, parmi les membres qui le composent, quel est le membre le plus intègre et le citoyen meilleur Français, il est bien permis aux suppliants de s'occuper des délicatesses de leur état et de paraître sensibles à ce qui en blesse l'indépendance et la dignité. » Puis M. de Marsondale rappelait ce qui se passait au Parlement de Paris, où les magistrats ne sont point qualifiés de nosseigneurs, bien que « dans ce sénat nos rois aient ordinaire de tenir leur lit de justice, bien que les princes de leur sang et les pairs de France viennent y prendre séance ; » il se demandait pourquoi il en serait autrement dans le Parlement du comté de Bourgogne, « qui était venu après tous les autres et qui ne pouvait avoir plus de droits que les compagnies ses aînées. » Enfin la requête se terminait par ces considérations : « L'avocat et le magistrat sont dans l'ordre judiciaire deux corrélatifs. Le premier développe, explique la cause, le second la juge, de manière que cet ordre où réside toute la sûreté de la société civile ne pouvant subsister sans l'un et l'autre, il faut tirer cette juste conséquence, que le magistrat n'est pas plus utile à la république que l'avocat. Or, comme des sujets également utiles méritent chacun leur considération, il répugne au bon sens que les juges puissent exiger des avocats d'en être appelés nosseigneurs, parce que ce titre, qui signifie puissance, autorité, ne leur peut convenir que sur les parties soumises à leur juridiction et aucunement sur ceux qui prêtent un ministère tout à fait libre et indépendant [1]. »

____

[1] Manuscrits Chifflet, vol. 63, p. 96.

Les avocats ne se contentèrent pas de recourir au talent d'un de leurs confrères de Paris, ils déléguèrent à Fontainebleau, où était la cour, l'avocat Bouvot, avec mission de présenter requête au roi [1]. Bouvot partit, présenta sa requête, où nous lisons ce passage : « Le titre de nosseigneurs est fastueux ; cette ambition est condamnée par la modestie. Il n'y a que les parties qui puissent qualifier ainsi les magistrats ; l'indépendance de l'avocat, la dignité de son ministère, ne peuvent supporter cette qualification ; on ne doit la qualité de nosseigneurs que dans les requêtes et procédures. Cette expression humilie l'avocat. Le Parlement n'a aucun titre émané de la puissance royale pour autoriser cette qualification. »

Mais il ne suffit pas toujours d'appuyer la raison d'une argumentation solide. Le pouvoir royal voulait avant tout ne pas trop mécontenter son Parlement et le récompenser de sa docilité, de son dévouement et de son mutisme en présence d'édits ruineux ; il ne hâta point sa décision, laissa les esprits se calmer. En 1735, il fut décidé que les magistrats conserveraient le titre solennel de nosseigneurs, qui leur était si cher. Les avocats se soumirent sans trop récriminer.

Nous devions rappeler cette guerre intestine : elle nous montre l'esprit aristocratique du Parlement en opposition avec la fierté, les habitudes indépendantes et frondeuses du barreau ; elle nous montre la prudence, l'habileté du pouvoir royal, désireux de ménager les

____

[1] Manuscrits du P. Dunand. Biblioth. de Besançon, vol. 17, p. 321.

susceptibilités, d'éviter, de tempérer tous les conflits.

C'est avec des arguments sérieux que le barreau luttait contre la magistrature, c'est avec l'ironie et à coups d'épigrammes qu'il guerroyait en 1745 contre les représentants de la cité. A cette époque, la municipalité eut l'étrange idée de prendre une délibération qui obligeait les avocats à monter la garde, sans doute en raison de l'insuffisance de la garnison. La mesure provoqua dans le barreau des protestations fort vives, un cri unanime d'indignation. L'avocat Bauquier, qui était originaire d'Ornans, prit sa plume pour venger ses confrères et livrer les magistrats municipaux à la risée publique. Il publia tout un volume.

En 1749, les avocats furent appelés à siéger avec le premier président, deux conseillers et les distributeurs et professeurs de l'Université, à l'effet de statuer sur le mérite des candidats à une chaire de professeur de droit. Mais ils ne parurent pas apprécier les fonctions qui leur étaient confiées. D'Aguesseau, informé par le premier président, ne s'expliqua pas cette attitude et manifesta son étonnement dans une lettre où nous lisons ces lignes : « J'ai été surpris de voir que les avocats du Parlement connaissent assez peu leurs véritables intérêts pour ne pas s'empresser de jouir de l'honneur que le roi a bien voulu leur faire en les admettant au nombre des électeurs à la tête desquels vous êtes avec des conseillers au Parlement. » Les avocats se ravisèrent, ils délibérèrent, se dirent flattés de la confiance de Sa Majesté et prêts à remplir au concours prochain, avec zèle et exactitude, les fonctions d'électeurs [1].

On a vu combien le barreau faisait cause commune avec les magistrats dans toutes les épreuves infligées à ces derniers par le pouvoir royal. Non seulement il leur restait dévoué, mais il manifestait publiquement et ses sympathies pour la magistrature et sa réprobation contre les mesures rigoureuses dont elle était victime. En 1759, lors de l'exil de trente parlementaires, l'avocat Verny fut envoyé loin de Besançon par lettre de cachet, pour avoir exprimé trop ouvertement son opinion. On peut dire que tous les avocats partageaient les sentiments de leur confrère. Lorsque trois d'entre eux se décidèrent à comparaître à la barre, sous la présidence de M. de Boynes, devant les *remanents*, ils furent vivement blâmés non seulement par le barreau, mais par toute la population. Ce fut l'avocat Bassand qui le premier plaida au Parlement pendant l'exil. Le lendemain, était affiché dans les rues de la ville un placard ainsi conçu : « On a perdu une épée à monture de plomb doré, sur le pommeau de laquelle est représentée en ciselure une chimère à deux têtes, l'une de mulet, l'autre de lièvre; sur la poignée, des rameaux de cèdre et de tremble entrelacés; sur un côté de la garde un pot de terre brisé contre un pot de fer, et sur l'autre un écolier en hauts-de-chausses, en bas, aux genoux de l'avocat Bobilier, son maître, qui le menace du fouet. La poi-

---

gnée a la figure d'un serpent mordant une lime ; ceux ou celles qui auront retrouvé cette épée sont priés de la rendre au blond Phébus, grand orateur et grand diseur de riens : son nom est l'avocat Bassand, natif de Baume, fils en ligne directe du procureur Bassand. »

Lorsque M. de Boynes eut disparu et après le retour des exilés, le barreau se montra sévère pour ceux de ses membres qui n'avaient pas donné leur démission. Il reconstitua son tableau, et prononça contre eux une radiation définitive. Il ne fit exception que pour l'avocat Boyer, qui reconnaissait n'avoir point démissionné, mais argumentait de ce qu'il s'était abstenu d'entrer au Palais. Il ajoutait qu'il était sans fortune, que sa famille était nombreuse ; on se montra bienveillant et il obtint gain de cause.

Les avocats ne se bornaient pas à défendre leurs prérogatives, à soutenir à l'audience les procès qui leur étaient confiés, ils protestaient contre l'arbitraire, donnaient leur appui non seulement aux prévenus, mais aux condamnés lorsque ceux-ci étaient victimes de rigueurs excessives, qu'aucun texte de loi ne justifiait.

Dans la plupart des provinces, le contrebandier était poursuivi par la voie civile et ajourné devant le commissaire départi, pour voir prononcer amende et confiscation. Dans le comté de Bourgogne, au contraire, tout contrebandier rencontré avec deux autres personnes était soumis aux poursuites les plus sévères ; sans rechercher si ceux qui l'accompagnaient étaient ses complices, on le conduisait en prison, on l'y détenait pendant un temps plus ou moins prolongé, le plus souvent on finissait par le condamner aux galères.

Il y avait là une iniquité flagrante contre laquelle protestèrent les avocats; ils soutinrent avec beaucoup de raison qu'aucune ordonnance, aucune loi, ne sauraient motiver un tel abus de pouvoir. C'est d'Auxiron qui se fit leur interprète et rédigea un long et savant mémoire déposé aux archives du Doubs [1].

D'autres illégalités provoquèrent ses légitimes réclamations. D'après les principes de nos lois, les peines ne peuvent être commuées qu'en un sort moins rigoureux pour le criminel condamné. Cette commutation ne peut se faire que par lettres expédiées en chancellerie, et il faut que le condamné entende lecture de ces lettres, et qu'il manifeste la volonté de s'en prévaloir, précaution nécessaire si l'on veut empêcher que la commutation de la peine ne soit une aggravation imposée à celui qui en est l'objet.

Mais ces principes étaient constamment violés, surtout lorsqu'il s'agissait de contrebandiers, et sur simples rescriptions des fermiers généraux on expédiait aux colonies des individus qui n'étaient punis que de trois années de prison et qui se refusaient à un voyage dans des contrées peu connues, dont le séjour n'était pas apprécié comme à notre époque.

Ici encore les avocats prirent la défense des condamnés.

« Ce transport dans de lointains pays, dit l'avocat

---

(1) **Archives du Doubs. Non classé.**

d'Auxiron dans un mémoire adressé à la chancellerie, est une infraction formelle aux lois de l'Etat; il est pratiqué avec aussi peu de formalités et de difficultés que si le vœu de la Ferme pouvait disposer de la liberté des sujets du roi et que si son intention seule suffisait pour dénaturer les peines prononcées par les lois.

» Ce transport est si peu une grâce aux yeux des condamnés, que ceux qui ont été transférés aux colonies n'ont fait que céder à la force, et que quelques-uns de ceux condamnés aux galères et détenus aux prisons royales ont présenté et signé requête remise à M. l'intendant, tendant à ce qu'il fût fait défense de les transférer aux colonies, regardant cette émigration comme une aggravation de peine qui met une barrière perpétuelle entre eux, leurs femmes et leurs enfants, et qui prive leurs familles des secours qu'elles avaient lieu d'en attendre après les trois années de galère expirées. »

D'Auxiron signale les tendances arbitraires de la Ferme. « La Ferme, qui dans ses entreprises sur les sujets du roi semble vouloir prendre des accroissements dangereux et successifs, se propose de comprendre et comprend en effet dans l'état du transport aux colonies des citoyens surpris seuls et de plein jour en contrebande, dont la poursuite était seulement au civil, dont la condamnation était seulement de 1,000 livres non conversible en peine de galère, ce qui paraît encore plus injuste que le transport imaginé par subrogation aux galères (1). »

(1) Archives du Doubs. Mémoire des avocats, année 1769.

Ici encore, on ne saurait trop approuver l'attitude du barreau. Comment le procureur général tolérait-il, sans avertir le chancelier, de pareils actes d'arbitraire ?

En 1783, une nouvelle et dernière difficulté s'éleva entre les magistrats et les avocats.

Le barreau était déjà à cette époque fort scrupuleux en matière de délicatesse et d'honneur. Comme aujourd'hui il voulait que la réputation de l'avocat se maintînt intacte, à l'abri de tout soupçon, et exigeait de lui ce renom d'honnêteté qui a valu à l'ordre l'estime et la considération publiques.

En 1761, l'avocat Lapoule était inscrit sur le tableau depuis quatre ans, lorsque plusieurs de ses confrères demandèrent son exclusion, en prétendant qu'il avait été renvoyé du corps de la gendarmerie et « que son père, qui tenait des billards et des jeux de quilles, l'avait fait servir comme marqueur. » L'ordre nomma des commissaires pour procéder à une information régulière. Lapoule leur communiqua une attestation de ses anciens chefs constatant qu'il avait rempli ses fonctions dans la gendarmerie avec distinction et sans reproche, il invoqua aussi des certificats établissant que son père avait amodié à des tiers les maisons de jeu. L'état de l'avocat Lapoule n'en fut pas moins suspendu pendant une année, au bout de laquelle le rapporteur vint déclarer qu'aucun grief sérieux n'était établi ; on le réintégra de toutes voix sur le tableau.

Quelques années plus tard, une autre information longue et minutieuse fut dirigée contre un autre avocat, Me Marguet, originaire de Long-Sancey. Membre du

conseil de l'ordre depuis plusieurs années, estimé pour
sa science juridique et son expérience, Me Marguet
occupait au barreau une haute situation que justifiait
son talent, lorsque plusieurs inculpations de nature à
entacher la loyauté, la droiture de son caractère, furent
portées contre lui. On lui reprochait d'avoir sciemment
dissimulé des pièces dans un procès soumis à des arbitres ; d'avoir porté sur la copie d'un mémoire injurieux
pour ses adversaires et composé par lui seul la signature d'un de ses confrères, Me Lebaut, bien que
ce dernier eût été complètement étranger à la rédaction
de ce travail ; d'avoir en outre produit pour l'instruction d'un procès des plans dans lesquels il avait eu soin
de supprimer des lignes essentielles du plan original.
Le 27 décembre 1783, Marguet comparut à l'assemblée
générale, où assistaient soixante-trois avocats, et présenta lui-même sa justification. Soit que les faits ne
fussent pas suffisamment prouvés, soit qu'ils ne parus-
sent pas d'une gravité suffisante, l'ordre ne crut pas
devoir rayer Me Marguet du tableau, mais il lui enjoignit « d'être plus circonspect à l'avenir et d'user de
plus d'exactitude et de délicatesse de sentiments, soit
dans ses consultations, soit dans ses écrits. »

Cette affaire n'aurait pas eu d'autre suite sans un incident d'audience qui survint quelques semaines plus
tard. Le 7 février 1784, Me Marguet plaidait à l'audience
publique de la tournelle pour un sieur Mitaine, qui
avait été l'objet d'un décret personnel à la suite d'un
libelle contre deux avocats du bailliage de Dole ; il prit
avec ardeur la défense de son client ; au lieu d'atténuer

la gravité des faits, il se répandit en invectives contre
ses adversaires. Sa plaidoirie fut telle qu'il s'attira la réprimande la plus sévère de la part de Me Bergeret, le doyen des avocats généraux : « Quelque étonnement que nous ait causé une diffamation aussi
odieuse, dit ce magistrat, il y a une chose qui nous
étonne davantage, c'est que l'appelant ait trouvé un
défenseur qui ait pu se résoudre à se rendre l'instrument de sa haine, le truchement de sa passion, et à partager sa témérité, son audace, disons mieux, son inso-
lence, et à y renchérir. Nous avons entendu avec autant
de dégoût que d'indignation les expressions basses et
injurieuses dont il s'est servi. Le défenseur a dû lire
dans tous les yeux l'indignation publique ; il a manqué
à la majesté de la cour, autant qu'à la délicatesse qui
caractérise un ordre que nous faisons profession d'honorer, et nous désirons que ce blâme lui serve de leçon
pour le contenir dans les bornes dont il n'aurait
jamais dû sortir. »

C'étaient là des paroles qui, en raison de leur publicité et de l'autorité du magistrat qui les prononçait,
avaient une haute portée. Le conseil s'en émut. L'attitude de Me Marguet acheva d'indisposer le barreau
contre lui. Au lieu de protester, de solliciter un désaveu
de l'avocat général, il s'inclina et accepta les reproches
qui lui étaient adressés. Le 14 février 1784, le conseil
prononça sa radiation du tableau.

Cette radiation devait entraîner les plus graves conséquences. Le 16 février, Me Marguet reparaissait à la
barre pour plaider un procès. Bien que le président de

la chambre eût été prévenu de la radiation, la cour
paraissait disposée à l'écouter, mais l'avocat Louvot,
qui représentait la partie adverse, crut devoir faire
remarquer que Mᵉ Marguet était exclu de la corporation,
et demanda la remise à huitaine pour permettre à la
partie de se pourvoir d'un nouveau défenseur. Cette
observation ne fut point accueillie et l'on enjoignit à
l'avocat Louvot de parler; celui-ci refusa, prétextant
qu'il ne pouvait plaider contre un membre exclu, et
demanda la permission de se retirer. La chambre donna
défaut contre le client de Mᵉ Louvot, et le décréta lui-
même personnellement. Le lendemain deux autres
avocats, Lapoule et Pajot, qui n'avaient point paru à la
barre, furent à leur tour décrétés pour être ouïs, et
comme les audiences étaient désertes, la cour, par arrêt
du 2 mars 1784, ordonna aux avocats qui voudraient
plaider de lui présenter dans huit jours leur requête
« tendant à ce que leurs noms soient inscrits dans le
tableau qui sera dressé à la diligence du procureur
général du roi, fit défense aux autres avocats de plaider, ordonna à l'avocat Lebeau, ci-devant bâtonnier,
d'instruire les avocats, chacun en particulier, de la
teneur du présent arrêt [1]. »

L'incident fit grand bruit; des noëls sans valeur aucune circulèrent dans le public : nous n'en citerons

---

[1] Le barreau est-il maître souverain de son tableau? A-t-il un droit
absolu, plein pouvoir pour décider des inscriptions ou des radiations? Cette
question, que soulevaient les avocats devant le Parlement, devait se repro-
duire à de nombreuses époques. Le procureur général Dupin a montré que
le droit revendiqué par le barreau comme condition essentielle de son existence était de tradition, et deux arrêts successifs, le premier à la date du

que deux couplets, le premier concernant l'avocat Lapoule, que l'on avait décerné de prise de corps et chez
qui on avait installé un huissier :

> Arrivent six têtes vertes
> Qui tenaient des arrêts;
> Elles étaient découvertes,
> Présentant leurs décrets.
> L'un d'eux dit à Joseph :
> Vit-on chose pareille?
> L'on m'envoye en garnison
> L'huissier Blondeau dans ma maison
> Pour vider mes bouteilles.

Voici le couplet concernant Louvot :

> Louvot, jeune vorace
> D'argent et de mouton,
> A eu d'assez d'audace
> Pour au palais dire : non,
> Et par là il prouvait
> Notre indépendance.
> Par ma foi il s'est bien trompé,
> Le Parlement lui a montré
> Quelle est son insolence.

Par cet arrêt du 2 mars, l'ordre des avocats se trouvait dissous et le tableau n'existait plus. La lutte s'engageait, et comme toutes les luttes où s'agitent des
questions de prérogative et d'amour-propre ou de
dignité personnelle, elle devait être vive et ardente.
L'arrêt, considéré même au point de vue légal, était cri-
tiquable. Il avait été rendu sans avoir été précédé des

22 janvier 1850, ont admis cette théorie; mais en 1862, la cour revint sur
cette doctrine, et se fondant sur l'absence d'un texte, déclara que le refus
d'inscription *équivalait à une radiation* et rentrait dans le cas disciplinaire
où l'ordonnance de 1822 admet l'appel.

conclusions de l'avocat général : de plus, le Parlement, cédant à un sentiment d'irritation peu raisonné, n'avait nullement prévu les conséquences de sa décision, l'importance de la question tranchée trop à la hâte, et la résistance du barreau.

Les avocats acceptèrent la situation qui leur était faite et ne parurent plus aux audiences. L'intérêt des particuliers, l'intérêt public, se trouvaient ainsi gravement compromis. Le 6 juillet, une tentative de conciliation eut lieu. Six avocats, le bâtonnier en tête, ayant été mandés à la barre, le premier président de Grosbois leur adressa une allocution pour leur rappeler « que le devoir de servir le public était pour eux un devoir sacré, qu'ils devaient au peuple l'exemple de la soumission aux arrêts de la cour, sans laquelle leurs délibérations restaient sans force et sans exécution ; » il leur enjoignit en conséquence de reprendre leurs fonctions au plus tard le 19 juillet, « à peine contre les refusants de demeurer privés de leur état, de tous privilèges y attachés, et de ne pouvoir à l'avenir être inscrits sur le tableau. »

Devant cette injonction que tempéraient des protestations de bienveillance, l'ordre des avocats se montra respectueux envers le Parlement, mais ferme dans ses réclamations ; il lui était difficile d'oublier le passé et de reprendre ainsi l'exercice de la plaidoirie ; non seulement il avait été privé du droit de composer son tableau, mais, par l'arrêt du 2 mars, le Parlement avait rendu aux avocats exclus de la corporation l'exercice de leur profession. De plus, depuis sa radiation, l'avocat

Marguet avait lancé dans le public un écrit diffama-
toire contre l'ordre en général et contre plusieurs de
ses membres. Le barreau demanda donc que l'on
homologuât la délibération du 14 février, qui retran-
chait Me Marguet du tableau, ajoutant qu'il s'empresse-
rait dans ce cas de reprendre ses fonctions et de les
remplir conformément à l'usage.

Cette délibération ne satisfit pas le Parlement. Le
27 juillet 1784, il rendit un arrêt qui déclarait les avocats « déchus de leur état d'avocats inscrits au tableau
et de tous les privilèges y attachés. » Il alla plus loin ;
il s'arrogea une plénitude de juridiction sur le barreau,
« fit défense aux avocats de délibérer en aucun cas et
de s'assembler pour l'exercice d'une juridiction de discipline plutôt tolérée que reconnue et autorisée, sans en
avoir prévenu le premier président et lui avoir fait connaître « sur lesquels de leurs confrères ils entendaient
l'exercer, quels étaient les faits et les actions qui bles-
saient leur délicatesse et quelles en étaient les preuves. »
Après avoir frappé l'ordre lui-même, le Parlement in-
fligea à certains de ses membres diverses peines par
arrêts distincts. Louvot fut rayé du tableau le 2 janvier 1784, et il lui fut fait défense d'exercer les fonctions
d'avocat pendant deux années ; il fut de plus condamné
à cent livres d'aumônes applicables aux conciergeries
du Palais. Lapoule fut condamné, le 28 juillet 1784, à
être admonesté publiquement par le premier président,
et l'avocat Pajot dut assister à sa réprimande.

Ce ne furent pas les seules décisions rendues contre
des avocats : Me Marguet s'était pourvu devant le

Parlement contre la décision de ses confrères qui prononçait son exclusion ; il avait eu l'idée d'assigner le bâtonnier de l'ordre, ainsi que Louvot, Pourtier et Mougeot, en leur qualité de bâtonnier, commissaire et dénonciateur, et de les traduire devant la cour. Il demandait que la radiation qui lui avait été reprochée à l'audience du 16 février fût déclarée nulle et injurieuse et que ses adversaires fussent condamnés à 20,000 livres de dommages-intérêts. A l'appui de sa prétention, M⁰ Marguet publiait un long mémoire qui ne se distingue que par la violence de son style et la vivacité de son attaque, et se prétendait victime d'une faction organisée pour le perdre et dont le bâtonnier serait le chef.

La réponse du bâtonnier Lebeau fut digne et modérée. « Ma réplique, dit-il, ne renferme ni aigreur ni chaleur. J'ai pensé que ma qualité de chef de l'ordre m'interdisait toute autre manière de me défendre. » Puis Lebeau rétablit le fait dans ce qu'il croit être la vérité ; il soutint, quant à la forme de l'action, que le procès, ayant pour but la réparation d'une injure, devait être porté devant le juge du bailliage de Besançon et non devant la cour. Il prétendit que comme bâtonnier il était tenu de présider aux assemblées, d'en prononcer les décisions, et qu'il ne pouvait être condamné à des dommages-intérêts. Mais la cour, sans s'arrêter à l'incompétence et aux fins de non-recevoir, « déclara, le 7 août 1784, la radiation de l'avocat Marguet nulle, injuste et dérespectueuse à l'autorité de la cour tenant la chambre de la tournelle, maintint ledit avocat dans l'état et les fonctions d'avocat, condamna les avocats Lebeau, Louvot, Pouthier et Mougeot solidairement aux dépens. »

Deux autres avocats, Mᶜ Durget, qui avait été rayé du tableau en 1782 sous le bâtonnat de Mᶜ de Rantechaux, et Mᶜ Rouget, qui avait été omis sur le tableau de 1783, obtinrent également gain de cause devant la cour. Ces radiations et omissions furent déclarées nulles, injustes et injurieuses, par arrêt des 6 et 7 août de cette même année 1784.

Les dissentiments que nous venons de raconter n'empêchaient pas la magistrature d'avoir le barreau en haute estime et n'altéraient en rien les sentiments de respect profond que les avocats témoignaient hautement aux parlementaires. Magistrats et avocats se rapprochaient par l'amour du travail, par les mêmes habitudes studieuses, par leur aspiration à augmenter sans cesse leur science juridique. Le barreau se composait d'ailleurs d'hommes éminents : les plus connus au commencement du xviiiᵉ siècle sont Talbert, Henri de Charnage, Despotots, Mareschal de Longeville, dont le fils devint conseiller au Parlement, Pierre Tixerand, Joseph Bret, du Ban, d'Orival, Nicolas Marquis. Joseph Talbert était le petit-fils du doyen de l'Université de Dole, auteur du *Traité sur la mainmorte* ; de Charnage vieillissait et plaidait peu, il occupait à la Faculté de droit la chaire de droit canon et devait laisser son nom et sa fortune à Dunod ; Despotots, seigneur d'Autechaux, se distinguait par la facilité, l'élégance de sa parole, l'étendue, la variété de ses connaissances ; Tixerand était le fils d'un professeur distingué, et devait être, lui aussi, en 1708, chargé d'enseigner le droit français et nommé professeur par des lettres patentes, où Louis XIV rend hommage à « sa capacité et à son expérience. » Enfin Dunod occupait au barreau l'une des premières places ; orateur brillant autant que jurisconsulte profond, il consacrait sa vie à l'étude du droit et à la défense des intérêts qui lui étaient confiés ; sa notoriété était grande, ses succès oratoires justifiés par son talent ; jusqu'à l'âge de quarante ans il restait au barreau et ne renonçait à la carrière d'avocat qu'en 1720, pour devenir professeur dans cette Université qu'il devait contribuer à rendre célèbre et pour se livrer avec autant de sagacité que de persévérance à des recherches qui ont éclairé l'histoire de notre province, à des travaux juridiques qui ont exercé une haute influence sur la législation moderne.

La plupart de ces hommes ont fait partie de la faculté de droit et ont été de notre part l'objet d'une étude spéciale et détaillée.

Le Michaud avait aussi une réputation : originaire de Chaux-Neuve et seigneur d'Arçon, il était de la même famille que le poëte Pierre Michault ; fils d'un subdélégué au bailliage de Pontarlier, il avait quitté cette ville pour prendre place au barreau de Besançon ; il avait toutes les qualités de l'avocat, la parole brillante et facile, l'imagination vive, la réplique pleine de saillies et d'à-propos, mais il manquait d'ampleur, d'étendue dans la voix et dut, jeune encore, sinon renoncer à la plaidoirie, qui le fatiguait, du moins ne se faire entendre que rarement et se consacrer surtout à des consultations.

A cette pléiade d'esprits distingués succédèrent des jurisconsultes qui eurent aussi une notoriété méritée, notamment Charles-Antoine Seguin, qui a laissé de nombreux mémoires composés avec soin, écrits avec facilité, sans emphase, avec une simplicité qui n'était guère de son temps. Fils d'un capitaine d'artillerie, il avait dès sa jeunesse travaillé la science du droit, et se montra aussi savant professeur que brillant avocat. Il sut mener de front la théorie et la pratique, fut le conseil de personnages illustres, et eut en outre l'honneur de préparer à l'étude du droit l'un des plus remarquables de nos jurisconsultes, Victor Proudhon ; l'un des plus éloquents de nos orateurs, Courvoisier, le père du garde des sceaux. Comme Dunod, il sut aborder avec succès le domaine de l'histoire, recueillit de nombreux documents, réussit à éclaircir plusieurs questions d'un haut intérêt ; son Commentaire sur les Institutes est le résumé de son enseignement [1].

A côté de Seguin, mentionnons son meilleur ami, Belon, Jean-Baptiste, qui appartenait à une famille d'érudits, Gallet, Guillemin de Vaivre, Courchetet, Lombard, Ordinaire, Dunod de Charnage, d'Auxiron, Egenod, Courvoisier.

Professeur aussi savant que modeste, Belon était estimé à la Faculté de droit autant qu'au barreau, et fut à diverses reprises délégué à Paris pour défendre les

---

[1] Courvoisier se rendit l'interprète de la douleur publique en payant un juste tribut à la mémoire de son confrère Seguin, dans un discours de rentrée à l'Université.

prérogatives de l'Université. Il vécut de longues années, jusqu'en 1790, entouré de l'estime publique autant pour la dignité de son caractère que pour son talent, et mourut à Jallerange, frappé à l'improviste, entre les bras de Seguin ; il était le frère d'un prédicateur fameux et d'un professeur de théologie. Galet et Ordinaire se consacraient surtout à l'enseignement du droit ; Courchetet avait assez de notoriété pour arriver aux fonctions d'avocat général à Besançon ; ses fils devaient, plus que lui, faire connaître son nom ; d'Auxiron publiait en 1773 un mémoire sur l'entretien et l'embellissement des fontaines publiques de Besançon et un livre sur les juridictions de la même ville ; il fut nommé, jeune encore, gouverneur de la vicomté ; Egenod, Henri, se distinguait par ses aptitudes juridiques, remplissait pendant plus de quarante ans les fonctions de conseiller de ville et mourait doyen de l'ordre des avocats ; on vantait à ses obsèques son désintéressement, son érudition, ses services exceptionnels [1]. Guillemin, Claude-Odo, avait la logique, la netteté, qui conviennent au professorat, plutôt que les qualités brillantes de l'orateur. Jacques Parisot se faisait une place au barreau, abandonnait Besançon pour Paris, où il obtenait, comme avocat, d'éclatants succès.

Le fils de l'historien Dunod, François-Joseph Dunod de Charnage, s'était acquis, lui aussi, par son intelligence, son talent, son honorabilité, une situation prépondérante et de vives sympathies ; ardent, plein de

[1] Archives municip. Reg. in-fol. BB. 198.

fougue, d'activité, d'énergie, il s'était, dans sa jeunesse, battu en duel contre cinq officiers, avait octroyé à deux d'entre eux un joli coup d'épée, ce qui ne l'empêchait pas de travailler la science du droit, de devenir avocat le 13 août 1725, avocat fiscal de l'officialité et bailli de Gy en 1742, gouverneur de Mandeure le 21 octobre 1744, docteur ès droits en 1745, magistrat le 21 mars 1753 et maire de la ville de Besançon le 31 décembre 1756, puis bâtonnier de l'ordre en 1758 [1]. Recueillant pieusement les ouvrages d'un père qu'il avait entouré de respect et d'affection, il prenait soin de les classer avec ordre et de les annoter ; c'est ainsi que le Nobiliaire s'enrichit grâce à lui de notes importantes et précieuses. C'était un érudit, un savant, qui ajoutait à l'œuvre du célèbre jurisconsulte un commentaire sur les successions ; ses études juridiques, ses fonctions de maire, n'entravaient point ses travaux littéraires : il composait une généalogie historique des ducs de Méranie [2] ; il lisait à l'Académie un discours sur l'émulation, un fragment sur les Annonciades de Besançon, etc. Il avait succédé à M. du Chatelet.

Deux autres avocats, Binétruy de Grandfontaine et Perreciot, se confinaient dans l'étude, menaient une existence laborieuse et calme sans prévoir les bouleversements sociaux et politiques dont ils devaient être les témoins et les victimes.

---

(1) Ces détails sont puisés dans un manuscrit provenant de la bibliothèque de M. Ch. Dunod de Charnage.

(2) Biblioth. de Besançon. Académie, Travaux des Académiciens, 2ᵉ vol., fol. 3, verso.

Binétruy de Grandfontaine, qui était le fils de l'intendant du duc de Randan et qui fut longtemps protégé par ce dernier [1], était né à Besançon en 1723, et devenait en 1766 maire de cette même ville. De mœurs douces et polies, d'une grande bienveillance, il fut heureux de procurer à ses concitoyens les bienfaits d'une administration toute paternelle, fit adopter de sages règlements, des projets d'une utilité générale, et en quittant ses fonctions, laissa d'unanimes regrets. Doué d'heureuses dispositions pour les lettres, il fut, dès la fondation, un des membres de l'Académie de Besançon, dont il devint le secrétaire de 1762 à 1771. Les recueils de cette compagnie contiennent beaucoup de ses œuvres, notamment l'éloge de Titon du Tillet, qui se rendit célèbre par son zèle pour la gloire des lettres et qui aurait mérité, d'après Grandfontaine, que l'humanité gravât sur son tombeau ce vers, abrégé de toute sa vie :

Il a fait son bonheur de la gloire des autres.

Il écrivit l'éloge historique de M. le marquis du Mesnil, lieutenant général des armées du roi, l'ami des maréchaux de Saxe et de Noailles, de l'abbé d'Olivet, de M. de Clevans, du mathématicien Jard, etc. Chargé de répondre à M. de Choiseul, lors de sa réception à l'Académie, il lui adressait cette flatterie délicate : « Un académicien dont l'âme est au niveau de la naissance est toujours sûr de bien parler, quand il s'exprime comme il

<hr>

[1] Archives du Doubs. Parlement, Actes importants, vol. 32, B. 2182, p. 3.

pense ; c'est du cœur que partent les grandes idées ; » et il ajoutait : « L'histoire nationale dont nous sommes chargés est pour vous une histoire domestique. » Toutes ses idées se formulent avec finesse et originalité d'esprit ; un jour, il soumet à ses confrères quelques-unes de ses œuvres, il s'empresse de s'excuser timidement : « Je me trouve, dit-il le 17 janvier 1770, dans le cas d'un chasseur que l'activité de sa poursuite a entraîné au delà de son territoire, et je demande grâce pour une entreprise engagée par le hasard. » Il est poète à ses heures, et versifie avec grâce ; il sait exprimer dans ses vers de grandes et nobles pensées.

Paris le séduisit, on le nomma conseiller à la cour des aides ; dans cette position nouvelle, il sut se créer de nombreuses relations, des amitiés durables parmi les littérateurs de son temps. Puis cette vie heureuse fut subitement bouleversée par la Révolution ; effrayé des excès de la démagogie, de Grandfontaine espéra être plus en sûreté dans son pays natal ; il revint dans sa famille, croyant y vivre ignoré ; mais les dénonciateurs étaient partout, on l'arrêta. Le 9 thermidor le rendit à la liberté ; ses forces étaient épuisées, il mourait l'année suivante, en 1795.

La vie de Perreciot ressemble à celle de son confrère ; c'est aussi la vie d'un sage qui poursuit et trouve le bonheur dans la satisfaction du devoir, dans le travail, sans ambition aucune. Plus jeune de quatre années que de Grandfontaine, il naquit en 1728, à Roulans, où son père était allé s'établir en qualité de notaire. Cette origine aussi bien que la profession de ses oncles, dont

l'un était procureur fiscal, l'autre avocat à Besançon,
lui ouvraient en quelque sorte la carrière du barreau.

Il fit à la faculté de Besançon ses études de droit, et
put assister aux leçons de Dunod et profiter de ses
exemples. A vingt et un ans, il fut inscrit au tableau,
mais en 1753, il acheta à Baume, où il s'était marié,
une charge de procureur du roi à la maîtrise des eaux
et forêts ; dans cette position, il rendit à la province
d'utiles services et fut élu maire de la ville en 1765 et
en 1768. Il donna sa démission en 1771 pour se consacrer entièrement au barreau et à l'histoire, sans
autre pensée, comme il le dit lui-même dans une
lettre au P. Dunand [1], que de s'instruire et d'obliger
les savants. Ses mémoires à l'Académie de Besançon
lui valurent de nombreuses couronnes, et sa réputation d'érudition s'étendit hors des limites d'une province qu'il ne voulut pourtant jamais quitter. On ne
peut qu'admirer le dévouement avec lequel il mettait
au service des érudits tout ce qu'il possédait de matériaux et de connaissances, faisant bon marché de sa
personnalité, pourvu que la somme des vérités utiles fût
accrue. Longtemps il se refusa même à l'idée d'imprimer ses œuvres. Toutefois, ayant été nommé à Besançon, en 1782, conseiller trésorier des finances, les
ressources scientifiques qu'il rencontra dans cette ville
le contraignirent en quelque sorte à publier le fruit de
ses nombreuses recherches, et à faire paraître son
grand ouvrage sur l'état civil des personnes et la con-

---

(1) Correspond. ms. du P. Dunand, p. 33. Biblioth. de Besançon.

dition des terres dans les Gaules. Il examina les ori-
gines de notre droit féodal, les transformations qu'il
avait subies; certaines de ses opinions sont hardies et
contestables. Perreciot essaie d'établir que les corvées,
les terrages, les cens, les droits seigneuriaux en général, sont légitimes et doivent être respectés; il oublie
que toute charge perpétuelle, même légère, est considérée comme une injustice et appelle à la longue un
allégement, une remise, une commutation. Son
œuvre est d'un érudit, et les nombreuses chartes et
documents historiques dont il fait suivre son livre
ajoutent encore à sa valeur. Si peu favorables que
fussent à des recherches de cette nature les temps où
parut cet ouvrage, il n'en jouit pas moins alors de l'estime qu'il méritait. Perreciot publia en outre de nombreux travaux sur différents points de l'histoire de la
Franche-Comté, pour laquelle il avait l'ardent amour
d'un fils. Sa vie tout entière fut consacrée à son pays.
Successivement membre de la municipalité de Besançon, du conseil général du Doubs, il se montra toujours
un grand citoyen, à une époque où les passions fu-
rieuses rendaient bien difficiles et bien dangereuses
les fonctions publiques. Elu en 1792 juge de paix de
Roulans, les sympathies, la haute estime que lui valurent son impartialité, son esprit de conciliation et
ses libéralités pendant une disette cruelle, ne purent
cependant le soustraire à la prison. Le 9 thermidor le
délivra; mais les sources de la vie étaient taries en lui,
et le 12 février 1798 il expirait, laissant une réputation d'homme de bien tellement grande que l'on ou-

bliait celle du savant, qu'il méritait à un titre égal, et
que la postérité lui conservera.

Un autre avocat, Grappe, Pierre-Joseph, avait une
position exceptionnelle ; esprit pondéré et méthodique,
il ne brillait point à la barre par la vigueur, la chaleur, l'élan, la verve de certains orateurs des barreaux,
mais il possédait à un haut degré la science du droit,
l'expérience des affaires. « La pureté de sa conduite,
l'honnêteté de sa vie, la douceur de son caractère, le
rendaient, d'après les témoignages contemporains,
aussi recommandable que ses talents [1]. » L'université
de Besançon l'accueillit avec empressement lorsqu'il
sollicita l'honneur de succéder à Seguin dans la chaire
de droit romain ; il apporta dans son enseignement une
logique serrée, une précision et une érudition exceptionnelles. Mais quand éclata la Révolution, Grappe
devint une de ses victimes. C'est vainement qu'il essaya
de ne point se mêler aux luttes politiques, de se con-
finer dans l'étude ; dénoncé comme suspect, il fut incarcéré, enfermé avec un grand nombre de ses compatriotes dans les prisons de Dijon, et ne reconquit sa liberté qu'au 9 thermidor. Libre, il conserva le même
esprit de modération qui avait inspiré tous ses actes,
collabora avec Couchery et Louvot à la rédaction d'un
journal destiné à combattre les jacobins, devint
membre du conseil des Cinq-Cents, puis fit partie du
Corps législatif sous le consulat ; quand en 1804, déjà

____

[1] Lettre des distributeurs et professeurs de la Faculté de droit. Archives
du Doubs.

fondé dans l'opinion, l'empire vint à être proclamé, Grappe comprit que la France se donnait un maître, que ce maître imposerait sa volonté absolue; il refusa de s'incliner devant ce pouvoir nouveau, et sans ostentation, sans regrets, abdiquant tout rôle politique, vint reprendre à Paris ses études juridiques, qui avaient fait le bonheur de ses premières années.

Mais parmi tous ces hommes dont nous venons de rappeler le souvenir, nul peut-être ne porta l'éloquence au même degré que Jean-Baptiste Courvoisier. Nul ne posséda mieux que lui le don rare de concevoir rapidement et de donner à sa pensée l'expression et la couleur; nul surtout ne montra plus de mépris du danger, plus de courage à défendre ses convictions politiques et ses croyances religieuses, plus de fermeté et d'audace à protéger contre d'injustes accusations les victimes des haines populaires. Nous le retrouverons pendant la tourmente révolutionnaire, luttant avec vaillance, puis forcé de chercher au milieu des ennemis de sa patrie un abri pour sauver sa tête.

Professeur de droit et avocat en renom au début de la période révolutionnaire, Courvoisier voit immédiatement grandir les passions déchaînées, il voit venir la tempête qui doit emporter le pouvoir royal, ensanglanter et déshonorer son pays. Il se jette dans la lutte sans se préoccuper de son intérêt; appelé en 1790, en qualité de recteur de l'université, à prononcer un discours dans une séance solennelle, il poursuit de sa verve railleuse toute l'école philosophique, tous les propagateurs des idées nouvelles, et pressentant l'avenir,

trace un effrayant tableau des calamités qui allaient
atteindre sa patrie. Dénoncée au conseil du département,
la harangue fait grand bruit, le département envoie un
officier national nommé Bernard et trois fusiliers au
domicile de Courvoisier, avec mission de le faire comparaître devant le conseil départemental, sous prétexte
qu'il parle trop hardiment contre la constitution. La
haute situation de Courvoisier, son talent, sa notoriété,
auraient pu lui valoir l'indulgence; peut-être eût-il été
habile d'excuser sa hardiesse de langage, d'autant plus
que son discours était écrit en latin et ne pouvait avoir
grand retentissement; mais on le révoqua, ce qui devait
lui permettre de continuer avec plus d'indépendance sa
carrière d'avocat, de mieux défendre et cette monarchie, à laquelle il avait voué une sorte de culte, et les
malheureuses victimes d'odieuses dénonciations.

En 1791, la marquise de Constable, les comtes d'Auquoy et de Chaillot avaient été signalés comme coupables d'enrôlements pour l'armée de la contre-révolution.
Courvoisier était leur ami et n'hésita pas à se charger
de leur cause. Poursuivis jusque dans l'enceinte du
tribunal par la colère, la haine, la fureur du peuple,
ils comparaissaient devant des juges sinon vendus au
pouvoir, du moins faibles et timorés. Courvoisier risquait sa vie en les défendant, mais il était leur ami et
il tenait à se dévouer pour eux. Dès ses premiers mots,
il est interrompu par des murmures : il n'était pas
homme à se taire, il sait qu'un écrit a été répandu
dans le public pour le dénoncer comme traître à la
patrie, et que cet écrit le désigne comme une victime

à immoler : il brave tout danger et, dans un exorde admirable, déclare qu'il défendra l'innocent, même au péril de sa vie. « On ne m'a pas connu, dit-il, si l'on a pensé que la crainte me ferait taire quand l'honneur m'ordonne de parler ; » mot sublime qui peint bien le caractère, l'énergie, le courage de l'intrépide lutteur.

Quelques mois plus tard, en 1792, quand le roi était encore debout sur les ruines fumantes de la monarchie, Courvoisier publie un premier volume, *Eléments de droit politique*, où il montre l'insurrection dans le peuple, l'indiscipline dans les troupes, les proscriptions, le pillage, les incendies, les massacres, où il condamne les élections populaires qui donnent la victoire non au plus digne, mais au corrupteur, à l'intrigant, où il prouve que la souveraineté peut se transmettre, qu'un engagement inviolable lie au roi la nation, et que pour briser ce contrat, il faut la volonté des deux parties, celle du souverain et celle du peuple. Peu après, en 1792, paraît un second ouvrage : *Essai sur la constitution du royaume de France*, portant sur sa première page ces mots de J.-J. Rousseau : « Ne changez pas la constitution qui vous a faits ce que vous êtes. » Son œuvre contient les appréciations les plus savantes sur l'organisation de la nation française, la forme du gouvernement, l'autorité des Etats généraux, les attributions du pouvoir exécutif. Bien que se confinant le plus souvent dans la théorie, il n'hésitait pas à flétrir les attentats qui désolaient son cœur de royaliste et de Français, et cela au moment où les passions révolutionnaires allaient atteindre leur paroxysme. On comprend

les hostilités, les fureurs que l'audace de l'écrivain
avait dû exciter ; les citoyens les plus inoffensifs étaient
contraints de fuir à l'étranger ou de chercher en France
des retraites ignorées. Courvoisier dut s'expatrier : il
se retira en Allemagne ; nul n'était plus menacé.

Sur la terre d'exil, il se refuse encore à se courber
sous les coups de l'injustice, il essaie de continuer la
lutte, il se dévoue à son roi, il publie de nouveaux écrits,
un volume où il remet en mémoire les crimes de la Révolution, les désastres, la misère qu'elle a entraînés
pour la France ; il termine en exprimant des vœux ardents pour le salut de sa patrie. Ce livre a les allures
d'un pamphlet, il est inférieur aux premiers, mais n'en
atteste pas moins une érudition fort étendue, un esprit
généralisateur et le patriotisme le plus ardent.

On comprend ce que cet homme de bien a dû souffrir ; il a vu se réaliser ses tristes prévisions, il a vu la
nation tyrannisée, terrorisée, son roi sur l'échafaud, il
a vécu de longues années dans l'exil : il a eu enfin la
joie de rentrer en France, mais ses forces étaient épuisées. La plaidoirie lui était interdite, c'est à peine s'il
pouvait déployer encore les trésors de sa science dans
des consultations écrites, et la mort l'atteignait en 1803,
à l'âge de cinquante-quatre ans [1].

En compatissant à ses légitimes douleurs, comment ne pas admirer sa fermeté, son dévouement,
l'énergie, la dignité de sa conduite, l'unité de sa

____

[1] *J.-B. Courvoisier*, par L. PINGAUD. (Mémoires de la Soc. d'émulation
du Doubs, 1883.) *La Faculté de droit à Besançon*, par A. ESTIGNARD.

vie ? Il n'a jamais connu l'incertitude dans le devoir, il a su conserver intacts son attachement absolu à son roi, ses croyances religieuses, sa foi politique, sans un instant de défaillance, sans se décourager jamais.

En parcourant cette existence mouvementée, sans cesse troublée, la pensée se reporte sur la vie calme et paisible d'un contemporain de Courvoisier, son collègue à la faculté de droit. Nés dans la même province, presque à la même époque, parcourant la même carrière, Grappe et Courvoisier n'en devaient pas moins être soumis à des vicissitudes bien différentes, et il est difficile de rencontrer deux existences se ressemblant aussi peu.

Courvoisier, nature passionnée, royaliste de conviction, se jette en travers du torrent de la Révolution pour en arrêter le cours, il aime la lutte et la recherche, et il est contraint de demander à la terre étrangère un asile où sa vie puisse être à l'abri.

Grappe, républicain convaincu, sent que les efforts d'un seul homme ne peuvent mettre un terme à des excès qu'il déplore. Intrépide quand le devoir commande, il s'expose dans la défense de Dietrich à des dangers qu'il prévoit ; il essaie en vain de s'y soustraire dans la retraite, mais ne voulant pas fuir son pays, il est jeté en prison et le salut lui vient d'une circonstance toute fortuite.

Le premier, conservant sa vie entière cet amour de la royauté à laquelle il s'attache par les sacrifices mêmes qu'elle lui coûte, combat en sa faveur sur le sol ennemi où il a dû se réfugier, il se sacrifie pour sa défense. Le second, appelé par ses concitoyens à un rôle

politique, sait conquérir dans les assemblées délibé-
rantes une place honorable ; il sait plus encore, il sait
se retirer quand ses opinions politiques lui semblent
exiger d'un honnête homme ce sacrifice. Tous deux
luttent fermes, inébranlables, fidèles dans leurs convictions ; mais alors que Courvoisier ne rentre que pour
mourir, et sans même pouvoir assister au retour de
cette famille des Bourbons, pour laquelle il a dépensé
ses forces et sa vie, la retraite volontaire de Grappe le
laisse entouré d'amis nombreux ; sa vieillesse s'écoule
paisible dans les fonctions de professeur qu'il avait
perdues et qu'il retrouve comme la couronne de ses
dernières années. Quel contraste quant aux résultats
chez deux hommes à qui tant de points de ressemblance
paraissaient devoir assurer un sort semblable !

Enfin, à côté de Grappe, de Courvoisier, de l'élite du
barreau, Ordinaire, Blanc, Lebeau, Verny, Pourtier,
étaient fort occupés. L'avocat Blanc était le conseil du
président de la Cour des comptes, M. de Monnier, dans
ses procès contre Mirabeau ; puis venait une génération
d'avocats plus jeunes : Modeste Monnot, Lochard, Quirot, Nodier, Louvot, Rambour, allaient être bientôt appelés à traverser les jours les plus agités et à jouer un
rôle politique qui, pour quelques-uns, devait être fatal
à leur honneur.

Nous désirerions donner ici le dernier tableau de
l'ordre ; on y retrouverait beaucoup de noms qui ont
eu une certaine notoriété ; mais cette nomenclature
serait trop longue : chaque année, le tableau s'augmentait. En 1727, le barreau ne se composait que de

soixante-trois avocats [1], et en 1788 de cent vingt-
sept [2]. Les tableaux indiquent les avocats des prisonniers, les avocats des pauvres, et enfin les avocats
chargés de recueillir les arrêts de chacune des chambres
du Parlement. Il est bien évident que, malgré les prescriptions formelles et réitérées du Parlement, beaucoup
d'avocats sont inscrits, bien que n'assistant pas aux
audiences ou ne plaidant qu'à de rares intervalles, ou
même ne paraissant jamais à la barre.

On retrouve peu de documents permettant d'apprécier
le talent oratoire des membres du barreau. Les mémoires, les plaidoiries qui nous sont parvenus. montrent que le langage judiciaire subissait l'influence de
la mode, influence qui se fait sentir aussi bien sur les
productions de l'esprit humain que sur les habitudes.
Les œuvres des avocats sont loin d'avoir les qualités de
style que l'on pourrait attendre d'hommes consacrant
leur vie à l'étude et se distinguant par leur science.
L'éloquence de la chaire était arrivée sous Louis XIV
au plus haut degré qu'elle pût atteindre, tandis que le
langage du barreau était empreint de faux goût et con-
sistait dans l'enflure, l'accumulation de citations, l'emploi de figures de rhétorique dont la comédie des *Plaideurs* offre une critique piquante et justifiée ; l'impro-
visation n'existe guère, et la parole s'épuise dans de
longues et stériles préparations, surchargées d'un luxe

(1) Chiflet, dans ses manuscrits, vol. 61, p. 281, donne les noms des avocats en 1727. Biblioth. de Besançon.

(2) Les archives du Doubs possèdent de nombreux tableaux de l'ordre,
achetés récemment par M. Gauthier, provenant de la collection Droz.

d'érudition, d'une afféterie prétentieuse, visant à la cadence des mots, aux antithèses forcées. Peu à peu, avec Cochin et Gerbier, qui resteront comme des modèles de la pureté du style et de l'élégance oratoire, la discussion devient plus solide, plus serrée, plus lucide ; elle reprend des allures plus vives et vise davantage au laconisme et à la brièveté. Plus on arrive à la fin du XVIIIe siècle, plus le style se modifie. Les théories philosophiques, le mouvement des idées, exercent une influence non seulement sur les mœurs, mais sur les écrivains et sur les orateurs ; ils marchent d'un pas plus rapide. Les magistrats, Lamoignon, d'Aguesseau, donnent l'exemple à suivre ; Bayle, Voltaire, d'Argenson, Montesquieu, Rousseau lui-même, bien que solennel et rhéteur, ont le style qui est le style de leurs pensées. L'avocat imite les philosophes et les magistrats ; à mesure qu'approche la tourmente révolutionnaire, à mesure que les idées s'agitent sous un souffle plus ardent, son langage est plus alerte, ses mémoires sont rédigés avec plus de netteté, il en est qui sont des modèles de précision ; certains se distinguent par une émotion contenue et réservée.

Les imperfections et les progrès que nous signalons dans le barreau français se rencontrent en Franche-Comté dans le langage judiciaire. Avant la conquête, ces imperfections sont les mêmes qu'en France. La Comté était attachée à ses empereurs, elle était Espagnole de cœur, mais Française de langage, et devait nécessairement se ressentir du voisinage de la grande nation. Les mémoires publiés au commencement du

XVIIIe siècle devant le Parlement devenu français sont
empreints de majesté, mais de monotonie et de prolixité ;
on voit qu'ils s'adressent à des magistrats qui ne sont
pas pressés de juger ; on sent que l'auteur veut à tout
prix faire étalage de sa science ; mais peu à peu, en plein
XVIIIe siècle, ils deviennent concis et bien ordonnés, ils
se présentent dans leur ensemble avec clarté et logique.
La plupart des avocats, surtout ceux qui faisaient partie de l'Université, comme Courvoisier, Seguin, Grappe,
savaient écrire ; Courvoisier aurait pu occuper un rang
distingué parmi les littérateurs ses contemporains.

Ce que nous disons des mémoires des avocats pourrait s'appliquer aux mercuriales des magistrats ; elles
ont les imperfections de leur temps ; il suffit pour s'en
convaincre de lire le discours que prononçait en 1691, à
la rentrée de la Saint-Martin, l'avocat général Doroz,
faisant l'apologie des doctes facultés qui venaient d'être
installées à Besançon et célébrant la munificence du
prince et la générosité des magistrats municipaux. Pas
un parlementaire ne se soustrait à la mode de son
époque. L'emphase subsiste encore dans les dernières
années du Parlement : c'est ainsi qu'en 1778 l'avocat
général commence sa harangue en ces termes : « Qu'il
est imposant, qu'il est intéressant, le spectacle offert
aux yeux du public dans cette assemblée où la justice
remonte sur son trône, où ses ministres sont réunis
pour prononcer ses oracles et exercer la plus auguste
des fonctions. » Tout le discours est dans ce style. Le
plus souvent les mercuriales retracent les hautes vertus
du magistrat. L'orateur recommande à ses confrères

l'étude de la loi, le travail, la circonspection, l'impartialité, l'aménité des mœurs, le dévouement au roi, l'amour de la patrie ; le 13 novembre 1747, l'avocat général lisait sept ou huit pages sur la fidélité et l'attachement au souverain ; il est rare que les mercuriales aient pour but d'examiner et de signaler les imperfections, les lacunes de notre législation, les réformes à réaliser ; comme nos discours d'aujourd'hui, elles se terminaient déjà invariablement par l'apologie du pouvoir, apologie facile sous Louis XVI ; elles avaient un mérite et peut-être une supériorité sur celles de nos jours, la concision ; elles ne se prolongeaient guère au delà de quinze minutes.

Jusqu'en 1789, l'avocat a vécu à l'audience ou dans le silence du cabinet. La vie publique, qui absorbe certains maitres du barreau, est pour lui inconnue. Avec la période révolutionnaire s'ouvre pour l'avocat une ère nouvelle. La Révolution, c'est le règne de l'avocat ; tantôt il prendra la place des magistrats et viendra s'asseoir comme juge sur le siège de la vieille magistrature expulsée, exilée ou incarcérée ; tantôt il figurera au nombre des administrateurs du département et du district ; tantôt il se mêlera dans nos luttes politiques d'une manière plus active encore, sera appelé par le suffrage de ses concitoyens dans les assemblées législatives et contribuera à la confection des lois. Il en est qui resteront à la barre, pour y combattre l'arbitraire et la violence, qui risqueront leur vie pour arracher un malheureux aux haines de parti, aux vengeances des jacobins et sectaires républicains.

CHAPITRE XII

AVOCATS AU XVIIIᵉ SIÈCLE SOUS LA RÉPUBLIQUE

Le suffrage universel et la magistrature. — Les avocats désignés comme juges. — Organisation des tribunaux civils. — Election de nombreux avocats. — Le jurisconsulte Proudhon. — Justice criminelle. — Nomination d'avocats. — Le président Nodier. Quirot. Rambour. — Le rôle des avocats dans l'administration départementale et municipale. — Leur rôle aux Etats généraux, à la Constituante. — Blanc, Lapoule, Louvot, Durget, Muguet de Nanthou, Christin, Grenot. — Les avocats à la Législative. Bouvenot, Monnot, Michaud, Besson, Lécurel, Vernercy. — Avocats à la Convention, au conseil des Cinq-Cents. — Avocats à la barre du tribunal criminel. — Procès de Dietrich. — Avocats victimes des haines révolutionnaires. — Avocats incarcérés. — Avocats en exil, Fenouillot. — Rétablissement de la corporation du barreau.

La Révolution, qui détruisait les Parlements, donnait au suffrage universel le droit de nommer les magistrats. Cette magistrature élective devait se recruter dans les rangs du peuple, et surtout parmi les membres du barreau ; l'électeur voulait des juges complètement partisans des idées nouvelles, s'associant aux événements, partageant ses opinions, ses convictions politiques. La science, l'impartialité, l'honorabilité, toutes ces qualités qui faisaient l'honneur et le renom de la vieille magistrature, ne devaient plus être appréciées, il fallait

avant tout faire preuve de républicanisme. Les avocats
se trouvèrent ainsi tout naturellement appelés à une
vaste carrière. La plupart avaient salué la Révolution
avec enthousiasme, et malgré ses erreurs, ses fautes,
ses crimes, croyaient encore à un avenir meilleur, à
des améliorations utiles, à une ère de liberté et de progrès; puis le barreau se recrutait dans la bourgeoisie,
dans le haut commerce, il avait les sympathies de la
population, il connaissait ses aspirations et ses besoins.
Le tiers état devait aller spontanément aux avocats,
parce que de longue date il s'était habitué à leur confier
ses plaintes. Ils apportaient d'ailleurs, en raison même
de leurs études, un mélange de vues pratiques, d'idées
spéculatives, d'élévation politique et de modération qui
devait attirer sur eux l'attention et leur donner une
haute autorité.

Le 14 octobre 1790, les électeurs du district de Besançon se réunirent pour désigner leurs juges. Leurs
choix se portèrent sur des avocats. La nomination n'eut
du reste rien de flatteur. La plupart des électeurs s'abs-
tinrent de voter. Les honnêtes gens, découragés, ne
croyaient pas au succès; l'indifférence les gagna. Ce
mal de l'indifférence n'est pas d'hier, il se trouve dans
la préface de toutes nos calamités nationales. Louis XVI
en pressentait déjà et en signalait le péril, lorsque dans
une proclamation du 15 janvier 1792 il disait aux con-
servateurs de son temps : « Vos ennemis ont trop
remarqué votre peu d'empressement à exercer dans
les assemblées électorales le plus important des droits
politiques du citoyen dans un gouvernement représen-

tatif. Français, ajoutait-il, bannissez donc cette funeste indifférence, ou, avec une constitution libre, vous ne serez pas des hommes libres, et avec de bonnes lois vous ne jouirez qu'imparfaitement des biens que de bonnes lois assurent. » Grâce à l'abstention, le nombre des suffrages exprimés ne fut que de quatre-vingt-six. Le candidat qui réunit le plus de voix, Pierre-François Ordinaire, en obtint quarante-six ; il était ancien avocat au Parlement et maire de la ville. Après lui vinrent Claude Monniotte, avocat ; Nicolin, avocat, administrateur du département ; Brenot, Alexandre, conseiller trésorier de France au bureau des finances de Besançon, et Lapoule, avocat. Girardot, lieutenant criminel du bailliage de Besançon ; Lécurel, Louis, avocat ; Laurent, Thomas, avocat, ancien vicomte maïeur, administrateur du Doubs ; Lescot fils, avocat, furent nommés juges suppléants.

Le conseil général de la commune de la cité de Besançon devait recevoir leur serment ; mais les scellés avaient été apposés sur la partie du Palais que le tribunal devait occuper. Le conseil général les fit lever, puis se rendit, le 23 novembre 1790, à l'audience publique, pour procéder à l'installation des nouveaux magistrats.

En présence du procureur de la commune et de son substitut, le maire Nodier « fit l'ouverture de la séance par un discours éloquent, prononcé avec dignité, qui fut suivi d'un autre discours non moins pathétique de M. le procureur de la commune, » puis les trois juges Monniotte, Nicolin et Brenot prêtèrent le serment voulu par la loi.

La formule de ce serment varia suivant les époques.
En 1790, le magistrat jurait de maintenir de tout son
pouvoir la constitution du royaume décrétée par l'Assemblée nationale et acceptée par le roi, d'être fidèle à
la nation, à la loi et au roi, et de remplir avec exactitude et impartialité les fonctions de son office. Plus tard
et sous la république, il prêtait le serment d'être fidèle à
la république une et indivisible, de maintenir de tout
son pouvoir la sûreté des personnes et des biens, de
remplir avec honneur les fonctions qui lui étaient confiées, de mourir s'il le fallait pour l'exécution de la loi.

La loi du 3 brumaire an IV prescrivit au magistrat
une déclaration constatant qu'il n'avait provoqué ni
signé aucun arrêté séditieux ou contraire aux lois, et
qu'il n'était ni parent ni allié d'émigrés au degré
déterminé par l'article 2 de cette loi. Enfin, sur la fin de
cette même année, le magistrat jurait haine à la royauté
et attachement inviolable à la république.

Lorsqu'en 1792 le tribunal fut renouvelé, la même
faveur s'attacha aux avocats, et ce fut Lescot, Girardot,
Monniotte, Laurent, Nicolin, qui furent nommés juges,
avec Guillemet, Coste, Jarry et Devillers comme suppléants. La même observation pourrait s'appliquer aux
années qui suivirent.

Les fonctions de commissaire du roi et plus tard de
commissaire national furent aussi remplies par des
avocats ou hommes de loi ; c'est ainsi que parmi les
commissaires nationaux figure l'avocat Véjux, commissaire en 1793.

Parmi les juges nommés à l'élection il en est un qui

devait se distinguer par sa science juridique et laisser, comme jurisconsulte et comme citoyen, un nom respecté, ce fut Jean-Baptiste-Victor Proudhon. Au mois de mars 1792, il était membre du tribunal de Pontarlier et directeur du jury d'accusation. Une affaire délicate concernant deux prêtres se présenta. Les jurés assemblés, Proudhon crut devoir faire un exposé du procès et indiquer au jury les principes de la législation nouvelle ; son discours est digne d'un vrai magistrat :

« Juges aujourd'hui, demain simples citoyens et
» peut-être accusés vous-mêmes, les mouvements de
» sagesse que vous voudriez qu'on adoptât alors pour
» vous sont ceux que vous devez suivre aujourd'hui
» dans la cause de vos concitoyens.... C'est ici le sanc-
» tuaire des lois ; quiconque en devient l'organe doit
» laisser tout sentiment de haine à la porte du temple,
» et vous venez vous-mêmes d'en faire le serment. Les
» hommes dont vous allez décider du sort ne sont ni
» vos amis ni vos ennemis : ils sont hommes et jus-
» qu'à présent citoyens comme vous. Et comme il ne
» vous serait pas permis de les absoudre par compas-
» sion, il vous est aussi défendu de chercher à les
» punir par vengeance.... Gardez-vous, citoyens, de
» chercher des coupables, vous le deviendriez aussitôt
» vous-mêmes ; mais, tout en tremblant d'opprimer
» l'homme juste, gardez-vous aussi d'oublier un ins-
» tant ce que vous devez à l'ordre public. Si vous ne
» devez regarder qu'avec attendrissement l'innocence
» opprimée, vous devez être aussi inflexibles dans le
» châtiment du vice.... »

Plus tard en l'an IV, le 27 frimaire, Proudhon venait prendre place au tribunal civil de Besançon, après avoir été commissaire du directoire exécutif près l'administration du département ; ses fonctions étaient de courte durée. Le 21 germinal an V il donnait sa démission et écrivait à ses collègues cette lettre peu connue :

« BRAVES CITOYENS,

» Appelé par le jury d'instruction publique aux fonctions de professeur de législation, des considérations m'ont déterminé à accéder à son vœu. Je viens, en conséquence, déposer en vos mains ma démission de ma place de juge et vous prier de la transmettre au corps électoral.

» En se séparant des magistrats du peuple pour lesquels l'homme juste ne se garantit pas de concevoir tout ce que les vertus et les talents peuvent inspirer d'estime et d'amitié, permettez, citoyens collègues, que j'exprime ici le sentiment pénible qui accompagne cette démarche de ma part ; si quelque chose peut adoucir l'amertume de mes regrets, c'est d'avoir, à votre exemple, siégé à côté de vous sans faiblesse, et de quitter le temple de la justice sans remords.

» Salut, fraternité et éternelle amitié.

» Signé PROUDHON. »

Orateur, Proudhon n'avait aucun éclat, mais un esprit solide, délié, pratique, avec je ne sais quoi d'énergique qui frappait vivement et s'imposait à l'esprit de ses auditeurs. Né avec des inclinations vertueuses fortifiées par une bonne éducation, il était aussi modeste que savant. Dès ses premières années, il s'était distingué par une pénétration merveilleuse et une perspicacité qui lui faisaient saisir sans hésitation le point décisif d'un procès ; il travaillait sans relâche et commençait à acquérir ces trésors d'érudition qui devaient rendre son nom aussi célèbre que celui des Dunod, des Merlin, des Toullier. Nourri de l'ancienne et vaste science des jurisconsultes, il connaissait toute la législation nouvelle, avant qu'elle fût promulguée. Il laissa une réputation sans tache ; il est de ceux qui se retirèrent à temps du courant des événements sans encourir aucun reproche [1].

Telle fut l'organisation, la composition des tribunaux civils ; dans l'organisation criminelle, nous retrouvons encore de nombreux avocats.

La juridiction criminelle avait été, dès le principe, l'objet des préoccupations des nouveaux légistateurs. Dès le 9 octobre 1789, un décret de l'Assemblée nationale avait admis la défense libre et publique des accusés, et le 30 avril 1790, des mesures avaient été prises pour l'élaboration d'une loi sur le jury. Le 29 septembre 1791 parut un décret qui contenait toutes les règles relatives à la poursuite et à la répression des crimes et des délits. Il devait être complété par le code pénal du 6 octobre de la même année. Ces décrets, qui posent avec sagesse et avec une remarquable modération les grands principes d'ordre public et du respect

[1] *Proudhon.* par DUMAY. (Mémoires de la Société Eduenne.)

des citoyens, organisèrent tout d'abord les mesures qui peuvent amener un prévenu devant les tribunaux. Ils créèrent un jury d'accusation composé de huit citoyens, présidé par un juge, et chargé de décider s'il y avait lieu à accusation. En cas de réponse affirmative, les pièces du procès étaient renvoyées devant un tribunal criminel établi pour tout le département. Ce tribunal se composait d'un président et de trois juges, pris chacun tous les trois mois et par tour dans les tribunaux de district ; en outre, d'un accusateur public, d'un commissaire du roi et d'un greffier. Le président était nommé, ainsi que l'accusateur public et le greffier, par les électeurs du département.

L'accusation était soumise à un jury de jugement qui était composé de douze citoyens et qui devait se réunir le 15 de chaque mois. Après l'audition des témoins, l'accusateur public devait être entendu, l'accusé ou ses amis pouvaient lui répondre. Le président résumait l'affaire, rappelait avec simplicité aux jurés les fonctions qu'ils avaient à remplir, et posait nettement les diverses questions. Si l'accusé était déclaré convaincu, le président lui donnait connaissance de la déclaration des jurés, et sur les réquisitions du commissaire du roi, les juges prononçaient la peine établie par la loi.

Lors de l'installation du tribunal criminel, un avocat, Antoine-Melchior Nodier, fut choisi comme président par les électeurs du département. Nodier avait été professeur de rhétorique au collège de Lyon, qui appartenait à la congrégation de l'Oratoire, puis il avait consacré ses loisirs à l'étude du droit, avait été reçu avocat et occupait au barreau un rang honorable, lors de la suppression de l'ordre. Avant d'être désigné pour remplir les fonctions de président, il avait été nommé, le 11 novembre 1790, maire de Besançon. C'était un homme de mœurs douces, d'une certaine aménité de formes, révolutionnaire sans convictions et par entraînement, comme il s'en rencontre en si grand nombre dans les époques troublées ; nous avons sous les yeux une délibération du conseil général de la commune de Besançon, en date du 29 mai 1790, demandant le rétablissement de la fête des saints Ferréol et Ferjeux, « avec la pompe et la solennité qu'elle mérite, » rappelant que les deux saints ont les premiers annoncé la foi à Besançon, qu'ils ont cimenté leurs croyances par l'effusion de leur sang, qu'il est de la reconnaissance publique de perpétuer leur souvenir, et cette délibération, où le conseil général se montrait plus ardent catholique que l'archevêque, Mgr de Durfort, est signée par Nodier, ce qui ne l'empêchera pas de se faire, dix-huit mois plus tard, l'exécuteur complaisant des volontés des démagogues sanguinaires et de déclarer une guerre acharnée à ceux qui ont le courage d'affirmer leurs croyances religieuses. Désireux d'occuper un emploi, Nodier accepta la présidence sans trop se douter quel rôle jouerait le tribunal qu'il était appelé à diriger. C'est en effet à la répression des crimes et délits de droit commun que semblaient devoir se borner les travaux du tribunal, et les affaires politiques paraissaient devoir être l'exception ; mais les dénonciations arrivèrent acharnées, le peuple vit partout des traîtres, l'insurrection contre-révolutionnaire qui se produisit en 1793, dans les montagnes du Doubs, acheva d'exaspérer les esprits et amena devant la juridiction criminelle un grand nombre d'accusés. Les sectaires républicains demandèrent aux juges de sévir avec une extrême rigueur : ils s'acquittèrent de leur honteuse mission avec une partialité, une dureté, que l'on ne saurait trop flétrir. Le tribunal fut chargé d'envoyer à la mort les prévenus de conspiration, les individus inculpés de rupture de ban sur le territoire ; toutefois il n'y avait rien de bien fixe dans ses attributions, et souvent on ne distingue pas pourquoi tel accusé est conduit à Paris, et tel autre retenu en province. La tâche des juges était lourde à remplir, les prisons étaient encombrées de prétendus coupables : le chiffre des détentions grandissait chaque jour, et, à la fin de juillet 1794, promettait une longue suite de supplices.

Le maire de la ville, l'avocat Louvot, installa dans ses fonctions le nouveau tribunal ; il félicita Nodier « d'avoir puisé l'amour de la liberté et le goût des connaissances utiles dans une congrégation fameuse autant par la liberté de son régime que par l'instruction de ses membres, d'avoir consacré tous les instants d'une vie laborieuse à l'étude pénible de la loi et à la défense des intérêts de ses concitoyens ; puis il demanda au tribunal « de ne consulter que sa conscience, de se souvenir qu'absoudre par faiblesse un coupable était une lâcheté et que condamner un innocent par prévention était un forfait : » sages conseils que les nouveaux magistrats ne devaient pas toujours suivre. Nodier ne présida pas d'ailleurs d'une manière continue le tribunal. Jacques Violand, un autre fanatique, fut, en qualité de premier juge, appelé à le remplacer dans plusieurs affaires de lugúbre souvenir ; ce qui ne l'empêcha pas de se dire modéré après la Terreur, de prêter serment à l'Empire en qualité de magistrat, de se maintenir et de mourir conseiller sous la Restauration.

A Nodier on adjoignit comme accusateurs publics devant ce même tribunal Quirot, puis Rambour, qui étaient, eux aussi, avocats ou hommes de loi ; d'une rare énergie, d'un esprit remuant, doué d'une parole facile qui n'était pas exempte de déclamation, mêlant dans ses discours les mots de patriotisme et de liberté, Quirot, qui était né en 1757, s'était fait remarquer dès le début de la Révolution ; il n'occupa que peu de temps les fonctions d'accusateur public ; il fut envoyé à la Convention : son républicanisme violent faisait supposer qu'il voterait la mort du roi ; il se montra d'une modération relative, et eut assez de fermeté pour se prononcer pour la réclusion en ces termes : « J'ai voté contre l'appel au peuple parce qu'il m'a paru avoir des effets dangereux pour la liberté ; j'ai déclaré Louis coupable, je ne le condamne pas à la mort, parce qu'ouvrant le Code pénal, je vois qu'il aurait fallu d'autres formes, d'autres juges et d'autres principes ; je vote pour la réclusion. » Quirot adopta à cette même époque les opinions des Girondins ; spectateur attentif de leur lutte avec la Montagne, il fut révolté de la force brutale qu'elle employa au 31 mai, et ne craignit pas de blâmer hautement les violences exercées sur les représentants du pays. Il prit une part active au 9 thermidor, contribua à la répression de la révolte de prairial an III, proposa, le 19 juin, de décréter d'accusation Joseph Lebon, l'un des agents les plus ardents de la Terreur, et lut à ce sujet un rapport qui, selon l'expression d'un contemporain, fit frémir d'horreur l'Assemblée, et qui était divisé en quatre chapitres ; le premier, comprenant les assassinats juridiques ; le second, l'oppression des citoyens ; le troisième, les vengeances particulières, et le quatrième, les vols et les dilapidations. Craignant la réaction contre les terroristes, il essaya de lutter contre le système de représailles qui s'organisait dans toute la France, et fit mettre en liberté les députés Maribon (du Gers), et Le Vasseur, (de la Sarthe), détenus à la citadelle de Besançon comme partisans de la Terreur. Appelé au conseil des Cinq-Cents, il ne cessa de lutter contre le parti royaliste, qui avait envahi cette assemblée ; il appuya les mesures proposées contre les prêtres non assermentés, et fut un de ceux qui préparèrent le 18 fructidor. Lorsque le Directoire eut triomphé de la contre-révolution, il sauva de l'exil plusieurs de ses collègues. Réélu à ce même conseil lors des élections démocratiques de l'an VII, il ne modifia point ses idées républicaines, et vit avec peine le coup d'Etat du 18 brumaire. Exclu à cette époque du Corps législatif, arrêté, enfermé à la Conciergerie, mis en liberté peu de temps après, il quitta Paris pour se retirer dans son pays natal, où il vécut ignoré. Quelques années après, il suivit l'exemple de certains farouches républicains, se rallia à l'Empire, signa en 1813 une adresse à l'impératrice, comme membre du conseil municipal de Besançon, et réussit à se faire nommer juge de paix à Autrey (Haute-Saône). Il mourut en 1820.

Rambour avait joué un rôle actif dans les premiers clubs que la liberté avait fait naître, notamment dans celui des Amis de la constitution, qui devint plus tard le club des Jacobins ; il avait prononcé en 1792 plusieurs discours en présence du général Wimpfen et du général Hesse. Nommé commissaire provisoire du pouvoir exécutif près le tribunal criminel, lorsque Quirot fut élu membre de la Convention, il devait apporter dans ces fonctions la violence, la partialité, la fougue et l'ardeur révolutionnaires habituelles à ces temps de trouble. Ses réquisitoires étaient empreints d'une excessive violence. Sa parole était emphatique et laissait deviner une ardente imagination. Les menaces qu'il adressa en 1792 au général Hesse, envoyé à Besançon pour mettre la ville en état de défense, donnent bien l'idée de son caractère et de son langage : « Tu es né prince et courtisan, disait Rambour, mais ta nature franche et loyale nous a plu. Promets-nous d'exercer dans nos murs le despotisme seul des lois.... Si tu trahissais ta foi et tes serments, apprends à connaître les hommes libres, les vrais républicains. Eh bien, ces mêmes républicains t'immoleraient sur l'autel de la liberté. Sous un gouvernement libre, les poignards sont à côté des couronnes civiques : nous te laissons le choix. » Lorsque la

Révolution eut pris fin, la réaction poursuivit de ses
haines trop motivées l'ancien accusateur public et lui
montra qu'elle n'avait point oublié sa honteuse attitude ;
elle lui reprocha « d'avoir fait égorger, de concert avec
le tribunal révolutionnaire, cinquante cultivateurs des
montagnes du Doubs, d'avoir appelé une musique
guerrière autour de l'échafaud de ceux qui avaient été
guillotinés à Ornans et d'avoir ordonné qu'on prome-
nât leurs cadavres dans les rues, d'avoir applaudi par
des battements de mains, depuis les fenêtres de la maison commune, au supplice de onze malheureux qu'il
avait fait condamner le matin. » Détenu à la maison
d'arrêt de Besançon, Rambour, dans une longue lettre
rendue publique, adressée à Couchery et à Voisard, le
13 vendémiaire an IV, essaya de se disculper. Il soutint
que l'insurrection était générale dans le département
du Doubs, « qu'elle s'était manifestée le même jour
dans les districts d'Ornans, Baume et Hippolyte, par
le désarmement des municipalités et des bons citoyens,
aux cris de : Vive la Vendée ! Vive Louis XVII ! que
la cocarde nationale avait été foulée aux pieds.... qu'il
n'avait jamais déshonoré son caractère par une lâcheté,
qu'il n'avait jamais frappé même les plus grands coupables sans détourner la tête [1]. » Il fut mis en liberté,
et mourut à peu près ignoré à Besançon, laissant un
fils militaire sous l'empire et sous la monarchie de
juillet, et qui arriva au grade de chef de bataillon, hon-

---

[1] Lettre de Rambour, ex-accusateur public, à ses dénonciateurs, Couchery
et Voisard. *Révolution de Franche-Comté*, vol. 2. Biblioth. de Besançon.

nète homme, de mœurs douces, d'opinions modérées, qui ne rappelaient en rien l'exaltation de l'accusateur public.

Si le rôle des avocats dans l'organisation judiciaire fut considérable, il ne le fut pas moins dans l'administration départementale et municipale.

D'après la loi de 1789, l'administration municipale, nommée par les citoyens de la commune, devait se composer d'un maire, d'un procureur chargé d'activer les affaires, de plusieurs officiers municipaux ou adjoints, et enfin d'un certain nombre de notables formant le conseil général de la commune.

Ce fut un avocat, Pierre-François Ordinaire, qui fut nommé maire.

Billot, avocat, fut nommé procureur de la commune.

Bouvenot, Nodier, Monnot, et cinq de leurs anciens confrères, Quirot, Laurent, Nicollin, Lombard et Goux de Villeguindry se trouvèrent au nombre des quatorze officiers municipaux.

Belamy, avocat et secrétaire de l'ancienne municipalité, conserva ses fonctions.

Enfin dans le conseil général figurèrent les avocats Jobard, Bassand et Barbaud.

L'administration départementale qui se constitua peu après, en mai 1790, ne fut guère représentée que par des avocats. Parmi les neuf membres qui devaient faire partie du conseil général figurèrent les avocats Charles Monnot, Bouvenot, Quirot et Mugnier, du barreau de Besançon ; Michaud de Doubs, avocat à Pontarlier ;

Belin, ancien procureur du roi, et Vernerey, avocat à Baume.

Billot, procureur de la commune, fut élu procureur général, et Couthaud, avocat, secrétaire général du département. Antoine-Louis Daclin, avocat, fut élu procureur syndic.

La plupart de ces hommes se retrouveront soit à l'Assemblée constituante, soit à la Législative, soit à la Convention. Quant à Couthaud et à Daclin, qui ne firent point partie de ces assemblées, ils appartenaient à des familles anciennes du pays. Couthaud était le fils de Couthaud de Rambey, conseiller au Parlement.

Dans les autres districts du département les avocats devaient également exercer une haute influence; c'est ainsi que le district de Baume fut présidé par l'avocat Etienne Marchand; celui d'Ornans, par l'avocat Gaudrion, et celui de Pontarlier, par Masson, avocat.

Les élections qui suivirent ne devaient point modifier la composition des conseils, et les avocats devaient continuer à dominer dans ces assemblées. D'après la loi, la moitié de chaque municipalité devait être annuellement renouvelée. Le 11 novembre 1790, les membres nouveaux qui furent élus à la municipalité de Besançon furent Guillemet, Louvot, Bouchey, Guillaume et Lescot, tous avocats, et ce fut Nodier qu'on appela aux fonctions de maire en remplacement d'Ordinaire, Mais c'est surtout dans les assemblées politiques que les avocats étaient destinés à occuper une place importante. La cause en est facile à saisir; non seulement le barreau se distinguait par ses aptitudes, son activité, ses aspirations à la liberté, mais la profession d'avocat donne à celui qui l'exerce la faculté de se produire en public, de faire preuve chaque jour de sa science, de son talent d'élocution, de l'élévation de son esprit, et cela devant un auditoire nombreux, qui écoute et apprécie. Il n'est pas de profession où le mérite puisse mieux s'affirmer, où l'on ait moins à redouter les cabales que peut susciter la jalousie, car on a le public pour juge; de plus, la parole séduit les masses, qui sont disposées à s'incliner devant la supériorité de l'orateur plus que devant toute autre. Enfin, dans l'avocat défenseur des intérêts privés on devine aisément l'homme politique, le défenseur des intérêts du pays. Des noms connus et estimés se présentent tout d'abord à nous lors de la composition des Etats généraux. Les avocats Blanc, Martin, Lapoule, tous trois du barreau de Besançon, y représentent le tiers état; Durget, Muguet de Nanthou, Gourdan, Cochard, Pernel, sont nommés pour le bailliage d'Amont; Vernier, Babey, Christin, pour le bailliage d'Aval, et Grenot, Regnauld d'Epercy, pour le bailliage de Dole.

Blanc s'était conquis une réputation lorsqu'il fut envoyé aux Etats généraux. La mort vint le saisir à Versailles le 15 juillet 1789, peu après sa nomination[1]; c'était le premier représentant de la souveraineté nationale qui décédait, et l'Assemblée n'épargna rien pour ses funérailles. La ville de Besançon rendit, de son côté,

---

[1] M. Blanc mourut entre les bras de l'abbé Millot, qui lui administra les secours de la religion.

des honneurs exceptionnels à son député. Un service funèbre eut lieu en grande pompe à l'église Saint-Jean, en présence du marquis de Langeron, portant le manteau et le collier des ordres du roi, de l'intendant de Caumartin de Saint-Ange, de la municipalité en corps et des officiers de la milice nationale, ayant à leur tête le comte de Narbonne, leur colonel. La messe fut célébrée par l'archevêque; une oraison funèbre, composée par le bénédictin dom Grappin, fut prononcée, le 28 juillet 1789, par dom Froissardey, de la communauté bénédictine de Saint-Vincent de Besançon [1]. L'orateur développa cette pensée : *Vita decessit.... universæ genti memoriam mortis suæ ad exemplum virtutis et fortitudinis derelinquens.* Il est mort, en donnant à la nation des exemples de courage et de vertu [2]. De retour à l'hôtel de ville, les députés du magistrat et de la commune, ayant à leur tête le comte de Narbonne, se rendirent chez Mmes Blanc, où M. de Narbonne se fit auprès de cette famille l'interprète des regrets de la municipalité. Blanc avait été chargé de rédiger les cahiers du Tiers, et il s'était acquitté de sa mission avec un tel succès que l'assemblée avait fait frapper en son honneur une médaille de grand module.

Lapoule était un idéologue au langage sonore, emphatique et toujours solennel. Il fut, à son arrivée à Paris, l'un des fondateurs du club des Amis de la constitution. A la Constituante, en 1789, il s'opposa, avec

----

(1) Archives municip. BB. 201, casier 1, rayon 12.

(2) Éloge funèbre de M. Blanc. Biblioth. du chapitre, *Révolution de Franche-Comté*, vol. 2.

l'abbé Demandre et Martin, à ce que la France fût divisée en départements, et surtout à ce que la Franche-Comté formât trois circonscriptions, ayant pour chefs-lieux Besançon, Vesoul et Lons-le-Saunier. Dans une province aussi peu étendue que la Franche-Comté, il ne pouvait y avoir, d'après lui, qu'un seul chef-lieu administratif (16 novembre 1789). Il fut soutenu par la commune de Besançon, qui, le 7 décembre de cette même année, adressait à l'Assemblée nationale des remontrances sur le tort fait à la ville par la division de la province en trois départements. Lapoule était dans le vrai, et aujourd'hui cette division peut moins encore se justifier.

Plus tard, il prit une part active à la discussion des biens du clergé, prétendit que les ecclésiastiques étaient incapables de posséder, attendu que l'Ecriture sainte veut qu'ils soient entièrement détachés des biens de ce monde. Il estimait, en conséquence, que l'Etat était le maître réel de ces biens et pouvait en disposer à son gré. Il excellait à déclamer contre les privilèges ; le discours qu'il prononça à la Constituante le 4 août 1789 lui conquit une célébrité d'un jour. Au moment où la noblesse, représentée par le duc de Noailles et le duc d'Aiguillon, demandait elle-même l'abolition des droits féodaux, où le Guen de Kérengal protestait contre les abus de cette même féodalité, Lapoule monta à la tribune et rappela les banalités qui servaient d'accusation contre la noblesse, le droit pour le seigneur, dans certains cantons des montagnes, de faire éventrer, au retour de la chasse, deux de ses vassaux pour se réchauffer

les pieds dans leurs entrailles sanglantes. L'Assemblée
goûta peu cette peinture aussi horrible qu'invraisem-
blable, mais elle n'en applaudit pas moins l'orateur,
surtout lorsqu'il rappela l'insolente obligation de nourrir les chiens du seigneur et de battre ses étangs.

Dubois-Crancé, dans son livre sur « nos législa-
teurs, » a, en 1792, tracé de ce personnage un portrait frappant de vérité : « Lapoule était un excellent
homme, plein de zèle et d'amour du bien ; son cœur,
pressé de s'épancher, le portait à demander la parole ;
mais il ne disait pas ce qu'il avait voulu dire, et le
mérite de son intention s'évanouissait sur ses lèvres.
Il était long discoureur, et le paraissait encore plus,
parce que, voulant revenir à sa première idée, rarement
il l'abordait, et quand il avait parlé, il ne restait rien
de son discours. » Il est difficile de se montrer plus
mordant ; puis vient l'éloge. « Lapoule avait cependant
le sens droit, jugea bien et n'opina jamais en sens contraire de la Constitution. Il est un des députés qui a mérité la confiance de ses commettants, et qui est digne de
l'obtenir encore. » Quant aux royalistes, ils déversaient
le ridicule sur l'orateur comtois. Les *Actes des apôtres*
imprimaient ces lignes : « La Grèce eut ses Lycurgue,
ses Solon ; Rome son Numa ; la France aura ses Cottin,
ses Lameth et ses Chapelier, Target, et ses Corolers,
Broustaret et Barnave, ses Lapoule et ses Labeste, ses
Champeaux, ses Populus, ses Kervelegans et tant d'autres qui font l'étonnement de l'Europe attentive [1]. »

____

(1) *Actes des apôtres*, chap. 1er, p. 8.

Dans sa géographie de la France divisée en départements, un fanatique, nommé Hassenfratz, pénétré d'admiration pour le fondateur du club des Jacobins, déclarait que Besançon devait à jamais s'honorer d'avoir
donné le jour à l'illustre avocat de Besançon. Lapoule
ressemblait assez à certains fantoches de nos jours ;
comme eux il n'était pas homme à se laisser oublier.
Lorsque, le 30 septembre 1791, l'Assemblée vint à se
dissoudre, il réussit à se réfugier dans de bonnes fonctions lucratives, et se fit nommer juge au tribunal de
cassation.

La Haute-Saône était représentée aux Etats généraux
par des avocats d'une intelligence élevée et surtout
d'un noble caractère.

Durget sut rester fidèle à ses opinions sans faiblir
jamais. Né à Vesoul, il était avocat à Besançon lors de
la Révolution et fut mêlé aux débats de son ordre
avec le Parlement. Rédacteur des cahiers du bailliage
d'Amont, il défendit, lors de la réunion des Etats à
Vesoul, les derniers édits du roi ; député pour le tiers
état, il ne se fit aucune illusion sur la marche que devait suivre la Révolution, Lors des troubles de Versailles les 5 et 6 octobre, il n'hésita point à demander
une répression sévère même contre ses collègues inculpés. Il comprit bientôt que les efforts individuels
étaient destinés à rester sans résultat et que le torrent
révolutionnaire briserait toutes les résistances ; il se fit
soldat dans l'armée de Condé, et bien qu'âgé de cinquante ans, se soumit à toutes les fatigues du métier
militaire. Le roi lui confia plusieurs missions de con-

fiance; Durget ne revint en France qu'en 1814, ne demandant rien au parti qu'il avait servi pendant de longues années, vivant modestement avec le traitement de chef de bataillon en retraite. Toutefois Louis XVIII voulut récompenser son dévouement et lui expédia des lettres de noblesse avec cette devise : *Deo et regi fides impavida.*

Cochard était un jurisconsulte distingué et obtint en 1800 un siège au tribunal de cassation. Elu député en 1815, il présida, comme doyen d'âge, la Chambre *introuvable.*

Muguet de Nanthou n'appartenait plus au barreau. Lieutenant général au bailliage de Gray, il s'était distingué lors des émeutes de 1788 par son énergie et avait appuyé de tout son pouvoir les mesures adoptées par le Parlement. Partisan de toutes les libertés compatibles avec l'ordre public et le respect de la légalité, il se déclara nettement l'adversaire des abus signalés dans les cahiers de doléances, s'associa à toutes les sages réformes, prit souvent part aux discussions de l'Assemblée, s'y fit remarquer par des improvisations brillantes, où il sut allier l'élégance à la facilité, la grâce à la force et à une puissante dialectique. Il parlait d'abondance et traitait sans note aucune les questions les plus compliquées; mais en présence des excès révolutionnaires il prit en dégoût la vie publique, et s'arrêtant sur la pente de l'abîme, résolut de vivre dans la retraite la plus profonde. Nommé, à la fin de la session, juge d'un des tribunaux de Paris, il refusa ces fonctions pour se retirer à Soing, près de Gray. Toutefois, en 1792, la

levée extraordinaire ayant éprouvé dans cette ville de
Gray des obstacles, il n'hésita pas à se faire inscrire le
premier pour partir. Cette noble conduite, la dignité de
sa vie, ne désarmèrent pas les haines des énergumènes. Dubois-Crancé le signala, en 1792, comme le
complice de Barnave, comme mauvais patriote. Deux
fois il fut arrêté en 1793 par l'ordre des commissaires de
la Convention, et ne dut la liberté et la vie qu'à son
sang-froid et à la fermeté de son caractère. Elu en 1798
au conseil des Cinq-Cents, il ne voulut pas accepter
cette mission, et résista à toutes les offres qui lui furent
faites par le premier consul [1].

Les avocats qui furent envoyés aux Etats généraux
par le Jura, Grenot, Babey, Vernier et Christin, n'eurent
dans cette assemblée qu'un rôle effacé. Christin était
surtout connu comme avocat des mainmortables de la
terre de Saint-Claude; il avait plaidé pour eux dans
leur procès contre le chapitre de cette ville et, malgré
l'appui de Voltaire, avait vainement demandé leur
affranchissement; il était lié avec le célèbre écrivain et
était arrivé à imiter son style avec une si grande habileté que plusieurs de ses œuvres avaient été tout d'abord
attribuées au patriache de Ferney.

Quant à Grenot, qui était né à Gendrey, il apportait
dans tous ses votes un grand désir de rétablir l'ordre
et la paix. C'était, comme beaucoup des énergumènes
de ce temps, un homme paisible, appréciant la vie

______

(1) Un des amis de Muguet de Nanthou, Arsène Faivre, lui a dédié des
stances imprimées dans les *Affiches de la province*, numéro du 3 juillet 1786.

calme de la campagne, amateur des beaux livres, mais qui s'associa aux régicides. Babey et Vernier avaient autant d'honnêteté que d'énergie. A la Convention, Vernier affirma ses principes au péril de sa vie.

A ces noms des constituants nous devons ajouter celui de F. Martin, de Dampierre-sur-Salon, un érudit, traducteur des « Vies des grands capitaines » de Cornelius Nepos, et qui remplaça Blanc aux Etats généraux. Tout jeune encore, Martin lutta avec autant de courage que de patriotisme et de sagesse, dans l'assemblée des sections de la ville de Besançon, contre la faction dominante qui régnait alors ; sa modération suscita contre lui des hostilités fort vives. Incarcéré sous la Terreur, il eût péri sur l'échafaud si le 9 thermidor ne l'eût rendu à la liberté. Ses dernières années furent relativement heureuses ; il vécut dans son pays, entouré de nombreuses sympathies, devint maire de la ville de Gray, puis se consacra à l'éducation de son fils unique, qui en 1806 devait être lui-même placé à la tête de la municipalité de cette même ville, entrer au Corps législatif sous l'Empire, s'y maintenir au début de la Restauration et écrire une histoire de Napoléon Ier en trois volumes.

Le 28 août 1791, le suffrage populaire envoya à l'Assemblée législative plusieurs hommes de loi : Bouvenot, Monnot, Lécurel, avocats à Besançon, Michaud de Doubs, Vernerey et Besson, ancien avocat.

Bouvenot, Pierre, était un homme d'un caractère doux, ennemi de toute violence. Bien qu'il ne parût point à la tribune, son attitude fut telle que le 12 nivôse an ii, le journal *la Vedette* s'exprimait ainsi : « Bouvenot quitte l'Assemblée législative, apportant avec lui des titres de suspicion. » A la fin de la session et malgré le vœu des patriotes, il n'en fut pas moins élu membre, puis président du directoire du département; lorsque les administrateurs du Jura protestèrent, en juin 1793, contre les décrets de la Convention et essayèrent d'organiser une force armée pour marcher sur Paris, Bouvenot convoqua les hommes les plus notables du département afin de statuer sur les mesures à prendre, et il fut décidé, sur son initiative, que l'on inviterait la Convention à rapporter les décrets contre les députés, qui, par leur courage et leurs services, avaient acquis des droits à la reconnaissance de tous les bons citoyens, ainsi que le décret qui déclarait que Paris avait bien mérité de la patrie. Destitué par Bassal, puis incarcéré, il comparut devant le tribunal révolutionnaire, et fut acquitté. A partir de cette épreuve, Bouvenot refusa toute fonction publique, bien que sa modération le distinguât de ses concitoyens et lui eût acquis l'estime et la considération; ce ne fut que le 18 brumaire qu'il consentit à accepter la présidence du tribunal d'Arbois. Destitué en 1815, il fut nommé président du tribunal de Lons-le-Saunier en 1820.

Monnot et Michaud furent aussi ardents que Bouvenot l'était peu.

Monnot s'était signalé par son dévouement à la Révolution; en février 1791, appelé à présider, dans le district de Besançon, l'assemblée électorale qui devait nommer le nouveau clergé en remplacement des anciens curés qui avaient refusé le serment, il dut recon-

naître que « parmi les réfractaires il en était quelques-
uns qui emportaient les regrets du troupeau qui leur
avait été confié ; » mais il s'empressa d'ajouter « qu'ils
étaient morts pour la patrie, et que la sévérité dont la
loi usait envers eux était nécessaire pour le salut du
peuple. » Elu maire de Besançon en l'an III, il fut
nommé, avec Michaud, à la Législative ; aucun d'eux ne
s'y fit remarquer ; mais députés l'année suivante à la
Convention, ils y votèrent la mort du roi. Monnot
motiva son vote en ces termes : « Louis, conspirateur, a
mérité la mort, et comme il est évident pour moi que
les prétendants ont toujours plus d'obstacles à sur-
monter que ceux qui sont en titre, je pense que l'intérêt
du peuple est ici d'accord avec la justice et, en conséquence, je vote pour la peine de mort. Point de sursis. » La vie publique de tous deux est à peu près identique. Ils siégèrent ensemble au conseil des Cinq-Cents,
où Monnot s'occupa surtout de finances, et présenta
plusieurs rapports, notamment sur les mandats, sur
le rétablissement d'une loterie nationale et sur le
timbre. En 1804, le conventionnel, le révolutionnaire
Monnot, se fit le serviteur très humble de l'empire, et,
en récompense de sa docilité, fut nommé receveur général à Besançon. En 1816, il fut avec Michaud compris
dans la loi du bannissement sur les régicides. Tous
deux furent contraints de quitter la France et de se
réfugier en Suisse ; Michaud mourut en exil [1].

____

(1) La *Biographie Michaud* fait aussi, et à tort, mourir en Suisse Monnot,
qui obtint l'autorisation de rentrer en France en décembre 1818.

Alexandre **Besson**, né à Amancey, ne resta au barreau que peu de temps. Il était notaire, lorsqu'il fut élu membre du Directoire du département du Doubs. Son rôle à la Législative fut secondaire ; à la Convention, il vota la mort du roi sans appel et sans sursis, et cédant à la peur, se jeta dans tous les excès du terrorisme. Son vote dans le procès de Louis XVI fut conçu en ces termes : « Comme juge, j'ouvre la loi, elle porte la peine de mort, elle est égale pour tous ; comme législateur républicain, je ne connais point cette politique étrange qui conserve le tyran pour détruire la tyrannie. » Le 9 thermidor modifia son attitude ; chargé de diverses missions dans la Gironde, la Dordogne et le Lot, il fit incarcérer ceux qu'il avait soutenus, les terroristes, ses anciens amis. Il était sans principes politiques, sans convictions. Au conseil des Cinq-Cents, il essaya de réparer le désordre des finances, s'opposa à l'aliénation des forêts de l'Etat, contribua à faire adopter le projet de rétablir la Faculté des sciences. Nommé au conseil des Anciens, il n'y siégea pas, les opérations de l'assemblée électorale ayant été annulées, et devint président du conseil général du département du Doubs, administrateur de la régie intéressée des salines jusqu'en 1806, s'occupa d'industrie, de spéculations commerciales, notamment de l'exploitation des houillères du Grand-Denis. Exilé comme régicide, il sut se dissimuler à toutes les recherches dans sa maison d'Amancey, et y mourut en 1826.

Né à Besançon en 1756, **Lécurel** occupait au barreau une place distinguée, lorsque éclata la Révolution. Il s'était fait connaître par plusieurs brochures oubliées aujourd'hui, et dont l'une avait pour but de retracer la querelle de 1784 entre l'ordre et le Parlement. Lors de la nouvelle organisation judiciaire, il fut nommé juge au tribunal du district de Champlitte, puis envoyé par les électeurs de ce district à l'Assemblée législative. Il vota constamment avec le parti modéré, et ne parut à la tribune que pour y lire différents rapports. Mais la popularité de Lécurel ne fut pas de longue durée ; son attitude à l'Assemblée le fit accuser de royalisme. Il ne fut pas réélu membre de la Convention. Les patriotes lui reprochèrent de n'être que le plat valet des ci-devant, de n'avoir servi qu'une cause particulière, celle des avocats, d'avoir oublié celle du peuple ; on le plaisanta sur ses prétentions nobiliaires, on lui rappela qu'il était cinq fois noble, qu'il se nommait Lécurel, Decoraux, Pisloux, Fripapa, de l'Etang et Villemont, et que pour ces noms sonores il devait être privé, pour dix années, du privilège d'être législateur. Le 2 août 1793, s'étant présenté à la séance de la société populaire de Besançon, les sans-culottes l'accueillirent fort mal, et Proudhon aîné demanda qu'avant d'être admis dans la société, Lécurel prît la peine de se justifier d'une inculpation grave insérée contre lui dans le journal de la montagne. Les sans-culottes applaudirent à la motion de Proudhon. Lécurel ne crut pas devoir répondre ; il regagna Vesoul et publia aussitôt sa justification. Mais Proudhon lui répondit par une longue lettre commençant ainsi : « Lécurel, lorsqu'on n'a que des injures à dire à un homme irréprochable, on se tait : c'est ce que tu aurais dû faire pour conserver un reste de réputation. Je ne t'ai jamais dit d'injures, je t'ai reproché des faits, je vais t'en reprocher encore ; » et Proudhon énumérait tous ses griefs. La lettre se terminait ainsi : « Lécurel, fais autant de justifications qu'il te plaira. Tu ne seras pas moins exclu de la Législative prochaine. La Convention, par un décret, va rendre inéligibles pour deux ans tous les ci-devant nobles ; comptons à présent. Tu étais cinq fois noble, car tu portais cinq différents noms de terre ; en calculant, nous trouvons que tu seras privé pour dix années du privilège d'être législateur. Les bons citoyens n'en seront pas fâchés ; ils diront : Tout n'est pas bonheur dans la vie. »

Ces attaques n'étaient que le prélude de son arrestation. Conduit à Paris, il attendait le moment de paraître devant le tribunal révolutionnaire, lorsque le 9 thermidor le rendit à la liberté. Il revint prendre possession de son siège au tribunal de Champlitte et ne tarda point à être élu président. Lors de la réorganisation de la magistrature, il fut nommé conseiller à la cour de Besançon, fonctions qu'il remplit jusqu'à sa mort, le 14 juillet 1803.

Vernerey n'était qu'un fanatique. Il suffit de lire le discours qu'il prononça comme président de l'administration centrale, le 2 pluviôse an VI, jour correspondant au 21 janvier, discours où il célèbre l'assassinat du roi, qualifie de monstre l'infortuné Louis XVI, et déclare les royalistes capables de tous les crimes [1].

____

(1) La *Révolution en Franche-Comté*, vol. 2. Biblioth. de Besançon.

Enfin, à la Convention, nous retrouvons quatre des avocats dont nous venons d'esquisser la vie : Monnot, Michaud, Vernerey, Besson. Deux autres députés représentèrent le département du Doubs, l'avocat Quirot et l'évêque constitutionnel Seguin. Quirot embrassa avec ardeur la cause des innovations, mais ne fut pas régicide ; nous avons retracé sa vie, en rappelant la composition du tribunal révolutionnaire.

La Haute-Saône et le Jura envoyèrent aussi à la Convention des avocats.

Vigneron et Balivet, le premier membre distingué du barreau de Vesoul, le second avocat à Gray, votèrent pour la détention provisoire et le bannissement à la paix, et firent constamment preuve de justice et de modération, à la différence de l'avocat Bolot et de Gourdan, qui vota la mort sans appel et sans sursis.

Dans le Jura nous retrouvons à la Convention encore des avocats : Prost, élève de l'Université de Besançon, fils d'un huissier au bailliage de Dole, avocat dans cette même ville, sans capacité, violent et haineux, abusant de son pouvoir pour exercer des vengeances personnelles, votant la mort du roi; Grenot, un autre régicide, qui céda à un sentiment de crainte; puis un autre avocat, Vernier, dont la noble attitude pendant cette époque troublée offre un consolant et heureux contraste avec les palinodies et les lâchetés de certains de ses collègues. Avocat à Lons-le-Saunier, élu à la Constituante, puis à la Convention, il vota pour le bannissement et l'appel au peuple. Décrété d'arrestation pour avoir soutenu les Girondins, il se réfugia chez des amis dans le

Jura, puis dans le canton de Zurich, revint en 1795 présider à la Convention la séance où quelques misérables essayèrent de rétablir le régime de la Terreur, devint membre du conseil des Anciens, sénateur sous l'Empire, pair de France sous la Restauration.

Les conventionnels passèrent en grand nombre au conseil des Cinq-Cents, en sorte que nous retrouvons dans cette assemblée la plupart des hommes dont nous avons rappelé le souvenir. A côté d'eux prirent place deux avocats, Louvot et P.-Joseph Briot.

Louvot était un honnête homme, mais parfois faible et timide devant le crime triomphant; ses idées libérales, son talent de parole, contribuèrent, en novembre 1790, à le faire élire membre du conseil général de la commune de Besançon, puis maire de cette même ville le 13 novembre 1791. Le programme de son administration se formulait ainsi : « Surveiller les tentatives du fanatisme, arrêter ses progrès, réprimer ses efforts en respectant la liberté des opinions religieuses et en protégeant tous les cultes. » Son ambition était non seulement d'assurer l'empire de la loi, le règne de la constitution, mais aussi de la faire aimer, de maintenir l'ordre et la tranquillité publique, d'apporter dans la gestion des intérêts de la ville l'économie la plus scrupuleuse. Déjà à cette époque, Louvot comprenait les difficultés de sa tâche, il savait les démocraties haineuses et jalouses, il redoutait les dénonciations; prenant possession de ses fonctions de maire, il disait : « Epargnez-nous ces soupçons continuels, cette inquisition décourageante qui épie les fautes les plus légères

pour en faire des crimes ; qui, ne pouvant accuser les
actions, se plaît à calomnier les intentions. Si j'avais le
malheur d'en être l'objet, si on parvenait à me faire
perdre votre confiance, si, l'œil toujours ouvert sur
l'urne du scrutin, je m'apercevais que mon nom n'y
fût plus porté par l'estime générale, je laisserais à des
mains plus heureuses une administration qui ne peut
prospérer dans celles que l'on aurait su rendre sus-
pectes. »

Louvot profita de sa situation pour prendre des mesures importantes et utiles, pour assurer la tranquillité
publique et l'approvisionnement des marchés, pour
émettre de petits assignats de dix et de cinq sols qu'on
appelait des Louvots, et qui étaient destinés à faciliter
les transactions et le paiement des ouvriers. Dénoncé
après le 10 août, il donna sa démission ; déclaré suspect « comme ayant soutenu les aristocrates, feuillants
et modérés, et comme défenseur de la fille Constable, »
il fut arrêté et envoyé dans les prisons de Dijon. Là il
argumenta assez piteusement de son attitude au
10 août, de son républicanisme [1]. « A Besançon,
s'écria-t-il, on n'a point pétitionné contre l'attaque des
Tuileries au 20 juin, et il n'y a pas beaucoup de communes où l'on ait plus promptement publié les actes
du 10 août et proclamé la chute du tyran. » Elu au
conseil des Cinq-Cents, il fit preuve de talent comme
administrateur, comme jurisconsulte et comme orateur.

(1) Pétition aux représentants du peuple délégués dans les départements
du Mont-Blanc, du Jura, du Doubs. (*Révolution de Franche-Comté*, vol. 2.
Biblioth. de Besançon.)

L'Empire, qui ne croyait pas à la solidité de ses convictions, le nomma premier président à Besançon. La Restauration l'envoya à Riom occuper ces mêmes fonctions. Il mourut conseiller à la cour de cassation en 1824.

Briot, qui n'avait fait partie ni de la Constituante, ni de la Législative, ni de la Convention, et avait cependant joué un rôle important dans notre pays. Fils d'un notaire d'Orchamps-Vennes, il était avocat à Besançon lorsque la Révolution vint le détourner de la carrière du barreau. Improvisateur facile et fécond, il se fit dans les clubs une réputation, collabora à la *Vedette* et propagea les doctrines révolutionnaires : mais lorsqu'il vit la tyrannie des jacobins, les poursuites contre Louis XVI, il n'hésita pas à protester ; généreux mouvement qui fut suivi de défaillance. La peur s'empara de Briot, qui applaudit au supplice de son roi. Peu après, obéissant encore à de nobles sentiments, il manifesta hautement ses sympathies pour les girondins, ses haines contre Marat, Robespierre et ses complices ; mais ici encore, soit que ses convictions ne fussent pas solides, soit qu'il craignît pour sa vie, il consentit à prononcer l'éloge de ce même monstre de Marat lorsque la Convention eut décrété son apothéose. Plus tard, il se fit le défenseur d'honnêtes gens dont il ne partageait pas les opinions, notamment de Couchery, destitué de sa place de procureur de la commune, et de Bernard de Saintes, et s'attira l'hostilité de Robespierre jeune. Le 9 thermidor le sauva de la prison, ce qui ne l'empêcha pas d'être signalé comme terroriste, forcé de s'enrôler dans un des bataillons du Doubs. Revenu

à Besançon, il entra comme professeur de belles-lettres
à l'Ecole centrale, et ne tarda pas à être nommé au
conseil des Cinq-Cents. Actif et laborieux, il y rédigea
de nombreux rapports; orateur, il prononça plusieurs
discours. L'un des meilleurs fut celui sur la situation
intérieure et extérieure de la République; grand ad-
mirateur de Mirabeau, il fit à cette même assemblée
hommage d'une gravure représentant l'illustre tribun.
Il demanda que les cendres de Descartes reposassent à
côté des cendres de Voltaire et de Rousseau; que les
noms de Condillac, de Mably, de Montesquieu, fussent
gravés en lettres d'or sur une colonne impérissable et
sacrée. Sous l'Empire, le farouche républicain devint
secrétaire général de préfecture, commissaire du gouvernement à l'île d'Elbe, conseiller d'Etat à Naples, ré-
pudiant toutes les théories de sa jeunesse, et oubliant,
dans l'éducation, l'affection de ses enfants et la culture
des fleurs, les agitations de ses premières années.

A côté de ces hommes qui prirent une part active et
parfois honteuse aux événements politiques, il en est
d'autres qui abandonnèrent le barreau avant même la
tourmente révolutionnaire; les uns entrèrent dans la
garde de Louis XVI, d'autres allèrent grossir les rangs
des volontaires et défendre leur patrie sur les bords du
Rhin. Il en est qui se réfugièrent à l'étranger; quelques-uns restèrent fidèles à leur profession d'avocat.

L'édit de 1789, qui abolissait l'ordre des avocats, ne
pouvait leur enlever l'estime et la confiance publiques.
Aussi, bien que ne formant plus une corporation, une
phalange compacte, serrée par les liens d'une puis-

sante discipline, la plupart continuèrent, comme par le passé, à être chargés devant la justice de graves et nombreux intérêts. Les procès civils ne pouvaient d'ailleurs être confiés qu'à eux; quant aux procès criminels, ils furent le plus souvent plaidés par d'anciens membres du barreau.

C'est en janvier 1792 que le nouveau tribunal criminel entra en fonctions. Cette année ne fut guère employée qu'à juger des crimes de droit commun, assassinats, faux, vols, fausse monnaie, etc.; un procès politique resté fameux fut cependant soumis à cette juridiction.

La Convention nationale, dans sa séance du 27 septembre 1792, avait décrété qu'il y avait lieu à poursuites contre Frédéric Dietrich, ci-devant maire de Strasbourg; elle l'accusait d'avoir prêté à la commune de Strasbourg des sentiments et des vœux qu'elle n'avait jamais émis, et dont l'effet devait être la proscription des sociétés permises et approuvées par la loi; d'avoir fait abus d'autorité en exilant plusieurs citoyens de leurs foyers sans aucune forme légale; d'avoir porté atteinte à leur liberté en leur défendant de s'assembler paisiblement et sans armes; d'avoir voulu soulever le département en envoyant des adresses licencieuses; de s'être élevé contre la suspension du roi, d'avoir favorisé l'émigration et les émigrés.

C'est à Louvot et à Grappe que Dietrich confia sa défense.

Grappe partageait les opinions de l'ancien maire de Strasbourg; comme lui il avait cru à une ère de justice, de paix et de saine liberté ; comme lui il avait vite compris à quels excès allait se livrer la Révolution déchaînée, et il avait été effrayé, révolté, des violences terroristes, des attentats qui se commettaient au nom de la république. Ses habitudes laborieuses, la modération de son caractère, sa douceur native, faisaient de lui un professeur, un avocat consultant plutôt qu'un orateur chaleureux et véhément ; mais il n'hésita point à donner à l'honnête homme opprimé l'appui de son talent, tout en comprenant le danger de la mission qui lui était confiée, les inimitiés ardentes, passionnées, que son attitude devait faire naître. Il obéit à la voix du devoir.

Louvot était, lui aussi, dégoûté du régime inauguré par les prétendus sauveurs de la patrie ; chaque jour lui enlevait ses illusions. La faveur populaire l'abandonnait parce qu'il se refusait à approuver les attentats à la liberté, le règne de l'arbitraire ; on le considérait comme suspect ; on l'accusait de trahison. A peine était-il choisi par Dietrich qu'il devint l'objet des attaques de la *Vedette*. « Ce sera une chose vraiment curieuse, disait le journal, que de voir Louvot défendre le prévenu de l'inculpation d'avoir provoqué, au conseil général de Strasbourg, la suspension de la promulgation de la loi du 10 août, lui qui fit la même proposition dans le conseil général de la commune de Besançon. Ce singulier rapprochement frappera tous les bons esprits, et les réflexions qui naîtront ne seront pas en faveur du défenseur officieux. »

La discussion fut des plus vives. Rambour reprocha

à Dietrich ses relations avec Lafayette, les prétendues persécutions qu'il avait fait subir aux patriotes de Strasbourg ; il représenta Dietrich abusant de son talent, dominant tous les esprits, les dirigeant au gré de ses passions et de ses complots, expulsant arbitrairement les citoyens les plus courageux, ne leur accordant que vingt-quatre heures pour quitter la ville, tandis qu'il concédait huit jours aux prêtres réfractaires. Il le montra envoyant dans toute la France des discours séditieux, cherchant à étouffer l'opinion publique, voulant faire adorer un roi conspirateur, ameutant le pays en sa faveur. A tous ces reproches les avocats répondirent en demandant à Rambour autre chose que des allégations ; ils l'accusèrent de partialité, d'inexactitude, d'infidélité, de calomnie ; ils déclarèrent nettement qu'il oubliait son devoir pour ne consulter que la passion et l'envie de noircir et de perdre Dietrich [1].

Appelé à se prononcer, le jury répondit par un verdict qui déniait l'existence même de certains des faits imputés à l'accusé et qui, pour le surplus, le libérait de toute responsabilité. 1° Il est constant, disait le jury, que l'on a fait signer aux citoyens de Strasbourg une adresse portant que leurs liens seraient brisés et que leurs droits leur seraient rendus, mais Frédéric Dietrich n'est pas convaincu d'avoir fait signer cette adresse. 2° Il n'est pas constant qu'il ait existé une conspiration tendant à troubler l'Etat par une guerre civile, en armant les citoyens les uns contre les autres.

______

[1] *La Vedette*, 1er mars 1793.

3° Il n'est pas constant que l'on ait travaillé d'avance à la dissolution de la Convention nationale en excitant les citoyens contre elle. 4° Il n'est pas constant que l'on ait banni et exilé sans forme légale les citoyens de leurs foyers. 5° Il n'est pas constant que l'on ait provoqué les citoyens de Strasbourg à méconnaître les autorités légitimes.

A la nouvelle de l'acquittement, ce fut un débordement de colère dans tout le clan républicain. « Tous les patriotes s'indignèrent de ce qu'un conspirateur redoutable de la liberté était ravi au glaive des lois. » La *Vedette* interpella, dénonça les juges. « Jurés, écrivait ce journal, vous venez de vous charger d'une responsabilité immense et redoutable; vous rendrez compte à la patrie des malheurs que peut entraîner votre sentence; vous rendrez compte à la république de la vengeance que la justice devait exercer sur un de ses plus grands ennemis; vous rendrez compte aux patriotes de Strasbourg des persécutions que vous attirez sur leurs têtes, et si les intrigues d'un traître, le fanatisme de ses aveugles partisans, le triomphe insolent de Dietrich et de ses perfides complices étouffaient le républicanisme dans les départements du Rhin, jurés, vos têtes suffiront-elles pour apaiser la colère des Français indignés et pour assouvir leurs justes vengeances [1]? »

Il y avait du courage à défendre l'homme que poursuivaient des haines aussi ardentes.

Déçues relativement à Dietrich, ces haines se retour-

____

(1) *La Vedette*, 8 mars 1793.

nèrent contre ses défenseurs. Vainement Grappe essaya
de se faire oublier, de se consacrer à l'étude, de mener
l'existence laborieuse de l'homme de loi. Des dénonciations le poursuivirent. Il crut prudent de quitter Besançon, de se réfugier dans les montagnes du Jura, à
Trébief, près Nozeroy, son pays natal ; mais le silence
de la retraite ne le mit pas à l'abri d'une accusation de
modérantisme ; inscrit sur la liste des suspects, il fut
arrêté, et c'est seulement au 9 thermidor que s'ouvrirent les portes de sa prison.

Quant à Louvot, il ne devait, pas plus que Grappe,
échapper aux rancunes des sectaires républicains ; on
l'arrêtait et on l'incarcérait dans les prisons de Dijon.

D'autres avocats risquèrent leur vie en donnant l'appui de leur talent à de malheureux accusés ; nous ne
mentionnerons que Michel-Dorothée Clerc, Guillaume
fils et Durney.

Clerc était un homme de cœur et d'intelligence, d'une
bienveillance extrême, d'une bonté toute partiale pour
tout ce qui paraissait offrir quelque espérance de talent ; il devait arriver aux fonctions de procureur général et laisser une haute réputation d'intégrité, de
science et de vertu. Il fut le père du magistrat-historien,
qui devait, lui aussi, se conquérir une notoriété méritée.
Guillaume défendit surtout des prêtres devant le tribunal révolutionnaire, notamment un abbé Jeannin,
vicaire en chef à Boujeons, près Pontarlier, prévenu
« d'avoir cherché à soulever les esprits et à altérer
la tranquillité publique en déclarant schismatiques
les personnes soumises aux lois, en défendant d'aller

à la messe des prêtres constitutionnels, etc. Jeannin
fut acquitté, et la *Vedette* s'exprima ainsi : « Le
public honnête et religieux n'a pas entendu sans indignation l'accusateur public soutenir que des prêtres
n'ont pas le droit de semer le désordre, d'outrager ceux
qui ne pensent pas comme eux ; que l'Evangile défend
de juger, d'appeler schismatiques, hérétiques, de dam-
ner, d'égorger ses frères pour l'amour de Dieu. Tous
les raisonnements de M. Quirot ont été réfutés par l'éloquence vraiment sacerdotale du défenseur officieux du
prêtre Jeannin. M. Guillaume fils a savamment prouvé
qu'un prêtre peut mépriser les lois, engager les peuples
à leur désobéir, distribuer des libelles, appeler ses confrères schismatiques, hérétiques, intrus, etc. [1]. »

Enfin Durney n'hésita pas à continuer sa profession
d'avocat non seulement devant le tribunal, mais devant
la commission militaire qui siégeait à Besançon et jugeait les prévenus d'émigration ; c'est à lui que Pierre-
Jérôme Pourcheresse, accusé d'avoir servi contre la
France, crut devoir recourir.

Un jour vint où la voix des avocats dut rester muette.
La Convention imposa silence à tous défenseurs des
accusés et déclara que ce serait au prévenu lui-même
à présenter ses justifications, et que « si la loi donnait
» pour défenseurs aux patriotes calomniés des jurés
» patriotes, elle n'en accordait point aux conspira-
» teurs. » Le tribunal révolutionnaire put ainsi fonc-
tionner librement, et il ne resta plus aux citoyens décla-

____

[1] *La Vedette*, 19 juin 1792.

rés suspects qu'à porter silencieusement leur tête sur l'échafaud. Plus de défense sérieuse, plus de juges, plus de tribunaux, car on ne saurait donner ce nom à ces comités révolutionnaires avides de sang. La terreur, le crime triomphait.

A cette époque se placent plusieurs procès de triste mémoire, notamment celui qui se jugea à Maîche et dans lequel comparurent cent quatre-vingt-six prévenus. Exaspérés de la guerre faite à leurs croyances religieuses, un certain nombre d'habitants des montagnes avaient essayé de résister, mais cette levée de boucliers ne pouvait mieux aboutir que d'autres entreprises locales bien plus formidables et toujours impuissantes ; elle ne réussit qu'à faire couler le sang à Maîche et à Ornans, sous la hache des bourreaux. Quatorze des inculpés furent condamnés à mort, sous prétexte qu'ils avaient été les instigateurs de la révolte contre-révolutionnaire, qu'ils avaient sollicité les citoyens à se réunir aux rebelles, qu'ils s'étaient introduits dans le domicile de certains individus pour les désarmer et qu'ils avaient tenu des propos séditieux. Bien que l'appui d'aucun avocat ne fût donné aux accusés, nous mentionnons cette poursuite pour montrer dans quelle mesure notre pays ressentit la contagion des fureurs qui firent tant de nobles et d'innocentes victimes.

Nous avons vu l'avocat prendre place dans les assemblées législatives ou sur le siège du magistrat. Donnons un souvenir aux vaillants qui, fidèles à leurs convictions, furent victimes des passions politiques, des haines républicaines.

La prison et l'exil ne furent point réservés seulement aux magistrats ; plusieurs avocats, parmi ceux-là
mêmes qui avaient accueilli avec ardeur la Révolution,
furent incarcérés sous la Terreur. Ils s'étaient montrés
républicains, mais républicains modérés, et ce n'était
point assez : on leur reprocha les arrêtés de l'assemblée
départementale du 16 juin, leurs sympathies pour le
système fédéraliste et liberticide, leur attitude dans les
clubs, leur indulgence pour les aristocrates et leur
mépris pour les sans-culottes. C'est ainsi que Pierre
Bouvenot fut arrêté comme « l'un des chefs du fédéralisme, comme ayant cherché à fréquenter les patriotes
pour les fédéraliser et les corrompre, comme aussi dangereux par son aristocratie voilée que Dumouriez par sa
trahison. » On fit le même reproche à l'ancien procureur
général du département Billot, aux avocats Spicrenael
et Travaillot, qui tous trois furent arrêtés. Louvot, l'ex-
maire de Besançon, et Guillemet aîné, administrateur
du district, furent aussi incarcérés, le premier « comme
ayant toléré les rassemblements de fanatiques, en se
fondant sur la liberté des opinions ; » le second « comme
ayant été un des moteurs des questions insidieuses
proposées à l'assemblée départementale, et l'un des rédacteurs de l'adresse liberticide contre les braves Pari-
siens. » Le défenseur de Dietrich, Grappe, ne pouvait
échapper à l'attention du comité. On lui fit un crime de
son dévouement à son client, on lui imputa « d'avoir
outrepassé les devoirs qu'il devait à ce dernier, au pré-
judice de la république, et d'avoir, comme partisan du
fédéralisme, approuvé les mesures que les Lyonnais

prenaient pour leur défense. » Un autre avocat, ancien professeur de droit à l'Université, Calf de Noroy, fut d'abord détenu à Dijon, puis placé en réclusion chez lui à cause de son âge ; il avait eu le tort de témoigner des regrets de la mort du tyran. On alla jusqu'à consigner dans son domicile le vétéran du barreau, le vieux Verny, qui était arrivé à l'âge de quatre-vingt-deux ans, et qui, d'après le comité, était connu pour être en démence.

Ces mesures de rigueur suffiraient à expliquer comment quelques membres du barreau songèrent à quitter leur patrie, mais le nombre en est restreint, et Courvoisier et Fenouillot méritent seuls d'être cités [1].

Courvoisier ne pouvait échapper à l'exil : ses écrits, sa nature ardente, son indépendance d'esprit et son dévouement au roi le désignaient aux vengeances des républicains. Fenouillot, originaire de Salins et le frère de l'auteur de l'*Honnête criminel*, était comme Courvoisier tout dévoué à la cause du royalisme ; il avait quitté dans sa jeunesse le barreau de Besançon pour devenir avocat du roi au bureau des Finances, et était inspecteur de la librairie lorsque éclata la Révolution. Comprenant bien vite le danger que courait la monarchie, il se prononça ouvertement contre les réformes, signala les clubs comme autant de foyers de troubles et ne

---

[1] Les avocats du barreau de Besançon qui émigrèrent furent Courvoisier, Fenouillot, Guy, Maire, homme de loi à Ornans, Bonnefoy, homme de loi dans la même ville, Marguier d'Aubonne, Seguin et Thiébaud. (Liste générale des émigrés du département du Doubs, *Révolution de Franche-Comté*, vol. 2. Biblioth. de Besançon.)

craignit point, dans un écrit publié sous ce titre : *Lettre à mes commettants*, de faire une critique mor-
dante de la constitution civile du clergé; il alla plus loin
et, dans une seconde brochure, dénonça les amis du
peuple comme des pillards qui, tout en parlant d'économies, ruinaient le pays. L'auteur appuyait ses assertions par des chiffres et montrait que les impôts étaient
plus que doublés depuis 1789. Cet excès d'audace motiva les colères les plus ardentes. L'opinion publique
s'émut si fort de ces attaques que Fenouillot dut quitter
Besançon pour se rendre à Paris; mais pendant son
absence on l'inscrivit sur la liste des suspects, et il se
trouva ainsi forcé de se retirer en Suisse, à Neuchâtel,
puis à Bâle, où il fut l'intermédiaire de Fauche-Borel
avec le ministre anglais Wickham. C'est pendant son
exil à Neuchâtel qu'il fit paraître de nombreuses brochures royalistes. Lors de l'amnistie accordée aux
émigrés en 1802, il rentra en France et vint s'établir à
Lyon, où il reprit la profession d'avocat. Il eut dans
cette ville un succès d'audience qui le plaça à la tête
du barreau. Chargé de plaider pour un mari qui réclamait contre le divorce prononcé en faveur de sa femme
pendant son émigration, Fenouillot, qui se trouvait
dans le même cas que son client, parla avec tant de
chaleur et de conviction qu'il arracha des larmes à
tout l'auditoire, et que l'épouse, présente aux débats,
vint le remercier de l'avoir éclairée sur ses devoirs, et
consentit à reprendre la vie commune. Nommé en 1811
conseiller à Besançon, il mourut dans cette ville en 1826.

Ses écrits, qui sont nombreux, ne peuvent guère s'a-

nalyser. Les uns, comme le *Diner du grenadier à Brest*,
et la *Table d'hôte à Provins*, sont des dialogues empreints de trivialité ; les autres sont des pamphlets qui
ne se recommandent ni par la forme ni par le fond,
et ont dû survivre de bien peu aux jours qui les ont
vus naitre. Les plus importants sont le *Précis historique de la vie de Louis XVI et de son martyre*, imprimé en 1793 en Suisse, et le *Précis historique de l'horrible assassinat de Marie-Antoinette*, ouvrages de
circonstance, où l'emphase de la déclamation, la violence des expressions et la prodigalité avec laquelle
l'injure est distribuée aux adversaires politiques nui-
sent à l'effet même que l'auteur veut produire. On y
sent trop l'effort, on voit trop la passion qui incrimine
tous les actes des ennemis politiques et exalte tous
ceux du parti auquel appartient l'auteur. Des récits que
leur simplicité même rendrait touchants, et qui puise-
raient dans la vérité un intérêt réel, deviennent ainsi
difficiles, pénibles à lire. C'est une longue diatribe, ce
n'est point une histoire. La phrase même est loin d'être
toujours correcte, le style manque de couleur et d'originalité.

Nous en dirons autant du *Cri de la vérité* sur les
causes de la révolution de 1815. Les mêmes défauts
produisent le même effet, et en voulant rattacher 1793 à
1815, l'auteur se trompe absolument, de même qu'il
se trompe en considérant le retour de l'ile d'Elbe
comme le résultat d'une vaste conspiration.

Comme auteur, Fenouillot ne saurait laisser un
nom ; son mérite est d'avoir conservé ses opinions

politiques, d'avoir souffert pour une cause qu'il avait embrassée de bonne foi et avec un désintéressement absolu, attitude dont on doit lui tenir compte à une époque où les apostasies furent nombreuses, où peu de gens surent demeurer inébranlables dans leurs convictions.

Chose singulière, aucun de ces hommes appelés dans nos assemblées politiques et dont nous venons de rappeler le souvenir ne se recommande par la grandeur des services rendus ou par l'éclat d'une intelligence hors ligne. Aucun ne déploie un de ces talents exceptionnels qui imposent l'admiration ou même l'attention, aucun ne se fait remarquer, je ne dirai pas comme orateur, mais comme administrateur ou comme homme d'Etat ; ils ne jouent qu'un rôle effacé et de peu d'importance. Lettrés obscurs ou praticiens vulgaires, ils n'ont aucune lumière au delà de leur horizon étroit et borné ; capables de démolir, ils sont incapables de rien édifier, mais violents. Certains donnent leur concours aux actes les plus criminels, les plus monstrueux ; quelques années s'écoulent et la plupart d'entre eux sont oubliés. Le représentant Lapoule fut de son vivant qualifié de grand citoyen. Besançon fut déclaré une heureuse ville parce qu'elle avait donné le jour à ce grand homme. Or, qui se souvient aujourd'hui de Lapoule? Qui se rappelle Vernerey, Besson, Balivet et tant d'autres à qui le hasard des révolutions donna une notoriété momentanée ? Beaucoup d'entre eux, sur la fin de leur carrière mouvementée, vivaient déjà ignorés ; quelques-uns cherchaient le silence et l'oubli, honteux de leur passé, désillusionnés et attristés. Il n'en est pas de même des érudits qui ont consacré leur existence au travail; non seulement ils n'ont eu aucune de ces déceptions qui attendent fatalement l'homme politique, mais ils resteront dans l'avenir comme des types d'honneur, de dévouement à la science; ils vivront par leurs œuvres, comme Dunod, Couvoisier, Proudhon. Ajoutons que ces sectaires républicains, qui envoyèrent à la mort sans ombre de scrupule tant de victimes innocentes, ne portaient sur leur front aucun signe funeste; qu'ils auraient pu, dans des temps paisibles, vivre entourés de sympathies et d'estime, occupés à vider des sacs de procès, à rédiger des actes, à composer des poésies ou de la musique. L'un d'eux, Nodier, aimait les arts, les fleurs, les beaux vers, il était d'une extrème douceur apparente; il en était de même de plusieurs régicides. La plupart cédèrent à la peur, ils tremblaient pour leur vie, et cherchaient à se justifier en se disant qu'il s'agissait de crimes collectifs.

Le 9 thermidor mit fin, par la mort de Robespierre, à cette période sanglante que l'on est convenu d'appeler le règne de la Terreur. Le tribunal révolutionnaire cessa d'exister. La réaction ne devait pas se faire attendre. La connaissance des crimes et des délits fut rendue aux tribunaux criminels ordinaires, et les formes d'instruction de la loi du 16 septembre 1791 furent rétablies. La France n'en fut pas moins longtemps encore dans un indicible désordre ; en proie à la guerre civile et à la guerre étrangère, elle était plongée dans une extrême misère.

Au milieu de ce désordre intervint la constitution de fructidor an iii, qui essaya de créer un pouvoir judiciaire plus régulier, établit dans chaque département un tribunal civil, composé de juges rééligibles tous les cinq ans, et soumit les causes criminelles à l'appréciation de deux jurys, l'un d'accusation, l'autre de jugement. Le tribunal de cassation fut maintenu et une cour de justice fut instituée, mais la loi du 2 septembre 1790, qui abolissait l'ordre des avocats, continua à subsister, et les plaideurs et accusés conservèrent le droit de faire présenter leur défense par des hommes de leur choix. Toutefois les avocats reparurent au Palais, et lors du rétablissement du Consulat ils commencèrent à se constituer en corporation et à reprendre leurs anciennes traditions.

L'homme de génie qui présidait aux destinées de la France voulut relever l'administration de la justice. Effrayée de la puissance des Parlements, la Constituante avait remplacé les grandes cours par de petits tribunaux qui avaient tous, vis-à-vis l'un de l'autre, la même autorité. Napoléon institua des tribunaux d'appel au-dessus des tribunaux de première instance, véritable restauration de l'ordre judiciaire [1].

---

(1) A Besançon, le tribunal d'appel se composa d'anciens avocats ou d'anciens juges. Le citoyen Lescot fut nommé président du tribunal ; les citoyens Lécurel, Decomble, Courville, ancien juge du département de la Seine, Spicrenael, Violand, Girardet, Claudet et Roux, furent nommés juges. Le tribunal fut installé le 30 messidor an viii, en présence des autorités civiles et militaire. (Tribunal d'appel, registres des actes importants, an viii à 1811, greffe de la cour de Besançon.)

Les cours impériales ne devaient être instituées qu'en 1811.

Enfin, le 22 ventôse an xii (1804), la même loi qui avait créé les écoles de droit rétablit le titre d'avocat, en décidant qu'il serait formé un tableau de l'ordre, et que des règlements d'administration publique détermineraient la formation de ce tableau et la discipline du barreau.

C'est alors que grandissait à Besançon toute une génération d'avocats formés à l'enseignement de Proudhon, et qui devaient continuer avec succès les traditions du barreau de Franche-Comté ; Courvoisier, le futur garde des sceaux, Curasson, Demesmay, Bavoux, de Mérey, Oudet, Loiseau, Alviset, commençaient à acquérir une réputation de talent qui chaque jour devait s'accroître ; mais nous touchons au xixe siècle, et ici se termine la tâche que nous nous étions imposée.

CHAPITRE XIII

PARLEMENTAIRES SOUS LA RÉVOLUTION

Prêtres et magistrats victimes des révolutions. — Dénonciations contre les
magistrats. — Hostilité de l'Assemblée nationale. — L'émigration. —
Liste des magistrats émigrés. — Impossibilité pour eux de rester dans leur
pays — La France devenue une vaste prison. — Magistrats suspects et
incarcérés. — Leur translation à Dijon. — Situation pénible des magistrats en exil. — Leur rentrée en France. — Changements survenus en
vingt-deux années. — Magistrats sous l'Empire et sous la Restauration.
— Conclusion et résumé. — Influence, popularité des Parlements à leur
début. — Leur existence se confond avec celle de la monarchie. — Parlements frondeurs sous Mazarin, humbles devant Louis XIV, séditieux
sous Louis XV, révolutionnaires inconscients sous Louis XVI. — Leurs
fautes s'oublient en présence de leur patriotisme, de leur dévouement, des
services rendus à leur patrie. — La magistrature nouvelle. — Réformes
nécessaires.

Les magistrats n'ont occupé dans ce récit sur la Révolution qu'une place secondaire ; le rôle actif a appartenu aux avocats, parce que le barreau était le tiers état,
ne comptait guère dans ses rangs que des plébéiens, et
était naturellement désigné pour occuper les fonctions
judiciaires et pour représenter le peuple dans les assemblées de la nation. La plupart des magistrats étaient
les descendants d'anciennes familles aristocratiques,

jouissaient des privilèges attachés à la noblesse et
étaient ainsi partisans du maintien de l'ordre de choses ;
suspects à ce titre, on devait les exclure des affaires
publiques. Ils comprirent eux-mêmes que leur rôle politique était fini ; et dans l'impossibilité de lutter contre
le courant qui emportait tout le passé, ils se tinrent à
l'écart, s'isolant du mouvement libéral qui s'emparait
du pays. Quelques-uns allèrent grossir les rangs des
émigrés, ce fut l'exception ; le plus grand nombre resta
et attendit, gémissant en secret sur les malheurs de la
patrie, espérant qu'en raison de leur inaction, de leur
attitude effacée, on les laisserait en paix ; mais les haines
révolutionnaires grandissaient, la persécution ne devait
pas tarder à atteindre les parlementaires, à sévir contre
eux violente et terrible.

La Révolution s'est attaquée surtout aux prêtres et
aux magistrats, c'est-à-dire à l'ordre social en ses ma-
nifestations les plus hautes, les plus noblement dé-
vouées. Prêtres et magistrats ont été de tout temps les
martyrs dans toutes les républiques, martyrs en 1793
comme en 1871. La magistrature rappelait des prérogatives odieuses à des hommes qui avaient perdu tout
sentiment de justice, à des fanatiques qui avaient juré
de détruire non seulement les Parlements, mais la
royauté, la religion, la société tout entière. Dominée par
des énergumènes et des sectaires, la Convention fit une
guerre acharnée à tout ce qui représentait l'honneur, la
vertu, la fidélité au malheur, à la foi chrétienne, à la
monarchie. Avec la Terreur il n'y eut plus ni miséricorde ni pitié. L'échafaud dévora des magistrats émi-

nents, les chefs les plus illustres, les plus vénérés, de la magistrature, les Malesherbes, les Molé, les d'Ormesson. Un jour, quarante-cinq membres du Parlement de Paris furent envoyés à la mort par les ordres du tribunal révolutionnaire, sur les réquisitions de Fouquier-Tinville. Leur supplice fut presque une apothéose, tant ils surent jusqu'à la dernière heure conserver toute la dignité de leur caractère.

En province, mêmes hécatombes, mêmes assassinats juridiques, car c'étaient bien des assassinats, les accusés n'étant ni assistés d'avocats ni admis à présenter eux-mêmes leur défense.

Toulouse paya à la Terreur le plus large tribut; cinquante-sept magistrats périrent; ils avaient protesté contre la suppression des cours souveraines de justice, ce qui fut considéré comme le blâme de la Révolution. Bordeaux vint en troisième ordre sur la liste funèbre; aucune protestation ne s'y était produite, mais on trouva d'autres griefs, on frappa surtout les riches, on les condamna pour pouvoir confisquer leurs biens; on battait monnaie avec la guillotine,

A Besançon les magistrats ne pouvaient être épargnés.

Leur crime était d'avoir obéi à la devise inscrite sur l'hôtel de ville : « *Deo et Cæsari fidelis perpetuo,* » ils étaient restés fidèles à Dieu et à leur roi, crime irrémissible que les hommes de la Terreur déclaraient passible de la peine de mort. Depuis 1788 ils étaient l'objet d'attaques de la part d'adversaires qui ne désarmaient jamais; on s'efforçait de leur enlever les sympathies, le respect, l'attachement des populations. Ils avaient des ennemis non seulement dans la province, mais parmi les représentants du peuple. On le vit bien lors de l'incendie du château de Quincey. L'Assemblée nationale voulut ajouter foi à toutes les dénonciations dirigées contre le conseiller de Mesmay ; des procès-verbaux inspirés par la haine, adressés à cette assemblée, le signalèrent comme ayant formé l'infernal projet d'anéantir d'un seul coup, par une explosion terrible, les habitants de Vesoul qui se rendraient dans son château, d'avoir lui-même tout préparé pour leur donner la mort. Rien n'était plus faux ; mais l'Assemblée, qui n'était point fâchée d'ameuter le peuple contre la magistrature, délégua à Louis XVI une députation solennelle chargée de lui exprimer « l'horreur et l'indignation dont l'Assemblée avait été saisie en apprenant un forfait aussi noir. » Cette députation devait « adjurer le roi de faire poursuivre les auteurs du crime, réclamer leur extradition s'ils avaient franchi la frontière. » Mirabeau lui-même lança à ce sujet la plus violente diatribe. Pendant deux années, on se répandit en calomnies contre les Parlements, on représenta ces cours comme animées d'une seule pensée, d'un seul but, l'anéantissement du peuple. Les poursuites demandées eurent lieu, on multiplia les procédures, les enquêtes les plus minutieuses, et après les plus grands efforts pour démontrer la culpabilité de M. de Mesmay, on finit par arriver à la certitude de son innocence absolue. L'Assemblée dut elle-même reconnaître qu'elle avait été trop crédule, confessa son erreur, et mentionna cette conclusion sur ses registres [1]. Mais le coup était porté, la constatation de l'innocence était impuissante à calmer les préventions, les haines accumulées à dessein par les représentants du pays.

Chaque jour le peuple entendait dénoncer à la tribune les magistrats comme antirévolutionnaires, comme aristocrates, comme tyrans, comme oppresseurs de la nation. La disette régnait, le blé manquait, et on accusait les parlementaires d'accaparement, de conspiration contre le pauvre. Des écrits circulaient, les menaçant de pillage et de mort. Tous les magistrats étaient plus ou moins l'objet d'hostilités dangereuses ; pas un n'échappa aux haines des sectaires, pas un n'eut la faiblesse de faire cause commune avec eux ; dans cette compagnie d'environ cent membres, il n'y eut pas un seul traître, pas un seul faux frère, pas un seul ambitieux jaloux de popularité.

Contre l'anarchie déchaînée, contre les vociférations d'une nation en délire, les parlementaires étaient impuissants ; c'est vainement qu'ils eussent imploré la protection de la loi. Quelques-uns durent chercher à l'étranger une sécurité que leur déniait leur patrie ; parmi eux, nous trouvons deux présidents, MM. Mareschal de Vezet, Joseph-Luc-Hippolyte, et Talbert de Nancray, et quinze conseillers :

Amey, Simon-Désiré, conseiller depuis . .	1783
Broquard de Bussière, Claude-Ferdinand. .	1782
Calf de Noidans, Claude-Etienne-Joseph . .	1781

(1) *Moniteur* du 13 août 1789 ; du 6 juin 1791.

A ces hommes cruellement éprouvés, on ne saurait
reprocher d'avoir quitté leur pays. Sans doute, le patriotisme leur ordonnait de rester en France, de ne point
déserter le sol natal, mais il y avait à côté du patriotisme un autre sentiment, le dévouement au roi, la
nécessité de défendre le souverain, sentiment qui dominait au XVIIIe siècle, surtout dans les classes élevées.
En fuyant à l'étranger, les parlementaires abandonnaient leur patrie, ils restaient publiquement attachés
à leur roi. Ajoutons que dépouillés de leurs fonctions,
ne pouvant rendre aucun service, privés de toute influence, sans autre alternative que d'être regardés comme
ennemis extérieurs en s'expatriant ou comme ennemis
intérieurs en restant sur le sol français, les magistrats,

menacés dans leur vie et dans l'existence de leur famille, usaient du droit de se soustraire à un danger qu'ils étaient impuissants à écarter. Renoncer à la patrie où ils avaient vécu honorés, au foyer domestique, était pour eux une cruelle douleur; mais trop d'exemples les avertissaient qu'il fallait se soustraire, eux et les leurs, aux vengeances féroces d'implacables ennemis. Entre la misère qui les attendait dans l'exil et la mort qui les menaçait en France, le choix n'était pas possible; il faut maudire une époque qui force les meilleurs citoyens à s'expatrier; il faut les plaindre, non les blâmer.

Ce n'est pas seulement le magistrat qui dut se résigner à fuir, c'est l'officier en butte aux dénonciations des sociétés populaires et à qui on demandait un serment portant atteinte à son honneur, sur le point d'être massacré par ses troupes, sans autorité sur une soldatesque effrénée; c'est le prêtre traqué de toutes parts comme une bête fauve; c'est l'honnête homme, le simple citoyen conduit en prison, puis à l'échafaud, sans le moindre indice de culpabilité. L'odeur du sang répandu à l'Abbaye, aux Carmes, à Versailles, à Meaux, à Orléans, s'étendait partout; il n'y avait plus de sécurité que pour les forcenés. La France n'était peuplée que de victimes, de geôliers et de bourreaux.

Les parlementaires qui n'avaient pas voulu fuir furent arrêtés. Il y avait encore des hommes modérés dans le comité de surveillance, et on ne voulut tout d'abord sévir que contre les personnes impliquées dans l'insurrection du 31 mai et soupçonnées de fédé-

ralisme; mais après l'arrivée du représentant Lejeune, commissaire de la Convention, les modérés disparurent, et l'autorité resta tout entière aux mains des purs jacobins; alors tout trembla dans le pays. Le comité révolutionnaire reçut de Lejeune la lettre suivante :
« Je suis instruit, citoyens, que plusieurs prêtres insermentés sont rentrés dans ce district. Vous savez que cette espèce d'hommes ne cherche qu'à exciter des troubles et que la loi les a frappés. Surveillez avec soin ces ennemis de notre chère patrie. Employez tous les moyens de les découvrir. Je vous autorise à les mettre en état d'arrestation, à la condition expresse de m'en instruire, afin de les dévouer promptement à la juste vengeance de la nation. Salut et fraternité. »

Les mêmes mesures furent prises contre les magistrats. On commença par arrêter les chefs de la magistrature, les présidents de Chaillot, d'Olivet, Lebas de Bouclans et de Terrier. Le premier fut incarcéré par ordre de Lejeune, pour s'être trouvé à Paris à l'époque du 10 août 1792, et les trois autres par ordre des comités révolutionnaires. Il en fut de même des présidents de Courbouzon et de Rozières.

On les conduisit dans les bâtiments du séminaire, dont les maîtres et les élèves avaient été chassés, et qui avait été converti en une maison de détention; on y enfermait les suspects sans distinction, le noble, l'avocat, le magistrat, à côté du marchand et de l'ouvrier, le royaliste ardent à côté du constitutionnel, du républicain rétrograde; plus tard le séminaire ayant été transformé en un hôpital et ne pouvant contenir tous les détenus, les comités tinrent conseil, et il fut décidé que l'on emmènerait les prévenus dans les prisons de Dijon. C'était une étape sur la grande route du tribunal révolutionnaire; on y amenait les suspects de la Haute-Saône et du Jura, de Vesoul, de Gray, de Lons-le-Saunier et de Dole, et les habitants de notre département.

En même temps que l'on procédait à l'arrestation des présidents du Parlement, on incarcérait dans cette même ville de Dijon, au château, de nombreux conseillers, comme inciviques ou aristocrates; il n'est pas inutile de rappeler leurs noms.

Ch.-Marie-Fr.-Joseph Franchet de Rans, le doyen du Parlement, conseiller depuis . . . 1740

Henri-Joseph Coquelin de Morey 1753

Alviset, Jean-Baptiste-Bonaventure. . . . 1744

De Saint-Vandelin, Charles-Emmanuel-Benoît 1768

Bourgon de Foucherans, Claude-Joseph . . 1749

Courlet de Boulot, Claude-François. . . . 1748

Domet, Jean-Baptiste-François 1780

Droz, François-Nicolas-Eugène 1765

Droz, Jean-Baptiste-Yves-Antoine 1783

Dunod, Jean-Stanislas. 1765

Faivre du Bouvot, Claude-Antoine-Vincent . 1778

Foillenot du Magny, Richard-Philippe . . 1764

Maire de Bouligney, Jean-Baptiste-François. 1743

Maire de Bouligney, Joseph-Xavier, son fils . 1775

Mareschal de Charentenay, Charles-Marie . 1781

Mareschal de Longeville, François-Marie. . 1754

Mareschal de Sauvagney, Marie-Anne-Jean-
Baptiste, conseiller depuis   1787

   Masson d'Autume, Jean-Etienne   1767

   De Mesmay, Jean-Antoine-Marie.   1780

   D'Orival, Claude-François-Richard. . . .   1776

   Pajot de Gevingey, Claude-Ignace   1776

   Quégain, Joseph-Philippe.   1755

   Sanderet de Valonne, Henri-Bruno. . . .   1755

   Seguin de Jallerange, Claude-Pierre . . .   1777

   Tharin, Charles-François.   1761

   De Tinseau, Charles-Antoine-Balthasar . .   1765

A cette liste doivent s'ajouter les noms de plusieurs
membres du parquet, des avocats généraux Marquis
de Tallenay et Bouhélier d'Audelange, de Bailly-Briet,
substitut du procureur général.

Le tableau des suspects incarcérés contient les motifs de leur incarcération. Ce que l'on reproche aux
magistrats, c'est leur silence, leur retraite, la satisfaction ou la tristesse qu'ils auraient manifestée lors de
certains événements politiques, l'espérance d'une contre-révolution. Pour quelques-uns, le comité révolutionnaire déclare qu'il n'a rien pu découvrir sur leurs
opinions, mais qu'ils ont nécessairement les idées des
ci-devant nobles et des ci-devant parlementaires; on
emprisonnait au nom de la liberté tous ceux que l'on
soupçonnait de ne pas approuver les crimes de la Révolution.

La plupart de ces magistrats, les Alviset, Bourgon,
de Boulot, de Bouligney, de Morey, étaient arrivés à
un âge avancé; quelques-uns étaient atteints des infir-

mités que la vieillesse apporte avec elle, mais tous sup-
portèrent sans faiblir les ennuis, les chagrins, les
tourments d'une longue captivité. Un jour, des commissaires de la Convention se rendirent dans les prisons.
Celui qui vint à Dijon demanda à Bourgon sa profession :
« Conseiller au Parlement de Besançon. — Tu veux dire
ci-devant conseiller, reprit le commissaire. — Non, répondit le magistrat, la dignité de conseiller a un caractère indélébile. » Charles Weiss, qui avait connu dans
ses premières années le conseiller Bourgon, et qui était
lié avec son fils d'une étroite amitié, racontait une autre
anecdote. Dans leurs haines sauvages, les révolutionnaires avaient incarcéré à Dijon comme à Besançon,
non seulement ceux qui combattaient ouvertement les
idées nouvelles, mais ceux-là mêmes qui avaient em-
brassé les illusions patriotiques de 1789, des hommes
de toutes les nuances et de tous les partis, le jacobin,
le fédéraliste, le républicain, aussi bien que le prêtre, le
noble, le parent d'émigrés, le royaliste pur et ardent.
Le malheur des temps avait ainsi réuni dans la même
Chambre le conseiller Bourgon, ennemi déclaré de la
république, et l'avocat Louvot, qui avait, à ses débuts,
soutenu dans ses premiers excès cette même république.
Tous deux croyaient à une réaction, à une contre-révolution à bref délai. « Si elle arrive, disait Louvot, je
serai pendu. — Non, lui répondait Bourgon, vous ne
serez condamné qu'aux galères. »

La persécution ne s'étendit pas seulement aux parlementaires. Plusieurs membres de leur famille furent
poursuivis, incarcérés et même condamnés à mourir ;

c'est ainsi que Mme Varin, qui avait accompagné en exil
le conseiller, son mari, étant rentrée en France en 1793,
fut arrêtée, passa plusieurs mois en prison, et périt sur
l'échafaud le 19 juillet de cette même année.

Les magistrats exilés n'eurent pas à craindre pour
leur vie, mais ils ne furent guère plus heureux que
leurs collègues détenus. Ils consumèrent sur le sol
étranger quelques années obscures et en apparence
tout à fait oisives. Plusieurs d'entre eux, à leur sortie
de France, se rendirent à Coblentz, capitale de l'émigration française, où la plupart des princes de la maison
de Bourbon se trouvaient réunis; on se demanda s'il ne
fallait pas restaurer, pour la circonstance, l'autorité
légale des Parlements; on fut sur le point de décider
qu'ils devaient se constituer en assemblée plénière, et
annuler par un arrêté solennel tous les décrets de la
Constituante, mesure puérile qui serait restée sans résultat. Les princes se bornèrent à autoriser une réunion
des parlementaires à Mannheim. Tous les exilés de Besançon furent convoqués; treize assistèrent aux délibérations [1]. L'assemblée ne comptait que cinquante
membres; les Parlements de Rouen, de Grenoble, de
Pau, les cours souveraines du Roussillon et de l'Artois,
n'étaient pas même représentés. Plus tard, lorsque la
même assemblée se réunit à Luxembourg, elle ne se
composa guère que des magistrats de Dijon et de Be-

______

(1) C'étaient les présidents de Vezet et Talbert, les conseillers Varin du
Fresne, de Charmoille, de Voisey, de Mantoche, d'Augicourt, Amey, de
Rozières, de Sauvagney, Varin d'Ainvelle, de Saint-Bresson, de Bouclans,
et le procureur général Doroz.

sançon. Elle était disposée à publier un manifeste, le président de Vezet fit remarquer avec raison qu'un manifeste resterait lettre morte, et « que vingt-cinq parlementaires ne pouvaient se donner comme les interprètes légitimes de la magistrature [1]. » Son avis prévalut ; ce fut la dernière tentative de la magistrature française en faveur de la restauration de l'ancien régime.

En quittant Luxembourg, la plupart des magistrats de Besançon se réfugièrent en Suisse, asile, à cette même époque, de Philippe d'Orléans, de Mme de Staël, de M. de Narbonne et de beaucoup de personnages éminents. Il y avait là de nombreux habitants de Franche-Comté, le prince de Montbarrey, ancien ministre de Louis XVI, et qui devait mourir quelques années plus tard à Constance, sans revoir sa patrie ; le prince de Saint-Mauris, son fils, colonel du régiment de Monsieur, qui s'était prononcé en 1788, aux Etats de la province, pour la suppression des priviléges de la noblesse, avait été forcé de fuir à l'étranger, et allait bientôt rentrer en France, où il était arrêté comme complice d'une conspiration contre Robespierre, et traîné à l'échafaud ; M. de Rans, évêque auxiliaire de Besançon ; M. Bacoffe, curé de Saint-Jean dans cette même ville ; M. de Rotalier ; l'abbé Jacques, professeur éminent à l'Université de Besançon, qui, à l'âge de soixante ans, donnait des leçons de langue allemande et de français ; l'abbé de Montrichard, un Jurassien qui fut l'homme de la cha-

---

(1) *Le Président de Vezet*, par M. PINGAUD.

rité, et remplit avec autant de dévouement que de délicatesse sa sainte mission.

Alors que de malheureux Français étaient chassés, expulsés, proscrits par mesure de police, ou par le fait des circonstances, des villes de l'Allemagne, de l'Italie, de la Prusse et même de l'Autriche, la Suisse se montra bienveillante et généreuse à leur égard. Dans le canton de Fribourg, les gens riches mirent leurs maisons à leur disposition et leur donnèrent la table et le logement. Chez quelques-uns on chargea le prêtre de l'éducation et de l'instruction des enfants. Les pauvres offrirent libéralement leurs peines et leurs soins. La Révolution avait ruiné les émigrés. Les magistrats se trouvèrent dans une situation difficile ; quelques-uns avaient emporté ce qu'ils possédaient en objets précieux, en argenterie et bijoux, mais les ressources s'épuisaient ; des femmes appartenant à la haute magistrature comtoise durent travailler pour subvenir à leurs dépenses, coudre, tricoter, faire du filet, broder, essayer de la peinture, confectionner elles-mêmes leurs vêtements et renoncer à l'élégance des dentelles et des étoffes. La femme d'un président du Parlement enluminait des gravures.

Au milieu des privations et des misères, déportés et émigrés se soutenaient par l'espérance de rentrer un jour dans leur patrie. C'est la pensée qui les faisait vivre. Il n'y a que la France, était devenu un proverbe parmi eux, proverbe qui s'est conservé de nos jours. C'est avec de douloureuses angoisses qu'ils suivirent les agitations de notre malheureux pays, la condamnation, l'exécution du roi, les crimes de la Terreur ; ils

vécurent dans la retraite et même dans l'isolement.
Quelques-uns moururent sur la terre d'exil ; le procureur général Doroz ne revit jamais la Franche-Comté ;
la mort l'atteignit à Genève ; d'autres eurent un rôle
actif, notamment le conseiller Chiflet, le président de
Vezet.

Le premier porta le fusil à l'armée de Condé ; le
second fut, d'abord à Frauenfeld, en Suisse, puis en
Allemagne, à Uberlingen et à Augsbourg, un des serviteurs les plus dévoués, un des correspondants les plus
actifs de Louis XVIII. Avec un autre parlementaire,
d'André, ancien conseiller à Aix, il dirigea, de 1797 à
1802, l'Agence royaliste dite de Souabe ; puis réfugié,
oublié à Erlangen pendant toute la durée de l'Empire,
il ne rentra en France qu'en 1814, et encore ne revint-
il jamais en Franche-Comté. Comme la plupart de ses
collègues, il espéra longtemps contre toute espérance.
En 1793, un mémoire adressé par lui au cabinet du
« Régent, » et que nous avons trouvé dans ses papiers,
contenait sur le Parlement de Besançon une statistique
individuelle et morale complète, indiquait les capacités
et la conduite de chacun, mesurant peut-être un peu
trop les talents à la fidélité, et spécifiait les mesures à
prendre pour le rétablissement de la Compagnie, au
cas prévu d'une restauration royale prochaine.

Il est un nom qui ne figure ni sur la liste des exilés
ni sur celle des magistrats incarcérés à Dijon ou à Besançon, c'est le nom du premier président de Grosbois.
Il n'avait eu à la Constituante qu'une attitude effacée ;
quelle influence pouvaient avoir les rares magistrats

qui siégeaient dans cette assemblée ? Suspects à la couronne, qu'ils avaient combattue, étrangers ou hostiles aux idées nouvelles, ils ne représentaient que les prétentions hautaines de leurs compagnies et la chimère irréalisable d'une sorte de féodalité judiciaire. Le *Moniteur* nous apprend que le premier président de Besançon s'associa à la minorité généreuse qui se réunit au tiers état [1] : une brochure intitulée *Protestation et démission de M. de Grosbois*, 30 mars 1791, atteste qu'il quitta l'assemblée avant la fin de la session, en faisant connaître les motifs de sa retraite. Mais on chercherait sans succès d'autres renseignements, de plus amples détails. Comme les magistrats ses collègues, M. de Grosbois garda le silence lorsque les Parlements furent violemment attaqués, lorsque la magistrature fut dépouillée de ses privilèges, lorsqu'elle fut condamnée à disparaître ; mais il ne pouvait échapper à la haine des révolutionnaires ; sa haute situation, son dévouement au roi, ses antécédents, sa situation de famille, le désignaient aux vengeances populaires, à une époque où l'homme du peuple était lui-même dénoncé et incarcéré. Le premier président le comprit, et au lieu de revenir en Franche-Comté, il voyagea sans cesse, errant de pays en pays, le plus souvent à pied, avec l'apparence la plus modeste, cachant son identité, assistant impassible aux drames sanglants et terribles qui déshonoraient sa patrie. Il parvint ainsi, non sans danger, à échapper à la prison qui frappait les anciens

____

[1] *Moniteur*, n° 11.

constituants, et surtout les chefs d'une magistrature abhorrée [1].

Malgré toutes ces persécutions, le Parlement de Besançon est encore un de ceux qui eurent le moins à souffrir de la tyrannie révolutionnaire. Tandis qu'à Toulouse cinquante-quatre membres du Parlement furent envoyés à la mort; qu'à Paris tous les membres de la Chambre des vacations furent traînés devant le tribunal révolutionnaire, au milieu des imprécations du peuple; que Malesherbes, le vénérable Malesherbes, paya de sa vie le courage avec lequel il avait défendu son roi; qu'à Bordeaux, à Dijon, à Rennes, à Rouen, à Grenoble, plusieurs magistrats furent aussi immolés, le Parlement de Besançon ne perdit sur l'échafaud aucun de ses membres.

Un jour enfin on apprit que Robespierre avait été traîné mourant sur l'échafaud. La nouvelle devança les courriers avec une rapidité merveilleuse; on la connaissait en Suisse, notamment à Neuchâtel, le 9 thermidor; elle vint porter la joie dans tous les cœurs. Un gouvernement faible et corrompu succéda à un gouvernement assassin : le pays allait être ouvert à ceux qu'il avait proscrits. Les magistrats crurent à la délivrance et voulurent profiter de l'horreur qu'inspiraient les lois cruelles de la Révolution pour rentrer en France : ils s'étaient trop hâtés. Le 13 vendémiaire vint presque

(1) Sous la Restauration, M. de Grosbois siégea à la Chambre de 1815, dont il fut un des vice-présidents; puis à la Chambre des pairs. Il ne mourut qu'en 1840.

ramener les temps horribles qui avaient précédé le
9 thermidor. Toute la Franche-Comté eut à craindre de
voir renaître le règne de la Terreur. Un général jacobin à Besançon, un commissaire du pouvoir exécutif
à Lons-le-Saunier, répandirent l'épouvante par des
proclamations menaçantes. Puis survint le décret du
18 fructidor. Les anciennes classes privilégiées furent
mises, une fois de plus, hors de la société. Les chemins
se couvrirent de nouveau de déportés et d'émigrés qui
retournaient dans leur exil. Tous se hâtaient d'obéir
aux prescriptions légales et abandonnaient précipitam-
ment leur famille et leur pays. Cette révolution nouvelle était une calamité universelle, et les jacobins eux-
mêmes, loin de s'en réjouir, cherchaient en Franche-
Comté à réduire le nombre des victimes. Plus on s'était
cru près de la vraie liberté, plus on ressentait la pesan-
teur du nouveau joug. La constitution n'existait plus
et venait d'être anéantie par le coup de main de la majorité du Directoire. La Suisse ne devait même pas
offrir un asile sûr aux émigrés. En 1798, elle était
envahie par l'armée française et ils étaient forcés de
fuir : les uns gagnèrent l'Italie, d'autres la Bavière,
quelques-uns l'Allemagne ; le 18 brumaire devait
leur ouvrir les portes de la France, tout en maintenant en exil les agents du roi et des princes et ceux
qui s'étaient signalés par leur zèle royaliste. C'est seulement en 1802 qu'un décret accorda une amnistie générale sous condition de prêter serment de fidélité au
gouvernement. Cent quarante-neuf mille émigrés retrou-
vèrent alors leur qualité de citoyen et le nom de Français.

Lorsque fatigués de leurs longues vicissitudes, cruellement éprouvés par l'exil, les magistrats de Franche-Comté rentrèrent dans leur pays, ils étaient pour la plupart sans ressources. Leurs biens avaient été vendus, leur mobilier dispersé ou brûlé, leurs maisons de campagne livrées au pillage [1] ; c'est à grand'peine qu'ils purent ressaisir quelques débris de leur fortune disparue ; certains d'entre eux durent chercher un abri chez des fermiers restés dévoués et fidèles. Les hostilités qui les avaient poursuivis dès le début de la Révolution s'étaient éteintes, une réaction s'était produite. Touchées de leur noble attitude, les populations les entouraient d'égards, de considération, de sympathies.

Bientôt Napoléon voulut reconstituer la magistrature; il songea aux anciens parlementaires; n'avaient-ils pas l'intégrité, la science, l'expérience des affaires, les vieilles traditions de la magistrature ? En 1804, on avait nommé juges d'appel des hommes de loi ayant fait partie des tribunaux civils ou criminels sous la Révolution, les citoyens Lescot, Lécurel, Violand, Girardot.

En 1808, on avait choisi des descendants d'anciennes familles parlementaires, Alviset, Droz [2], Vuilleret.

____

[1] Le château bâti à Vaux-les-Prés par le procureur général Doroz fut saccagé. Les boiseries furent volées. Il en fut de même pour les habitations de la plupart des magistrats.

[2] Le 16 décembre 1808, la cour d'appel sollicitait la nomination de juges auditeurs et présentait comme candidat François-Alexis Droz, le fils du magistrat historien, avec cette mention : reçu avocat en 1806, descendant d'une famille parlementaire, homme fort honnête et de beaucoup d'esprit. (Tribunal d'appel. Actes importants. vol. I, greffe de la cour de Besançon.)

pour les fonctions de juge auditeur ; en 1811, plusieurs des magistrats du Parlement furent invités à reprendre des fonctions judiciaires [1]. Un ancien conseiller au Parlement, Pierre-Bonaventure de Camus, qui était président du conseil général, devint président de Chambre. On nomma conseillers M. de Chaillot, ancien président au Parlement, MM. Chiflet, Varin d'Ainvelle, Lebas de Bouclans, anciens conseillers au même Parlement. Droz et Lescot furent nommés conseillers auditeurs. Les fonctions d'avocats généraux furent confiées à Michel-Dorothée Clerc et à Courvoisier, le futur garde des sceaux.

Quelques mois plus tard, en 1811, le 11 août, M. Maire de Bouligney, qui avait appartenu au Parlement, devint président ; M. Chiflet arriva aux mêmes fonctions en 1816, et à cette même époque, M. Damey de Saint-Bresson prit place dans les rangs de la magistrature nouvelle ; il était né en 1747, s'était assis sur les fleurs de lis comme conseiller en 1789 ; il devait mourir en 1850, le dernier survivant du Parlement.

Combien de souvenirs pénibles, combien de pensées amères durent envahir l'âme des vieux parlementaires à leur rentrée dans ce palais d'où les avait chassés la Révolution ! Le temps n'était plus où la magistrature étendait son autorité sur l'administration tout entière du pays, où, par le droit de remontrances, en refusant l'enregistrement des édits, elle avait une action irré-

---

[1] La Cour impériale fut installée le 15 juin 1811, en présence du sénateur comte d'Aboville. (Procès-verbal d'installation, Actes importants, vol. II.)

sistible sur tous les actes du pouvoir royal ; elle était désormais ramenée, conformément aux principes de Montesquieu, au rôle restreint de rendre la justice : le pouvoir législatif lui était enlevé, le seul pouvoir judiciaire lui restait ; elle n'avait plus ni à briser le testament des rois, ni à décerner des régences ; elle n'était plus le grand centre d'organisation et d'administration étendant son action sur la nation entière ; elle n'était plus créée que pour prêter main-forte à la vérité, selon l'heureuse expression de Servan, pour statuer sur les contestations humaines d'une manière impartiale et désintéressée, en se plaçant au-dessus des sphères mobiles et changeantes de la politique.

Si les fables ont leur moralité, l'histoire doit avoir aussi la sienne. Jetons un coup d'œil d'ensemble sur cette grande institution des Parlements : examinons son influence, sa prépondérance grandissant chaque jour, son dévouement et les services qu'elle rendit à la cause du peuple, puis ses erreurs, ses fautes et sa chute rapide et inévitable.

Son influence, sa popularité, sont faciles à expliquer. Pendant de longues années, à leur début, les Parlements ont été les seuls gardiens des lois fondamentales de l'Etat, les seuls défenseurs des droits du peuple. Quand la noblesse féodale eut succombé, quand l'autorité royale eut triomphé des barons et se fut entourée des plus illustres représentants de la vieille aristocratie, quand elle vit la moindre de ses faveurs devenir un objet d'envie, il fallait une résistance à ce pouvoir sans

limites. La place publique était muette, la réunion des
Etats généraux n'était qu'un souvenir. Les représentants de l'aristocratie s'étaient métamorphosés en
courtisans et recherchaient surtout la faveur du souverain, auquel ils donnaient en échange un dévouement
illimité et absolu ; la bourgeoisie n'existait pas. Le peuple se rattacha forcément à ses magistrats. La vie
politique se concentra dans le Parlement comme dans
un sanctuaire.

Le pouvoir royal ne mit à cet état de choses aucun
obstacle. La monarchie française, sous les règnes les
plus absolus, ne pouvait se dépouiller d'un trait essen-
tiellement distinctif, qui était d'être consultative. Il était
de principe que la nation avait le droit d'exprimer son
opinion, qu'il fallait à l'omnipotence royale un contrepoids ; que les Parlements, à défaut des Etats, étaient les
interprètes des volontés, des aspirations du pays. Les
magistrats avaient d'ailleurs l'esprit, les mœurs, les
préjugés même des populations qu'ils étaient chargés
de défendre ; la plupart avaient une origine plébéienne,
ils s'appuyaient d'instinct sur le peuple au milieu duquel ils vivaient, sur le barreau, sur les corporations
bourgeoises ou populaires, ils faisaient partie des classes moyennes, ils étaient avec elles dans une solidarité,
une union étroite et instinctive.

Ils avaient de plus non seulement la supériorité du
droit sur la force, mais l'amour de l'indépendance, ce
goût de liberté qu'on trouve dans le cœur des anciens
légistes français, ils avaient l'énergie suffisante pour
revendiquer en toute circonstance les franchises du pays.

Cet esprit de fermeté était connu des populations et augmentait leur haute estime et leur attachement ; on savait que le Parlement, qui n'était que le reflet des mœurs de la province au nom de laquelle il parlait et agissait tout à la fois, resterait tout dévoué à la personne du roi, mais qu'il défendrait pied à pied les concessions déjà faites, revendiquerait avec une ténacité mêlée de respect la réalisation de celles qui avaient été promises, n'accepterait pas sans observation ce qui serait en contradiction avec le droit provincial ; on lui savait gré de son dévouement, de ses efforts, de sa résistance, et, en cas d'insuccès, de sa volonté de venir en aide aux pauvres, aux petits, aux opprimés et aux faibles.

On comprend que les Parlements soient ainsi devenus les représentants des droits de la nation, les médiateurs entre les édits des princes et les supplications des peuples. On comprend qu'ils aient inspiré le respect, d'ardentes et profondes sympathies.

En Franche-Comté, ce sentiment avait grandi et s'était maintenu plus qu'ailleurs.

Avant l'annexion à la France, le Parlement était en quelque sorte souverain ; il était le maître du pays. Les princes de la maison d'Autriche lui accordaient un pouvoir illimité. La distance qui les séparait de la Comté les forçait à confier la majeure partie de leur autorité aux magistrats. C'est la pensée qu'exprimait Dunod en ce termes : « Les princes de la maison d'Autriche et les gouverneurs des Pays-Bas ne pouvaient veiller par eux-mêmes sur les armes, la milice, les

fortifications et la levée des subsides ; un gouverneur
qui en aurait été chargé seul aurait été trop puissant
et aurait pu en abuser dans une province éloignée de
leurs autres Etats. Ce fut la raison pour laquelle la
comtesse Marguerite et Charles-Quint, par un trait de
sage politique, firent part au Parlement du gouvernement de Franche-Comté, en sorte que le gouverneur
ne pouvait rien faire d'important que par délibération
du Parlement. » Les populations s'étaient ainsi habi-
tuées à voir dans les magistrats les vrais gouverneurs
du pays.

Ils s'étaient montrés dignes de la confiance des populations ; on vénérait leurs vertus, leur bonne foi et leur
science ; on les apprécia mieux encore après le siège
de Dole, lorsque l'on put constater la mâle énergie, le
courage à toute épreuve de ces hommes que l'on considérait surtout comme des hommes de paix, inhabiles
aux choses de la guerre, comme des jurisconsultes et
des savants, lorsqu'on vit un des princes de la maison
de Condé contraint de céder devant l'héroïsme des principaux chefs de la magistrature ; ce fut de l'enthousiasme qu'inspira leur noble attitude, leur fierté, leur
fidélité au souverain.

Sous la domination française, les sentiments s'étaient
beaucoup affaiblis. Le peuple avait été le témoin attristé
de défections, de compromissions fâcheuses ; il avait vu
des parlementaires, appelés à donner l'exemple de la
fermeté, s'incliner devant la force et acclamer l'ennemi
victorieux ; mais peu à peu, lorsque Louis XIV eut rétabli le Parlement, lorsqu'il lui eut conféré des attribu-

tions nombreuses, le pays se reprit à espérer en ses magistrats, à voir en eux des défenseurs utiles, à leur prodiguer les marques d'attachement et de respect. Ses sympathies se manifestèrent hautement lorsqu'il put constater leur résistance aux volontés royales et l'exil dont ils étaient frappés en raison de leur dévouement aux intérêts du peuple. Les populations se rappelèrent les services rendus par cette haute institution, l'éclat qu'elle avait jeté sur la province, et la magistrature reprit son autorité, son prestige d'autrefois.

Comment la Franche-Comté ne se serait-elle pas attachée à ses magistrats? Opiniâtre et économe, résolue à payer le moins possible, elle devait s'associer à ceux qui s'étaient imposé le devoir de la défendre. Puis la réunion tardive de cette province avait conservé aux mœurs comtoises leur cachet particulier. La distance qui la séparait de Paris maintenait l'esprit provincial; le souvenir, dirons-nous le regret de la domination espagnole, contribuait à empêcher le pays de se rapprocher du royaume auquel il avait été rivé. Lorsque de nouveaux impôts venaient à grever le peuple, contrairement aux engagements pris lors de la conquête, il était difficile de ne pas se rappeler cette domination espagnole, plus douce parce qu'elle était plus éloignée, parce qu'elle songeait à gagner les cœurs plutôt qu'à dominer par la force. On obéissait, mais on gardait sa liberté d'appréciation, et on ne craignait pas de produire nettement son opinion. C'est surtout dans le Parlement que cet esprit de discussion et de résistance se produisait dans toute sa plénitude. Ce qui eut lieu en 1771 en est un exemple frappant. Tout le Parlement est réuni par ordre du roi, il est menacé d'une dissolution complète, et l'exil va atteindre la plupart de ses membres. Il y a dans cette assemblée le maréchal de Lorges et un envoyé de Sa Majesté, M. de Bastard. Chaque parlementaire tient dans sa main une lettre de cachet qui lui impose le silence le plus absolu, mais un tel ordre sera violé, et à la lecture d'un édit qu'il considère comme injuste, un conseiller se lèvera et protestera hautement contre la volonté royale. La province connaissait cette opiniâtreté dans la résistance et en savait gré à la magistrature.

Pendant quatre siècles, les Parlements vécurent entourés de l'appui du peuple.

Leur grande histoire est celle de leur première époque. Du commencement du XIV\ siècle jusqu'au XVII\, leur existence se confond avec celle de la monarchie dans cette œuvre de foi ardente et de labeur obstiné qui aura pour résultat la constitution de la France et l'unité de la patrie ; ils sont alors, comme le fait observer le judicieux Loyseau, l'instrument de la puissance royale ; ils contribuent à abolir la féodalité, en subordonnant les justices seigneuriales à la justice du roi, l'anarchie féodale à la suzeraineté royale. Louis XI, le tyran des nobles, les soutient d'instinct ; ils sont alors les alliés les plus fidèles, les plus utiles, de la monarchie, qui n'a pas pour se consolider de base plus solide. Mais peu à peu, cette mission première remplie, ils essaient de mettre un frein à l'arbitraire, au despotisme ; ils se posent en médiateurs, ils s'associent à la puissance législative, ils tiennent de leur institution deux droits considérables, le droit d'enregistrement et le droit de remontrances. Pendant de longues années, ils les exercent tous deux avec la plus louable modération ; ils en usent sans opposition systématique, uniquement pour déposer au pied du trône de sages et respectueux conseils ; ils rendent alors à la France d'éminents services par leur savoir, leur esprit de justice et leur courage, ils maintiennent pendant un long espace de temps la royauté dans la limite des coutumes traditionnelles, ils jettent les fondements de ce libre gouvernement qui, par une juste réminiscence, a nom dans la langue française, et s'appelle gouvernement parlementaire. Machiavel leur rendait un hommage mérité, lorsqu'au commencement du xvie siècle, à la suite de ses missions en Europe, il écrivait : « Une des institutions les plus sages, c'est sans contredit celle des Parlements de France, dont l'objet est de veiller tout à la fois à la sûreté du gouvernement et à la liberté du peuple.... Ce qui fait le royaume de France heureux et prospère entre tous, c'est que le roy y est soumis à une infinité de lois dont il ne peut se départyr [1]. » On ne saurait mieux dire : il est évident qu'il fallait un contrepoids au pouvoir absolu de la couronne, et que ce contrepoids ne pouvait exister ailleurs que dans ces grandes compagnies dépositaires des lois et des traditions du royaume, animées d'un égal dévouement pour le prince et pour le pays ; il est évident que sans leur intervention

____

(1) *Le Prince, Discours sur Tite-Live,* passim.

incessante, la royauté serait arrivée au despotisme
turc ; leur action a été des plus efficaces, d'autant plus
que le droit de remontrances était devenu, dans la dé-
suétude des Etats généraux, l'unique tempérament de
l'omnipotence royale ; c'est non seulement par leurs
légitimes protestations qu'ils servaient la cause des populations ; la crainte qu'ils inspiraient suffisait parfois
pour empêcher l'arbitraire. Les remontrances étaient
un obstacle moral aux caprices, aux fautes des rois.
On reculait devant le bruit et les reproches. Combien
d'édits ruineux seraient venus accabler le pays ! Les
ministres, les intendants, les subdélégués, redoutaient
les doléances, les cris des compagnies, et renonçaient
à des abus de pouvoir, à des illégalités, parce que le
Parlement se tenait toujours prêt à les combattre.

Le jour arrive où la monarchie ne peut avoir raison de
cette poignée d'hommes exagérant leur indépendance,
où dans toutes les questions de subsides elle les trouve
hostiles, armés d'un vote contre la couronne, du refus
d'enregistrement qui leur donne une sorte de *veto*
contre le roi. Après avoir fait la monarchie redoutée au
dehors, souveraine au dedans, les Parlements prétendent tracer ses limites. Le pouvoir judiciaire ne leur
suffit plus ; c'est au nom du peuple qu'ils entendent
contrôler les lois, c'est comme délégués de la nation
qu'ils établissent des règlements généraux ; leur puissance s'est développée sans limites dans le silence des
Etats ; ils veulent non seulement tempérer les excès
du pouvoir absolu, mais gouverner. Ils ont l'appui de
l'opinion publique, ils s'enivrent de leur importance

soudaine en présence de l'affaissement du pouvoir et se laissent entraîner de la défense à l'agression.

Frondeurs au temps de Mazarin, humbles devant la toute-puissance de Louis XIV, ils relèvent la tête quand le vieux souverain est abandonné par la fortune, quand ses courtisans s'éloignent ; silencieux lorsque la royauté était forte, ils parlent avec arrogance dès qu'ils la soupçonnent de faiblesse ; ils deviennent séditieux sous Louis XV, révolutionnaires inconscients sous Louis XVI ; ils appellent la tempête et provoquent les catastrophes.

La vénalité des charges a pu contribuer à ce résultat.

Propriétaires de leurs offices en vertu de la finance déboursée, certains de les transmettre par l'hérédité, sauf le cas de forfaiture constatée par jugement, les magistrats n'avaient rien à attendre, rien à redouter de la puissance royale. Ils étaient indépendants du chef de la nation. Le pouvoir absolu n'osait leur faire sentir sa toute-puissance ; comment n'auraient-ils pas été tentés d'usurper l'autorité législative, de s'élever progressivement au rang d'arbitres suprêmes de l'Etat ?

Qu'ils aient commis des fautes, nul ne le conteste. Comme toutes les institutions, comme les individus eux-mêmes, ils ont eu leurs jours d'erreur, ils ont oublié même les devoirs que leur imposait le patriotisme. Le Parlement de Paris condamne, sous Charles VI, le Dauphin à un exil perpétuel, et place la couronne de France sur la tête du roi d'Angleterre ; il cède aux fureurs de la Ligue et favorise la sédition en s'associant à la Fronde.

Plus tard, les parlementaires s'opposent aux réformes

les plus nécessaires. Non seulement, au plein midi d'une ère toute resplendissante de lumière, ils persistent à croire au sortilège et veulent envoyer au bûcher ceux qu'ils en jugent coupables; mais, quand sous l'inspiration du génie de Colbert, Louis XIV rend un édit pour établir le système de la publicité des hypothèques, ce sont, chose singulière, les Parlements qui combattent cette heureuse innovation.

Sous Louis XV, ils repoussent les mesures les plus sages, la liberté du commerce et la liberté de l'industrie, l'égalité dans les impôts.

Ils veulent le maintien des droits féodaux, de la corvée, de la mainmorte, des jurandes, de tous les privilèges.

Sous Louis XVI, leur aveuglement est le même. Au lieu d'acclamer la Révolution à ses débuts, de diriger le mouvement libéral qui animait la France vers 1789, ils songent à conserver leur autorité, leur toute-puissance, ils n'essaient pas d'user de leur influence pour initier le peuple à la vie publique, ils deviennent le dernier asile des opinions rétrogrades, des résistances surannées; après avoir été l'instrument le plus actif, le plus puissant contre la féodalité et contre l'Eglise; après avoir été, ce qui faisait leur force, l'avant-garde des classes moyennes, ils se constituent le boulevard des privilégiés et le porte-voix des passions aristocratiques : c'est ce qui fait leur faiblesse.

Ajoutons qu'ils contribuent eux-mêmes à porter atteinte au prestige de la vieille magistrature en laissant se glisser des abus dans l'organisation judiciaire. Grâce à la vénalité des offices, on avait fini par admettre des candidats qui ne justifiaient ni d'une érudition ni d'une expérience suffisantes, des candidats trop jeunes, au profit desquels on n'appliquait plus l'ordonnance de 1579, qui exigeait quarante ans accomplis pour les présidents et vingt-six pour les conseillers. Le Parlement, désireux de n'ouvrir ses portes qu'aux gentilshommes, aux nobles, aux fils de magistrats, demandait des titres de noblesse plutôt que de la science, et il n'était pas toujours facile de rencontrer au degré requis, dans les candidats titrés, l'aptitude et le savoir. Beaucoup de magistrats n'avaient pas un temps de stage suffisant. Cette irruption de parlementaires inexpérimentés, à qui l'argent tenait lieu de science, commença la décadence des grandes compagnies judiciaires. Tous les écrivains du temps signalaient les abus : Bodin, dans sa *République*, Hotman, dans la *Franco-Gallia*, s'élevaient vainement contre eux. L'Hôpital s'écriait : « La magistrature était un ordre naguère illustre, elle est maintenant avilie et déshonorée, du moment où on la prostitue à des enfants possédant les premiers éléments du droit. » La Bruyère, qui ne voyait aucun métier sans apprentissage, disait : « Il y a l'école de la guerre ; où est l'école du magistrat ? Il y a des usages, des lois, des coutumes ; où est le temps, et le temps assez long, que l'on emploie à les digérer et à s'en instruire ? L'essai et l'apprentissage d'un jeune adolescent qui passe de la férule à la pourpre, et dont la consignation a fait un juge, c'est de décider souverainement des vies et des fortunes des hommes. » Mercier, dans son

Tableau de Paris, exprimait la même idée. Les épices avaient contribué aussi à déconsidérer la magistrature ; certains magistrats « aimaient le sac, » selon l'expression de Saint-Simon, exigeaient des sommes considérables, et le plus souvent les présidents, trop dociles, condescendaient à leur demande et taxaient de leur main les épices à un chiffre ruineux pour les plaideurs.

Mais comment ne pas oublier les quelques taches qui se rencontrent dans ces glorieuses annales ? Comment ne pas se montrer indulgent pour les fautes commises, en présence du courage, du dévouement, des hautes vertus, qui caractérisaient les parlementaires, en présence des services rendus à notre pays, à la cause de la liberté ?

Iis ont ardemment aimé la justice et défendu les petits, les pauvres, en des siècles d'inégalité et de violence. Ils ont préparé la France à la vie publique qui l'anime aujourd'hui, en l'initiant à l'examen et au contrôle des actes du pouvoir. I's ont contribué à édifier par leurs arrêts cette œuvre grandiose de science juridique qui a servi à établir la loi moderne, ils ont fondé le droit public, le droit privé, la liberté et l'égalité civiles. Les hommes de 1789 n'ont eu qu'à récolter l'abondante moisson que la jurisprudence et les revendications des Parlements avaient patiemment semée et fait mûrir.

Oui, ils marchaient dans la voie des réformes et des progrès, ces parlementaires qui devaient, quelques années plus tard, devenir victimes des haines populaires. Bergasse, dans son rapport à la Constituante sur l'organisation judiciaire, rendait hommage à leur esprit d'initiative et constatait lui-même les améliorations réalisées grâce aux efforts des magistrats : « Je n'ai pas oublié, disait-il, les importants services que nous ont rendus les Parlements. Je sais que si dans l'origine, la puissance royale leur a dû son agrandissement, on les a vus depuis, dans plus d'une occasion, lui prescrire des limites et souvent combattre avec énergie et presque toujours avec succès les efforts du despotisme ministériel; je sais qu'on les a vus, lorsque l'autorité l'emporta, soutenir avec fermeté des persécutions; je sais que dans ces derniers temps surtout, ils ont repoussé avec force les coupables projets qui devaient anéantir entièrement notre liberté. »

Oui, ils avaient l'ardent amour des grands intérêts nationaux et un vrai patriotisme, ces magistrats toujours inflexibles, toujours prêts à résister à ce qui attaquait les lois, s'opposant au roi lui-même quand l'intérêt de la nation voulait qu'on lui résistât, parlant haut, prêtant une voix officielle à l'opinion, délibérant et statuant sans peur, même quand ils se savaient menacés de l'exil; ils avaient non seulement le courage de lutter contre le pouvoir, ils avaient assez d'énergie pour conserver leurs principes au milieu des désordres d'une société qui commençait à se dissoudre. Quand toutes les classes se dégradent et s'abaissent, après la perte des mœurs, il est consolant de voir ces magistrats laborieux inaccessibles aux entraînements du siècle, garder cet amour du devoir et des hautes sciences que posséda pendant des siècles la magistrature française.

Ce qui les distingue, indépendamment de la grandeur d'âme, de la hauteur et de la fermeté du caractère, c'est l'esprit de dévouement, d'abnégation personnelle, de générosité et de désintéressement ; ils n'obéissent pas à de mesquines considérations d'argent. Mirabeau, se rappelant dans sa prison l'histoire des parlements, s'écriait : « Jamais ordre de l'Etat ne fit plus pour la patrie et ne lui coûta moins que la magistrature. » Ils ne tiennent ni à la vie ni à l'argent ; contre les violences qui viennent les atteindre jusque sur leurs sièges, ils montrent une dignité qui jette sur leur fin une grandeur réelle. Comment oublier ces scènes émouvantes, où le commissaire du roi, forçant la porte de la grand'chambre, faisant violence à la majesté de la cour et pénétrant jusqu'à elle malgré les sommations impuissantes de ses huissiers, vient, au nom de la puissance royale, faire enregistrer les édits ? Comment ne pas admirer l'impassibilité de la justice, la fermeté d'âme de ces magistrats, qui se résignent à l'exil plutôt que d'obéir à des ordres blessant, à leurs yeux, la loi ou l'équité ? Ils ont de plus une invincible intégrité, l'impartialité la plus absolue, la plus incorruptible.

Ajoutons que les Parlements ont enfanté des individualités fortes, de grands publicistes, de grands magistrats, de grands hommes de bien, dont le nom a fait l'honneur de la France et qui resteront, par l'austère souvenir de leurs vertus, la plus haute personnification de l'amour du bien public. Il n'est pas d'institution qui ait mieux mérité la reconnaissance de la nation.

Le barreau se distingue, lui aussi, par son indépendance. Son histoire se confond avec celle des magistrats. Les mêmes sentiments les animent, et il y a entre eux une solidarité constante. Aucun événement n'atteint la magistrature sans atteindre en même temps le barreau. Lors de l'exil de 1759, les avocats se considèrent comme frappés aussi bien que les exilés eux-mêmes; vainement des décisions judiciaires leur ordonnent de plaider, ils n'hésitent pas à s'associer aux magistrats que la volonté royale a éloignés de la province, et, désertant le palais, renoncent d'eux-mêmes à exercer leurs fonctions. Lors du second exil, en 1771, ils prennent vis-à-vis du nouveau Parlement la même attitude, restant ainsi, dans toutes les grandes et mémorables occasions, intimement liés à la magistrature, faisant cause commune avec elle dès qu'il s'agit de la défense des libertés publiques. Ils n'ont comme elle qu'une pensée, le respect de la légalité, la volonté ferme et arrêtée de ne rien tolérer d'injuste ou de contraire à la foi promise. C'est ce sentiment qui les domine en toute occasion, c'est ce sentiment qui les guide lorsqu'il s'agit de revendiquer contre la magistrature elle-même ce qu'ils considèrent comme des droits acquis. Du moment où quelque décision les frappe dans leurs prérogatives et peut nuire à la dignité de l'ordre, ils n'hésitent point à s'abstenir de comparaître à la barre et renoncent à leurs fonctions plutôt que de se soumettre à des exigences injustes. Leur influence est grande, plus grande peut-être que celle des parlementaires, surtout lorsque arrive la fin du xviiie siècle,

parce qu'ils se mêlent beaucoup plus aux événements,
parce qu'ils font partie du peuple et subissent plus facilement ses idées et ses passions.

Les parlementaires ont, sous la Terreur, une attitude
des plus effacées : ils souffrent, mais ne combattent
point, et sont simplement victimes. La fureur populaire
est telle que tous leurs efforts seraient impuissants. Les
avocats prennent, au contraire, une part active dans la
lutte ; quelques-uns d'entre eux ont en politique de
coupables, de honteuses faiblesses, mais il en est qui
n'écoutent que l'esprit de justice, savent se dévouer au
malheur sans restriction aucune, et que la crainte ne
peut toucher. Courvoisier, dans sa défense de la marquise de Constable et des comtes d'Auquoy et de Chaillot devant le tribunal de Baume ; Grappe et Louvot
dans la défense de Dietrich, donnent des preuves éclatantes de ce noble dévouement pour les accusés.
Hommes de cœur et d'énergie, ils sacrifient la faveur
populaire au respect de leur passé ; non seulement les
parlementaires restent fidèles aux traditions de toute
leur vie, mais Courvoisier n'a d'autre pensée que de
lutter contre un régime qui déshonore la France, et
Grappe brise sa carrière et rentre dans la vie privée
pour ne point trahir ses opinions et ses principes ; ce
sont là de nobles exemples, dont il importe de conserver le souvenir.

Magistrature et barreau étaient dignes d'une étude
détaillée, sérieuse et approfondie. Nous ne voulons pas
établir de comparaison entre le présent et le passé,
mais il semble que, malgré ses imperfections, son

aveuglement, ses erreurs, la vieille magistrature n'était pas inférieure à la magistrature nouvelle.

L'ancien régime a produit des écrivains éminents ; le magistrat s'occupait, au dernier siècle, de travaux multiples ; chaque année voyait éclore des œuvres littéraires, philosophiques, scientifiques, émanant de magistrats. Les Parlements possédaient non seulement des jurisconsultes, mais des littérateurs hors ligne, des philosophes, des historiens : de Thou, Montaigne, de Lamoignon, Domat, Montesquieu, le président Hénault, le président de Brosses ; le Parlement de Franche-Comté avait, lui aussi, parmi ses membres des écrivains de talent, bien que moins célèbres : Lampinet, Dunod, les présidents et conseillers Chiflet, Augustin Nicolas, de Courbouzon, Rochet de Frasne, le conseiller Droz. Où sont aujourd'hui les œuvres de la magistrature de nos jours ?

Les Parlements étaient entourés du respect, des sympathies, de l'attachement des populations. Le magistrat vit aujourd'hui inconnu, ignoré au milieu d'elles, comme un simple fonctionnaire, comme un agent du gouvernement. Rien ne le distingue du vulgaire ; l'autorité personnelle, la considération publique, qui contribuent si puissamment à faire respecter une décision judiciaire, le régime actuel ne les lui donne pas. De là à faire suspecter l'impartialité, l'indépendance du juge, le pas est glissant. Aussi les outrages contre les magistrats, outrages qui ont existé dans tous les temps, n'ont jamais été plus nombreux, plus graves ; jamais les attaques n'ont été plus passionnées, plus ardentes, et cela parce que certaines nominations sont dues à des influences politiques, parce que l'arbitraire préside parfois à l'avancement des magistrats.

La magistrature ancienne avait une autre supériorité : elle n'avait rien à craindre des dénonciations, des délations de ses adversaires, plaideurs ou ennemis politiques. Elle ne redoutait ni l'intendant de la province, ni aucun représentant du pouvoir, ni les rancunes ardentes, ni les réclamations haineuses. On n'épiait pas ses relations, on ne recherchait pas ses opinions. Les notes secrètes qui se glissent dans les dossiers, sans contrôle, étaient inconnues au dernier siècle : c'était l'indépendance absolue.

Comment remédier à l'état de choses actuel?

La question n'est pas nouvelle : elle a été étudiée par Jules Favre [1], Prevost-Paradol [2], par un sénateur aujourd'hui décédé, M. Oscar de Vallée, par un autre sénateur, M. Bérenger, et tout récemment par un magistrat d'un haut mérite, M. Adolphe Guillot, juge d'instruction à Paris [3].

Tout d'abord il est nécessaire de réformer le mode de recrutement.

Les charges publiques de judicature sont devenues trop souvent des primes destinées à encourager la manifestation bruyante d'opinions politiques conformes à l'orthodoxie du jour. La science du droit, la longue pratique des affaires, la dignité du caractère, l'austé-

(1) *De la Réforme judiciaire*, 1877.
(2) *La France nouvelle*, 1868.
(3) *L'Avenir de la magistrature*, 1891.

rité de la vie et la considération conquises par le travail modeste ou par l'éclat du talent ne sont point des titres pour arriver aux fonctions de magistrat. La faveur du gouvernement n'est pas toujours acquise au mérite ou aux services judiciaires; elle se mesure au dévouement, elle est réservée parfois aux solliciteurs, aux protégés de personnages influents.

Il faut avant tout exiger l'érudition, l'aptitude, l'expérience des affaires, rétablir non seulement l'examen comme au temps des Parlements, mais le concours entre candidats. Pour le professorat en droit, on a créé le concours, pourquoi n'en serait-il pas de même pour la magistrature?

Ce concours ne sera jamais une vaine formalité, il sera subi devant des magistrats d'une science éprouvée, d'une situation élevée, devant le premier président, les présidents de chambre, le doyen de la cour et le bâtonnier des avocats; il faut que l'opinion puisse se rendre compte du degré d'aptitude du candidat, qu'elle puisse apprécier les questions posées et les réponses, la supériorité, l'infériorité de chaque candidat; le concours sera public.

Et pour y prendre part, il faudra qu'un conseil supérieur de la magistrature ait déjà apprécié l'honorabilité du candidat et celle de sa famille, sa conduite, son caractère, sa situation, sa moralité. Le conseil supérieur se composera surtout de hauts magistrats, du président de l'assemblée départementale, du bâtonnier des avocats.

Le concours, M. Dufaure l'avait déjà exigé pour les attachés aux parquets.

Une fois nommé, le magistrat devra faire un stage : on ne s'improvise pas magistrat. Il n'est pas possible que l'on confie à un homme sans expérience l'honneur, la fortune des plaideurs ; il devra assister aux audiences, aux délibérations du tribunal sans voix délibérative. L'auditorat devrait être rétabli.

Mais le point essentiel, c'est de soustraire le magistrat aux séductions de l'ambition, aux caprices du pouvoir, au désir de conquérir la popularité ; il devra être placé dans une indépendance telle que l'on soit assuré d'obtenir bonne justice.

Ce qui faisait l'indépendance des parlementaires, c'est qu'ils n'espéraient rien, n'attendaient rien du gouvernement. Les idées d'avancement qui troublent le cerveau de la magistrature nouvelle leur étaient inconnues ; ils n'avaient qu'une pensée, augmenter leur érudition, bien juger et conquérir dans leur pays natal, au milieu de leurs concitoyens, l'estime publique. Ils savaient qu'ils vivraient et mourraient dans les mêmes fonctions. Ils avaient cette étendue d'esprit qui, suivant la Bruyère, est nécessaire en France pour se passer des charges et des emplois. Toutes les promesses d'avancement qui peuvent avoir une influence sur certaines gens restaient vaines auprès d'eux.

Il devrait en être de même aujourd'hui ; il serait à souhaiter que le magistrat ne fût pas toujours en quête d'une situation meilleure, d'un traitement plus avantageux ; le traitement devrait être proportionnel à la durée des services et grandir par le seul fait du temps : il devrait être assez peu élevé, même dans les cours, pour que le magistrat ne fût jamais soupçonné de lui sacrifier sa conscience. Enfin les compagnies judiciaires devraient sinon se recruter elles-mêmes, du moins avoir une haute influence dans les nominations, ce qui couperait court aux démarches, aux intrigues qui se pratiquent aujourd'hui. On éviterait ainsi les avancements scandaleux, récompense de services politiques ou électoraux.

Enfin il serait bon de laisser autant que possible les magistrats non dans la même situation, mais dans la même contrée, dans la même région, de ne pas les faire courir du nord au midi ou réciproquement, comme de modestes et vulgaires fonctionnaires. Habitant toujours le même pays, originaires de ce pays, ils auraient intérêt à s'y faire apprécier, à ne jamais céder à la pression gouvernementale. Le magistrat nomade n'a pas à se préoccuper de l'opinion publique; il peut, s'il n'est pas complètement intègre, faillir à ses devoirs; il sait qu'on oubliera ses décisions, qu'il sera envoyé au loin à bref délai.

Les chefs des cours, premiers présidents et procureurs généraux, devraient surtout être écoutés; ils ont intérêt à ne point faire autour d'eux trop de mécontents, à ne point blesser leurs collègues, à prendre parmi eux le plus méritant et le plus digne. Ce qui produit, depuis plusieurs années, des nominations déplorables, c'est l'ingérence des députés et sénateurs, qui viennent imposer à un ministre leurs créatures.

Enfin la magistrature devrait être tenue à l'écart de nos luttes politiques; tous débats touchant à la politique devraient être soumis à un jury. Même quand elle juge avec impartialité, la magistrature est soupçonnée de s'incliner devant le gouvernement, elle perd de son prestige; il ne suffit pas qu'elle se tienne dans cette sérénité haute et calme qui convient si bien à la mission de pacification sociale qu'elle doit accomplir, elle doit être à l'abri de toute accusation de partialité.

Ce ne sont là que des idées générales, qui exigeraient d'amples développements; ce que nous demandons surtout, c'est une réforme. Sous la monarchie, le pouvoir judiciaire empiétait peut-être sur les attributions du pouvoir exécutif; l'exécutif le domine trop aujourd'hui : il prétend contraindre la magistrature à lui obéir; il veut imposer ses volontés, dicter à la magistrature ses décisions. Les représentants du pays devant les Chambres ont les mêmes ambitions; il y a là une situation qui ne peut se prolonger plus longtemps. Dans une démocratie, le pouvoir judiciaire doit être plus fortement constitué, car c'est le pouvoir modérateur par excellence, celui qui garantit la paix et la sécurité, qui contient les passions et les intérêts; or, c'est dans le gouvernement démocratique que les passions sont plus agitées, les intérêts plus ardents, la paix plus menacée; il s'agit ici de la chose sainte par excellence, nécessaire avant tout pour les peuples, d'une justice assez éclairée pour se placer au-dessus de toute considération extérieure.

Arrivé à la fin de la tâche que j'ai entreprise, je voudrais pouvoir me flatter d'avoir accompli une œuvre utile.

Tous les Parlements ont eu leur historien : il m'a semblé nécessaire de reconstituer le passé d'une grande compagnie judiciaire, gardienne vigilante des privilèges et des institutions de la province, palladium de ses libertés et de ses franchises; de retracer sa vie publique et privée, d'autant plus curieuse qu'elle reflète plus fidèlement les sentiments, les aspirations, les mœurs de notre pays.

Cette vie privée, provinciale et intime du Parlement, je l'ai racontée avec détails. La révolution qui s'est produite dans la magistrature, dans le mode de gouvernement et dans les idées, nous a fait perdre le souvenir de l'état dans lequel ont vécu nos pères. Ce qu'on a qualifié d'ancien régime est presque inconnu de nos jours; ce mot ne rappelle dans l'esprit de beaucoup de gens qu'une époque d'ignorance ; il était bon de montrer que s'il y avait alors certains abus (quelle œuvre humaine en est exempte ?), il y avait aussi de grandes choses, de beaux et nobles caractères. Puis c'est surtout pour notre Franche-Comté que j'écris, et rien de ce qui la concerne, ni le nom des hommes ni le récit de faits, parussent-ils quelquefois de peu d'intérêt, ne devait être négligé. Le temps n'emporte-t-il pas avec lui beaucoup de documents que bientôt on ne pourra nulle part retrouver? Il eût été fâcheux de les laisser périr. Je ne me suis proposé qu'une chose, mais je l'ai portée jusqu'au scrupule : le respect de la vérité et de l'exactitude la plus absolue, rejetant tout ce qui n'était pas prouvé. J'ai puisé aux sources et je les cite ; il me fallait des témoins de mon récit, je renvoie à ces témoins ceux de mes lecteurs qui voudraient le contrôler.

J'ai cru aussi que le Parlement n'était pas uniquement l'ensemble des membres siégeant sur les fleurs de lis et investis de la haute dignité de magistrat, que le barreau lui-même ne pouvait être oublié, parce que sa vie était celle de la magistrature de l'époque, parce qu'il participait à sa popularité, parce que l'honneur de la compagnie rejaillissait sur lui, parce qu'il en avait les traditions et les passions, parce que le barreau était en réalité ce que j'appellerais volontiers le Parlement extérieur.

J'ai écrit quelques pages sur la Révolution, pour montrer les destinées des parlementaires sous ce régime de sang, et pour établir à quels excès descend un peuple et combien de victimes innocentes se trouvent frappées, du moment où une nation s'abandonne à l'anarchie, aux luttes fratricides, aux excès de la démagogie.

Je ne dirai pas avec Horace : *Exegi monumentum ;* mais je dirai au moins que j'ai apporté à mon œuvre tout le soin possible, que je l'ai cultivée avec l'amour d'un fils pour l'histoire de son pays, et j'avouerai qu'en faisant défiler devant moi et les noms chers à notre province et dont elle s'honore, et cet ensemble de faits qui constituent son passé, j'ai été largement récompensé de mon travail par l'attrait qu'il m'inspirait. C'est avec bonheur que j'ai étudié la carrière de quelques-uns de ces magistrats qui ne voulaient qu'une chose, le titre d'hommes de bien, de tous les titres le plus difficile à obtenir et peut-être le plus grand. C'est avec le plus vif intérêt que j'ai parcouru tout ce passé, qui réveillait un mélange inexprimable de souvenirs d'honneur, de devoirs accomplis, de résistance hardie et de fière soumission dans les âmes.

FIN DU SECOND VOLUME.

LISTE

MAGISTRATS ET AVOCATS DE FRANCHE-COMTÉ

NOMMÉS DANS CET OUVRAGE

ERRATA

TOME I.

Page   8, *au lieu de :* 1231,   *lisez :* 1631.
  —   9,   —   Desmares,   —   Desmazes.
  — 35,   —   de Vienne,   —   D'Yennes.
  — 42,   —   Courchelet,   —   Courchetet.
  — 44,   —   Avelda,   —   Alveida.
  — 56,   —   1622,   —   1662.
  — 67,   —   Lislebonne,   —   Lillebonne.
  — 96,   —   Rodiéres,   —   Roziéres.
  — 106,   —   Racquet,   —   Bacquet.
  — 166,   —   Forbach,   —   Rosbach.
  — 189,   —   Gallicane,   —   Anglicane.
  — 201,   —   Dellingen,   —   Dettingen.
  — 245,   —   1823,   —   1523.
  — 297,   —   habile,   —   malhabile.
  — 357,   —   chancelier,   —   chevalier.
  — 372,   —   de Legna,   —   de Leynia.

TOME II.

Page 10, *au lieu de :* Falbert,   *lisez :* Falbaire.
  — 28,   —   Rhodes,   —   Rhosy.
  — 34,   —   Départi,   —   départi.
  — 90,   —   Rend,   —   Reud.
  — 115,   —   Moyson,   —   Moyron.
  — 116,   —   Marville,   —   Narville.
  — 180,   —   Pagay,   —   Dagay.
  — 193,   —   Morbach,   —   Murbach.
  — 263,   —   Threilhard,   —   Treilhard.

TABLE DES MATIÈRES

FIN DE LA TABLE DU SECOND VOLUME.

BESANÇON. — IMPRIMERIE DE PAUL JACQUIN.

www.ingramcontent.com/pod-product-compliance
Lightning Source LLC
Chambersburg PA
CBHW051732250726
48659CB00001B/20